主として建築設計者のための

BIM
ガイド

編集・発行　次世代公共建築研究会 IFC/BIM部会
　　　　　　一般社団法人 buildingSMART Japan
　　　　　　一般財団法人 建築保全センター

大成出版社

次世代公共建築研究会に期待すること

　我が国の公共建築は、国と地方公共団体を合わせると約7億㎡である。そのうち地方公共団体所有の施設については、完成後30年以上の施設が概ね25％を占め、現状のまま推移すれば、10年後には完成後30年を超えるものが約55％となり、今後は本格的なリニューアル、リノベーション、コンバージョンの時代を迎えることとなる。さらに耐震化、グリーン化、ユニバーサルデザイン、ICT化などの課題を解消し、質の向上を図ることが求められている。

　一方、公共建築を取り巻く環境は、行政改革、市町村合併、少子高齢化等の社会環境の著しい変化とともに、厳しい財政状況のもと、既存ストックの転用、賃借などを含めた利活用が求められている。また、市民参加や民間の経営感覚を取り入れた施策を行う地方公共団体も見られるなど、より自由な発想のもとで、公共建築と都市や地域との関係を検討することが求められている。

　このような状況のもと、(一社)公共建築協会、(一財)建築保全センター、(一財)建築コスト管理システム研究所では、共同して次世代公共建築研究会を設置した。学識者、関係企業などの参加のもと、良好な公共建築の整備と効率的な利活用、都市の活性化や地域再生・都市再生に貢献する公共建築と都市との新たな関係等、2030年頃を展望した次世代公共建築のあり方を平成19年（2007年）から、3年ごとの四つのフェーズに分けて調査研究を進めてきた。これはまさに起承転結であり、平成28年（2016年）に始まる第4フェーズは、その「結」にあたり、研究成果をまとめる段階と位置付けられている。

　IFC/BIM部会は、第2フェーズからスタートしたが、他部会に先駆けて研究成果を取りまとめた。今後はこの成果が、次世代建築を導く大きな力として、公共建築とその関係者に留まらず、建築界に広く活用されること、またそれにより、この研究が、より良い次世代社会の構築に貢献できることを期待している。

次世代公共建築研究会　座長　**尾島 俊雄**

主として建築設計者のための BIM ガイド

目　次

序　BIM が日本の社会へ根付くための提言 …………………………………………………………… 1

第 1 章　BIM の基本知識

第 1 節　BIM 概論 ……………………………………………………………………………………… 6

第 2 節　米国の設計システムと日本の設計システムの相違〈光井純氏インタビュー〉…………… 10

第 3 節　発注方式と BIM の活用 …………………………………………………………………… 19

第 4 節　二つの LOD とは …………………………………………………………………………… 23

第 5 節　BIM の活用パターン ……………………………………………………………………… 29

 事例01〔設計事務所事例〕
  BIM の活用パターン（アーキ・キューブ）………………………………………………… 30

 事例02〔設計事務所事例〕
  日建設計の BIM ……………………………………………………………………………… 34

 事例03〔ゼネコン事例〕
  BIM データ連携の本質（鹿島建設）………………………………………………………… 38

 事例04〔ゼネコン事例〕
  前田建設工業の BIM ………………………………………………………………………… 40

 事例05〔設備施工会社事例〕
  施工管理（新菱冷熱工業）…………………………………………………………………… 45

 事例06〔資産管理・維持管理での活用事例〕
  BIM の基本知識：建物運営・維持管理での活用（NTT ファシリティーズ）……………… 49

 事例07〔設計から施工までの一貫活用の事例〕
  BIM の活用パターン（福井コンピュータアーキテクト）………………………………… 51

 事例08〔設計から施工までの一貫活用の事例〕
  長谷工版フル BIM マンションへの取組み ………………………………………………… 55

第 6 節　BIM 実行計画書の作成 …………………………………………………………………… 59

第 7 節　「Stem」「BE-Bridge」BIM ライブラリー ………………………………………………… 63

i

第2章　企画・設計でのBIM活用

第1節　BIMに関する各社事例報告のマッピング……70

第2節　企業別、発注方式別のBIM活用事例……73

事例01〔設計事務所事例〕
佐藤総合計画におけるBIM活用……74

事例02〔設計事務所事例〕
安井建築設計事務所のBIM活用……78

事例03〔設計事務所事例〕
日本設計のBIMへの取組み……82

事例04〔企画・設計でのBIM活用事例〕
NTTファシリティーズ新大橋ビルの事例……86

事例05〔設計事務所事例〕
山下設計の事例……90

事例06〔設計事務所事例〕
梓設計のBIMへの取組み……92

事例07〔省エネ事例〕
省エネ計算のBIM連携と今後の課題（建築ピボット）……96

事例08〔ゼネコン事例〕
大成建設のBIMへの取組み……100

事例09〔ゼネコン事例〕
設計から施工までの一貫BIM活用（竹中工務店）……106

事例10〔ゼネコン事例〕
清水建設のBIM活用……110

事例11〔ゼネコン事例〕
建築生産プロセスの改革に挑む（大林組）……114

事例12〔ゼネコン事例〕
設計段階からのBIM情報連携事例（鹿島建設）……118

事例13〔設計事務所事例〕
Foster + Partnersの取組み……122

事例14〔設計事務所事例〕
BIMの活用パターン（ホプキンス・アーキテクツ）……126

事例15〔積算事務所事例〕
積算へのBIMの応用と課題について（日積サーベイ）……131

事例16〔コストマネジメント事例〕
英国におけるQS（コストマネジメント専門家）のBIM活用（サトウファシリティーズコンサルタンツ）……135

事例17〔設計事務所事例〕
ゲーリー・パートナーズにおける設計行為……140

第3節　BIMとコミッショニング……142

第4節　国際不動産面積測定基準（IPMS）オフィス版……152

第3章　ライフサイクルにわたるBIMの課題

- 第1節　設計から施工へのBIMデータ連携の課題 …………………………………… 162
- 第2節　竣工時の維持管理へのデータ引渡しの課題 ………………………………… 166
- 第3節　BIMの著作権 …………………………………………………………………… 168
- 第4節　BIMライブラリーコンソーシアムの活動 …………………………………… 172

第4章　ソフトウェア、機器など

- 事例01　GRAPHISOFT ARCHICAD ………………………………………………… 180
- 事例02　Autodesk ……………………………………………………………………… 182
- 事例03　Vectorworks …………………………………………………………………… 185
- 事例04　BIMコンサルの立場から …………………………………………………… 189

資料編

- 資料01　基本用語 ……………………………………………………………………… 194
- 資料02　LOD（Level of Development）仕様とBIMフォーラム ………………… 197
- 資料03　国土交通省BIMガイドラインと詳細度 …………………………………… 204
- 資料04　「LOD」の多くの顔（The Many Faces of 'LOD'）……………………… 207
- 資料05　BIM実行計画書（作成例）…………………………………………………… 213
- 資料06　ソフトウェア一覧 …………………………………………………………… 219

序 BIMが日本の社会へ根付くための提言

本書のまえがきに代えて

東京工業大学 教授
次世代公共建築研究会 IFC/BIM 部会 部会長
BIM ライブラリーコンソーシアム在り方部会 部会長

安田 幸一

1 はじめに

　日本の建築界でも「これからはBIMの時代」といわれて久しい。既にBIMという概念が浸透しつつあり、その有用性は誰もが認めるものとなっている。設計から施工、維持管理段階まで同じBIM3次元モデルの図面と情報を活用することによって、プロジェクトに関わる建築主・設計者・施工者・製造者それぞれに大きなメリットが生じる。それが最終的に建築の質の向上と全体コストの明確化にもつながる。

　BIMのフロントローディングによる仕事の進め方は、初期段階から具体的な問題点の検討を行うことが容易にでき、モデルの「可視化」によって建築主との円滑なコミュニケーションをとることができる等、多くのメリットが挙げられる。このようなメリットがあるにもかかわらず、世界での情勢と比較して、日本ではBIMが急速に社会へ広がりつつあるとはなかなかいい切れない。バブル経済崩壊以降90年代に手描きの図面に代わって2次元を主体としたCADが一気に広まったが、2000年以降のBIMの浸透速度は明らかに鈍いと感じている。一体その理由は、どこにあるのか。

　本書は、BIMの現状と今後の展望についてまとめたものである。BIMは建築界の次世代を担う優れたツールである。それが、より良い社会づくりに貢献することにつながることに意義がある。しかし、この優れたツールが建築界へ普及するには、今までの社会環境の中ではそぐわない面もあることを忘れてはならない。新しいシステムが社会に普及するためには、それに対応した社会環境へ向けて、社会も変わっていくべきである。それが、結果として健康的な社会構造をつくり上げていく。

　ここでは、本書のまえがきに代えて、BIMが社会へ浸透する速度を遅くしている日本特有の問題点をいくつか取り上げ、それを解決するにはどのようなことが必要かを提言としてまとめてみた。

2 他の動向を見る日本人体質と小事務所の資金力不足

　BIMの大きな特徴の一つは、設計から施工段階、維持管理段階へ同じデータがスムーズに移行されることである。その点において、大手の設計事務所やゼネコンでは確かにBIMの普及が進んできているが、小規模な設計事務所や工務店などでは、BIMの導入はまだまだなされていない。この問題について、ハードとソフトの両面での初期投資力に大手と中小企業間での大きな差異があることも要因である。BIMのPC数台投入するにしても数百万円オーダーの投資が必要で、小事務所の経営者にとっては経営的な判断で慎重を期すのが現実である。

　ソフトについても、設計者・施工者・製造者に対して現在どのソフトが有効であり、将来支配的になるか、建築界の大勢の動向を見定めてからでも遅くないと思っているものも少なからず存在す

る。特に日本の風土では、他の事務所の動向に合わせる文化が根強くあり、先頭を切って走り出すことが苦手な国民性もBIM社会への変革を妨げている。

これから整備されるBIMライブラリーにおいても、ソフトの種類に分け隔てなく整備されることを望む。BIMでの図面制作においては、3次元入力方法が元来の2次元図面と全く異なるため、2次元CADに慣れている中堅設計者も簡単には頭が切り替わりにくいなど、建築界の世代交代の速度にも関連する。

国がBIMのハード・ソフト両面、そしてソフト使用に関するBIM教育について、しかるべき法制度の確立と共に資金的な援助を速やかに実行することが望まれる。

3　日本の建築界を支配する2次元主義

BIMの3次元情報としての有用性は重要であり、特にプレゼンテーション段階では、手描きのパースはほとんど見られなくなり、建築主とのコミュニケーションや確認は、ほぼ3次元表現により行われるようになった。大規模プロポーザルではムービー制作もスタンダードになりつつあり、リアルな表現で提案書を飾っている。

また、設計や施工面では2次元で解析が困難であった幾何学を駆使した3次曲面などの複雑な形状のジオメトリーの計算・整理や、さらには、温熱環境や気流解析などの環境シミュレーションにおいてもBIMは欠かせないツールとなっている。

一方、契約書に添付される設計図書は2次元である。3次元データを共有化・確認するまでの技術には至っていないからである。また、設計段階、施工図では特に、今の社会を動かしている世代の人たちが2次元表現を重要視するため、なかなか3次元図面が主役の座につけない。しかしこの問題については、3次元から2次元表現へとデータを移行した際の表現力が伴えば、解決に向かう可能性がある。

大学においても、設計製図教育が2次元を主とした範囲内に留まっているが、今後は若年から3次元での空間思考が新しい建築空間づくりを生み出すこともありそうで新しい考え方の建築が発生することも期待できる。

建築設計教育については、教員自らの図面に対する意識改革も必要になってくるはずである。

4　設計図作成手間と成果品生産、そして設計報酬の時間差

BIMでの設計においては、フロントローディングによって2次元で設計するときよりも設計の初期段階、特に基本設計時に設計及びデータ入力の手間が多くかかる方向になってきている。これは元来実施設計で決定してきた事項を前倒しで決定しているからである。昨今、日本でも基本設計発注が増加の傾向にある。設計事務所が基本設計段階までの図面を起こし、ゼネコンが実施設計から施工まで担当し、設計事務所が監理する。これによって、建築主が、後段階でのコスト増を心配することなくプロジェクトの資金繰りをコントロールできる。

また、欧米でもコ・ローケーション（co-location、大部屋）システムと呼ばれる設計・監理チームづくりが現れた。ファーストトラックを目論み、建築主・設計者・施工者・製造者が集まり協同設計・監理を行う方法であり、検討・解決するメンバーが一部屋に介してプロジェクトを短期間にまとめ上げる手法である。BIMは、データ共有の格好のツールであり、コミュニケーションツールであるわけだ。しかしながら、現状では、このような新しい設計・施工に対応する設計フェーズが対応できていない。

一般論としてもBIMでの入力を早い段階でしておけば、実施設計後半からの作業手間は大きく低減される。パースなどの製作手間も当然軽減され、成果品は後半のフェーズで飛躍的に生産される。すなわち設計段階と成果品のバランスが従来とは異なってきている。LOD（Level of Development）における形状情報と属性情報入力の進捗度と設計フェーズの足並みが揃っておらず時間差が生じている。建築設計・工事監理等の業務報酬基準での業務量も前倒しになっていかなければならないはずである。報酬においても時間差が生じている。BIMによる設計業務量の換算では、基本設計段階に、より多くの報酬をかけることなど設計報酬の各段階での割合を前倒しに見直す必要がある。

5　日本建築界の二重価格の見直しが必要

　設計者のコストコントロール力が低下してきている。日本の建築界での風習では、内訳明細において本当の価格を開示してこなかった。内訳を曖昧にしてきたことで、建築主・設計者・施工者の間で、お互いに協力関係が保持されてきた。建築主との工事請負契約上の見積明細に記載される金額と実際に下請け会社へ支払われる金額には隠れた差があり、事実上二重価格となっていた。

　しかし、コンプライアンスが重要になり、建築主も複雑になってきて、様々な形態を持ってくると、コストについてはより明朗である必要が出てくる。設計者が設計変更に対応するとき、変更に関わる建設コストを概算ではじくが、最終的なコストは施工者の見積りに委ねるため正式な額が即座に決定できない。

　諸外国での積算士：QS（Quantity Surveyor）などの中立性を持ったプロフェッショナルが建築主・設計者・施工者間に立つことによって、日本においてもコスト決定を明確に、公平にかつ短期間に進められるはずである。BIM上においてもデータで仕上げを変えると、下地も含めたコストの増減が瞬時に示されるわけで、飛躍的に設計・施工段階での手間が減じる。

　データを共有するということは、データそのものの信頼度が重要になるということである。BIMの更なる普及には、いよいよ日本の建築界も二重価格を廃止するなどの大きな変革をしなければならない時代になってきた。

6　維持管理は建築主自らのリードが重要

　建築のLCCを考える上で、維持管理段階での計画を早期に立てることがますます重要となってきている。イニシャルコストよりもランニングコストが大きく上回るのであるから当然なのだが、なかなかこの認識が浸透しない。この点については、設計者や施工者よりも増して、建築主が主体的にリードしない限り実行されにくい。2016年秋に欧州のBIM利用実態を現地調査した際、国際的に著名な建築家事務所であっても、建築主からBIMを使用する条件があったため、仕方なくBIM使用を開始したと説明された。そのときの建築主は米国の大学であったが、多くの企業がBIMによるFMを実行している。それだけの大きなメリットを特に海外の建築主は認識しているのである。

　2016年以降の英国における公共建築の発注においては、BIMが必須であるため、BIMが社会へ急速に浸透している。FMについてもすぐに必須な時代が来る。日本においても、国や市町村がいつからと年限を設定していない段階だが、BIMが発注・維持管理において必須となる時代はそう遠くないと感じている。公共建築での使用が義務づけられると民間へも連鎖的に浸透する。数多くの固定資産を維持している企業では、BIMマネージャーを社内に抱え、既にFMにBIMを活用している。

　このようなシステムが社会へ根付くために"建築主教育"が重要であり、建築畑からの出身者を建築主側で雇用することも一つの早道である。建築の質と維持管理の質を高めるには、建築主の考え方がますます重要になってきている。BIMマネージャーの育成については、免許制度の確立なども視野に入れた新しい教育制度を構築する必要がある。

7　国境を越えた建築界を見据えて

　本稿を書いている今現在、イギリスの欧州連合（EU）離脱に伴い、メイ首相がEU単一市場からの脱退を表明し、米国のトランプ新大統領が、保護貿易主義を声高く唱えている。世界の経済動静が不確定ではあるのだが、少子高齢化による日本経済が縮小することは間違いない。すなわち日本の建築界も海外へ市場を広げる方向にある。市場を海外へ求めれば、バランスとして国内市場も開放せざるを得なくなるため、更なる国際化は将来的にも回避できない状況にある。BIMの世界は各国での建築界の事情で成立しているのであり、設備に関しては、現地の安全条例など法令の違い、電圧などローカルなものを取り入れざるを得ないため、なかなか互換が難しい。しかし基本的に国を超えて、少なくとも建築の分野でのデータの互換、開放へ向かうのであろう。

　日本でこれから、ライブラリーを立ち上げるに当たって、少なくとも英語での図面表記、属性情報の整理は不可欠になるであろう。

　以上、日本の建築界がBIMを健康的に活用できる社会を想定して、現在の社会的な問題点について記した。今後のBIMライブラリーの作成など、BIMが日本に良い形で根付くことを期待している。

第1章
BIMの基本知識

第1節 BIM概論

(一社) buildingSMART Japan (旧IAI日本) 代表理事
山下 純一

1 はじめに

　建築の長い歴史を通じて建物を表現する共通の手段は図面であった。1963年にMITのサザランドによって「SKETCHPAD」というCADの原型が発表されて以来、コンピュータとソフトウェア技術が急速に発達したにもかかわらず、利用の形態はコンピュータを利用して図面を描くという2次元CADの利用に留まってきた。2000年以降急速に広まりつつあるBIM（Building Information Modeling）は、建築の設計・生産・運営維持管理を大幅に変える可能性を持っている。BIMについては、多くの人やCADベンダーが様々述べているが、米国でまとめられたNBIMS（National BIM Standard）によると、「施設（建物）のライフサイクルにわたる関係者が追加、変更、更新、参照を行って生成・維持する施設の物理的、機能的なデジタル表現である」ということになっている。これでは表現が硬すぎて、ピンと来ないが少し整理してみると、

❶ 「建物のライフサイクルにわたる関係者」といっているので、建物の生産・維持管理に関わる組織や人々がBIMデータの追加、変更、更新、参照を行う。関係者は、多種多様に渉るので使っている道具（例えばCAD）も統一することは不可能であることから必然的に標準が必要になることが分かる。

❷ デジタル表現を共有するためには、コンピュータとデータ・ベースの使用が前提となる。

❸ 「施設の物理的、機能的なデジタル表現」といってはいるが、必ずしも3次元とはいっていない。実際の使われ方を見ると、建物の3次元オブジェクトモデルを中核として扱ってはいるが、それだけに限定していないことに注意すべきである。

❹ BIMは、建築の生産プロセスで遥かな過去から今まで連綿と続けて使ってきた「紙」という媒体を使った情報伝達の仕組みを根底から変えるデジタル・データとコンピュータを前提とした情報伝達と共有の仕組みである。

❺ BIMの概念は、広範囲にわたっており、生産プロセスや運用・維持・管理をカバーしているが、現実にはすべての局面で一斉に使えるはずもなく、現実には特定のプロジェクトの特定のプロセスから利用が始まっている。

　建物の関係者によるBIMデータの作成・更新・活用のイメージを図1.1.1に示す。

図1.1.1 BIMデータ活用シーン

2 なぜ今BIMか？

BIMと類似の概念も使われている技術も以前から存在するが、何故近年BIMが話題に上るようになったのであろうか？

2.1 発注者の意識の変化

建設産業の労働生産性の低さは、海外でも日本でも共通の問題である。図1.1.2は米国、図1.1.3は日本の労働生産性の推移を示している。その主たる原因は建設プロジェクトにおける情報共有が不十分なためであり、改善の切り札としてBIMを採用すべきであるとする報告書が、2004年頃米国で相次いで発表された。

第1は、2004年8月に米国の国立標準技術研究所（NIST：National Institute of Standards and Technology）が発表した報告書である。この報告書の中で、建設プロジェクトにおける情報共有が不十分なために年158億ドル（約2兆円）が米国の建設産業において無駄なコストとなっており、その3分の2は建物のオーナーが負担しているとの調査結果が述べられている。それを改善するには、建設プロジェクト内の情報流通を促進してコミュニケーションを改善すること、使用されるソフトウェア間の相互運用性向上のためにBIMの採用や中立なデータ形式が重要であることが指摘されており、BIMデータの標準規格として後述するIFCが紹介されている。

第2は、米国の建物オーナーからなる建設ユーザ円卓会議CURT（Construction Users Round Table）が発表した白書である。この白書の中では建物オーナーの視点から、建設プロジェクトで頻繁に見られるコストや工期のオーバーランに対しての課題解決を検討しており、オーナー自らのリーダーシップによる協調的で統合的な建設プロジェクトチームの立ち上げ、BIMによる生産システムの採用を提案している。

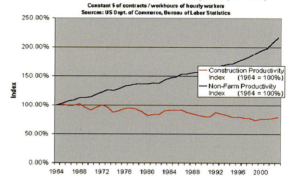

（右肩上がりの折線は農業を除く全産業の労働生産性、右肩下がりの折線は建設産業の労働生産性を示す）

図1.1.2 米国における労働生産性の推移

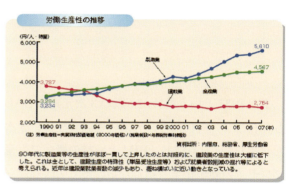

出典：建設業ハンドブック

図1.1.3 日本における労働生産性の推移

2.2 社会の変化

20世紀は、大量生産・大量消費の時代であった。その結果、人類の活動が地球規模に広がり地球環境に多大な影響を与えるようになった。京都議定書には反対した米国も、オバマ大統領がグリーン・ニューディール政策を掲げたように、世には、エコロジー、サステイナブル、省エネルギー、CO_2排出量削減などの言葉があふれるようになった。このような社会の変化を建設産業が受けないはずもなく、建物の環境性能が問題になる時代がやってきた。

米国のグリーンビルディング協議会（US Green Building Council）は、2000年に施設の環境性能を総合的に評価するLEED（Leadership in Energy Efficiency Design）認証プログラムを発表した。LEEDは、建築物が環境改善にどのように貢献しているかの指標を明確にし、それに基づく

対象建築物の点数方式によるレイティングを行う仕組みで、2014年1月までに認証を受けるべく申請されたプロジェクトの累計数は57,657、認証を取得したプロジェクトの累計数は20,505に達している。

世界で20ヵ国以上が同様の仕組みを持っており、もちろん日本もCASBEEと呼ばれる仕組みを持っている。BIMは、サステイナブルデザインを行って認証を取得するために複数のケースに対して設計の初期の段階で性能評価のための解析を行ったり、建設コストや運用コストを評価したりするのに格好の仕組みだと考えられている。

2.3 3次元CADの台頭と標準の実用化

まだBIMという言葉が市販の3次元建物CADも存在しない時代にも、一部の建設会社は、3次元建物CADを自作し、BIMと同様の概念で生産プロセスの効率化を目指したが、悉く失敗した。これは、建設産業が多くの企業が離合集散を繰り返しながら建設プロジェクトを遂行していく産業であるため、自分一人が高みに上っても上手くいかないことを示している。

現在では、PCも多くの企業に行き渡り、市販のCADも成熟してきた。また、IAI（International Alliance for Interoperability）が開発してきた建物の3次元オブジェクトモデルの交換・相互運用のための標準も実用に耐える状況となってきた。

IAIは、非営利の国際組織であり、BIM時代の到来に備えて過去10年以上にわたって3次元オブジェクトモデルによる複数の関係者間の相互運用性確保のための研究と標準の開発に携わってきた。現在では「IAI」という呼称では何をする組織か分かりにくいため、「buidingSMART」と呼ばれている。IAI日本は、その組織の日本支部である。その標準は、IFC（Industry Foundation Classes）と呼ばれ、3次元建物情報オブジェクトデータモデルの国際標準としての地位を獲得している。IFCは、BIMによって作成されたモデルデータをアプリケーション間で共有する際の標準データモデル、データ交換フォーマットとして多くの3次元CADによってサポートされるようになってきた。

IAIが発足した1996年以降、IFCは数々のリリースを経て、国際標準（IS：International Standard）を目指す作業を進め、2013年3月に正式にISO 16739-2013となった。

3 BIMの仕組み

さて、BIMの中核をなす3次元オブジェクトモデルの仕組みは、どのようになっているのだろうか？ 市販の3次元CADは、それぞれ特徴のある仕組みを備えているが、ここでは、3次元オブジェクトモデルの標準であるIFCを例にとって説明してみよう。

建物の3次元オブジェクトモデルの特徴は、機械系のモデルとは異なり、空間という中身のないオブジェクトを対象とすることである。建築の設計者は、空間を仕切ることから設計を進めていくところが機械系の設計と異なる。仕切られた空間すなわち部屋（IfcSpace）は、BIMにとって重要な概念で壁オブジェクト（IfcWall）、床オブジェクト、天井オブジェクトによって囲まれている。部屋オブジェクト（IfcSpace）には、部屋空間の3次元形状、名称、種別、面積、体積、空調に関する情報等を関連づけることができる。

部屋を囲んでいる壁は、壁オブジェクトとして表現され、3次元及び2次元形状、種別、面積、体積、材質層等の属性が関連づけられている。図1.1.4において、窓、ドア等のオブジェクトは、その親に当たる壁との関係、部屋との関係性を持つので、部屋と部屋がどのドアで接続されているかという情報を取得することができる。このような建物の様々な部位の属性や、空間的な配置、部材同士の接続関係がIFCで表現されることにより、積算、構造計算、空調熱負荷計算等を行うことが可能となっている。

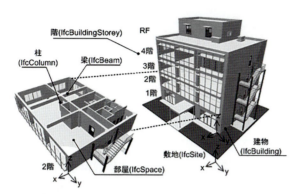

図1.1.4 IFCによる建物モデルの表現

4　BIMの社会性

　BIMを適用したプロジェクトでは、製造業と同じようにプロトタイプとしてのモデルを作成できるため製造業で使われ、洗練されてきた技術が建築でも使えるようになったケースが増えている。例えば、テレビにも登場する3Dプリンター、製造業用に開発されたモデラーのCATIAやRhinoceros、デジタル・ファブリケーションで使われるレーザーカッターやNCマシン等である。同じアナロジーで設計・生産のプロセスも製造業のようにフロントローディングを行うことによって製造業と同じような効果を上げることができると考えられる。

　製造業では一般的に設計と製造は同じ企業内で行われているため、負荷の上流へのシフトは部門間の問題となり、企業内で決着がつけられるが、建設産業の場合は、生産の各フェイズを異なる企業が担うことが多いので、場合によっては企業間で利害が対立し、負荷の移動は難しいと考えられる。ここに手をつけようとすると社会慣習や国土交通省告示第15号に代表される設計料率や多くの法律にも手をつけざるを得ないからである。したがって、BIMは、単なる新技術ではなく社会的なシステムといえる。

5　今後の展望

　北欧や米国から始まったBIM活用による建設プロジェクト変革の流れは加速しつつ世界中に拡大している。先行する欧米、それを追いかけるアジアという図式であり、日本でも国土交通省大臣官房官庁営繕部、技術調査課によるBIMやCIMの試行業務が始まり、民間においてもBIMを適用した建設プロジェクトは広がりを見せている。

　しかしBIMを活用したプロセスの変革は、容易なことではない。米国では、プロジェクトデリバリーと呼ばれる契約形態を含むプロジェクト遂行方式の多様化が始まっているが、日本においては新技術としてのBIMの採用は拡大しつつあっても、社会システムとして建設プロセスを変える圧力の高まりにまでは至っていないからである。

　新技術としてのBIMの採用から社会システムとしての契約形態、設計報酬の仕組みや、設計と施工のあり方などの検討に至るには、しばらく時間がかかりそうである。

第1章 BIMの基本知識

第2節 インタビュー 米国の設計システムと日本の設計システムの相違

ペリ クラーク ペリ アーキテクツ ジャパン 代表
光井純&アソシエーツ建築設計事務所 代表
光井 純

　このインタビューは、米国と日本の設計システムの違い、また設計者の役割、責任、図面の詳細さの違い等について、米国と日本で活躍されている光井純氏（ペリ クラーク ペリ アーキテクツ ジャパン代表／光井純&アソシエーツ建築設計事務所代表）にお伺いしたものである。

——— **設計システムと設計者の役割の違いについて教えて下さい。**

　設計だけで日本とアメリカのシステムの違いを話すと断片的な見え方になってしまいますので、建築のプロジェクトの発生から完成までの大きな流れを前提としてお話しいたします。

　まず、設計についてですが、日本は総合設計事務所が一括して請け負うことが多いと思いますが、アメリカの場合は、設計も分離発注的な事例が多くあります。例えば、企画（米国では「プログラミング」と呼ばれる）を行うために、**プログラミング**を発注し、それから**基本計画、基本設計**、さらに**DD設計**そして**実施設計**といった順に、段階ごとに、また求められる役割に応じて分離して別々の事務所に発注するケースも多々あります。

　つまり、設計のそれぞれの段階ごとに最適の専門コンサルタントを集めてくることが設計の品質を高めることになると考えます。例えば我々のようなデザインアーキテクトと呼ばれる建築の意匠を担当する人、また電気、設備、構造の専門家はもちろんのこと、最近は環境配慮が非常に重要になっていますので、LEEDのコンサルタントが加わることもあります。さらには、地質、振動といった分野や交通計画の専門家が加わったりランドスケープや照明デザイン、グラフィックデザインと様々な専門家が集まって、一緒に知恵を出し合って仕事をするという形が基本になっています。

　たくさんの専門家が参加する場合には、誰かがまとめ役をやらなければいけないので、**プロジェクトマネジメント（PM）**という役割が出てきます。PMの仕事があって、デザインアーキテクトがいて、エンジニアがいて、それからインテリアデザイナーや、照明デザイナーやグラフィックデザイナーもいる。分野ごとに優れた人材を集めてチームをつくる背景があるのでアメリカの設計業界を見ると、設計事務所は、中心的な役割を果たしますが、様々な専門コンサルタントが設計チームに参加して知恵を出し合うことが最も良い結果を生み出すと考えられています。

| PROGRAMMING（プログラミング） | PRESCHEMATIC DESIGN（基本計画） | SCHEMATIC DESIGN（基本設計） | DESIGN DEVELOPMENT（DD設計） | CONSTRUCTION DOCUMENT（実施設計図） | CONSTRUCTION（施工）CONSTRUCTION ADMINISTRATION（監理） |

図1.2.1 米国における設計段階の工程

これは施工でも全く同じです。施工は日本では、ゼネコンが一括して請け負うことが一般的ですが、アメリカの場合は、日本でいうサブコン（カーテンウォール、杭などの業職ごとの施工会社）が集まって、それを**コンストラクションマネジメント（CM）会社**がまとめるという枠組みになっています。

ですからアメリカでは設計も施工も基本は分離発注的な考え方に基づいているといえます。専門家がプロジェクトごとに集まって、彼らを束ねる役割が設計段階ではPM、施工段階ではCMがいるという仕組みになっています。

一方、日本では、設計については組織事務所がPM的な仕事を内部でやっており、施工に関しては、ゼネコンがゼネコン業務としてCM的な仕事を行っていると見えてきます。しかし、いずれの場合も社内あるいは系列の枠の中で専門家や下請を調達していることが米国式と大きく違っています。

―――アメリカでは設計図書がそのまま施工されるので、設計者が図面を詳細に描く必要があるのでしょうか。

アメリカでは、建設はサブコンが行い建設のマネジメント全体をCMが行う仕組みですから、設計者が描く図面がそのまま施工図として使用され、施工図に従って業種ごとに製作図が作成されます。そして建築家が製作図を承認して建設が行われます。日本ではゼネコンが、設計者の実施図面を基に総合図を作成して施工図とする点が大きく違っています。

すなわちアメリカの場合は、設計者がつくった実施図面（CD図）がそのまま現場での施工図として使われ、さらに具体的な製作図がつくられていきます。ですが、CMは日本のゼネコンのように設計者の製作した実施図面から施工図を再度作成はしませんので、設計者が描いた図面がそのまま施工図として使われることになります。

これがBIMを設計に持ち込もうとするときに、重要なポイントになります。なぜなら、細かくきちんと図面を描いておいて、しかも設備、構造との整合性の高い図面を描いておかないと、そのままサブコンに渡されて業職ごとで製作図がつくられたときに、様々な不整合を発生させることになるからです。日本では、ゼネコンが受け取ったら、一旦、総合図（日本型の施工図）をつくって整合性をしっかりと取った上で、業種ごとに製作図を描きます。この総合図のプロセスがあるかないかが日米の間の根本的な違いです。

だから、日本では設計者がいくら詳細にBIMの図面を描いたとしても、ゼネコンが総合図を作成する段階で描き直されてしまうので、設計事務所が製作したBIM図は使ってもらえないことになります。日本でも国際標準である分離発注方式が採用されてくると設計段階でのBIMは大きな役割を持つことができますが、現状では設計と施工を一体的につなぐBIMの力を十分に発揮できていません。

アメリカ、ヨーロッパ、イギリスも同じですけれども、設計者がコンストラクションドキュメント（CD）をかなり精度高く作成しますので、ゼネコンが描く総合図を設計事務所が描いているということになりますし、そしてまたその仕事の分、設計料も高いという仕組みになっています。

このように建設生産システム全体の違いがありますので、欧米では設計事務所がつくる実施設計図はかなり詳細にわたって整合性がとれている必要があります。当然、たくさんの人員とものすごい労力をかけてつくることになりますので、設計図にはたくさんの人のノウハウが詰め込まれています。例えば石材の種類や貼り分けのパターン、また設備、電気との取り合いや構造の取り合いも基本的には実施設計段階で、全部決まっていることが一般的です。

日本の実施設計図では、例えば床が石仕上げだとすると「輸入石仕上げ」程度に書いて、あとは現場での決定事項となり、業者がどのように見積ったかによって現場での自由度がかなり左右されることになります。本来は石の寸法や貼り方の

パターンなどの細かいディテールを決めておかないと、本当は見積りをきちんととれません。コストコントロールを緻密に行うために、デザインを十分詰めた上で施工図をしっかりつくってクォンティティー・サーベイヤー（QS）に数量見積りをしてもらい、CMを中心にしたサブコンに渡すのが日本以外の国の常識です。私の経験ではアジア、欧米も含めて、海外ではごく一般的な仕組みとなっていると思います。

日本はゼネコンが総合図まで含めて請け負いますので、設計事務所が描いた図面をゼネコンが自社グループの工法に反映して描き直します。その結果日本では、設計者はとりあえずコストが拾える図面を描いておいたら、ゼネコンが精度の高い施工図を描いてくれるので、デザインの細かいところは現場で決めればよいということになり、後々建設費のことでもめてしまう要因を残してしまいます。

——— BIMはコストを把握できなければならないのですが、そこにある課題は何ですか。

日本の大手ゼネコン5社を見ると、縦系列になっています。例えば竹中のサブコンは全部竹中系列、他も大林系列、大成系列等と縦に構成されて基本的には縦内で仕事をする仕組みです。これによって、設計段階で設計者が細かい図面を描いてサブコンから見積りをとろうとしても、直に見積りがとれません。仮にとろうとしても、ゼネコンを通してくださいといわれますから、サブコンだけの値段が絶対にとれません。

サブコンの実勢の価格がとれないから、出版されている建設コストのいわゆる精算本で組み立てるしかないわけです。そうすると本当の価格ではないから、物価が変動しているときには、的外れの価格が出る可能性があります。また実勢より高く出てしまう可能性もあります。新国立競技場の問題がまさにそれではなかったかと思います。

欧米では、CMがいて、業種ごとにサブコンの見積りを集めて、CM＋サブコンで入札をすることになります。CM＋サブコンのチームがいくつかできて、競走入札を実施します。欧米型の詳細な実施設計に基づいてサブコンから直接競走見積りをとりますので、ほとんど価格がぶれない。CMが自分たちのフィーをいくら上乗せするかによって入札価格が決まります。

これはイギリスも同じです。QSがいて、設計段階でQSが数量を出し、それを工種ごとにサブコンに見積りをとるわけですから、ほとんど工事費の価格がぶれません。

日本ではゼネコンが縦系列で押えているので、ある意味で値段の構造は外から見たら分からないブラックボックスになっています。それらすべてがBIMの活用の実現性と非常に密接につながっているのです。工事の分離発注システムが日本でも根付かないと、BIMの本来の力を発揮できないことになります。

一番良いのは、設計段階のコンセプトデザインからBIMで始めて、だんだん情報の精度を増していき、そのまま建設できることですが、そうならないところが日本の本質的な問題です。BIMはすごく先端的な技術ですけれども、日本の建設業の商習慣は江戸時代的な元請制度が今も続いているので建設システム全体が透明化できなくなっていると分析することができます。日本の独特の建設生産システムは、これまでも世界に誇る素晴らしい技術で精度の高い建物を生産してきましたが、BIMの活用・発展と国際化の視点で考えて議論してみると、何回議論してもしっくりこない大きな原因がそこにあると思います。

——— ここまで話題になったコンストラクションドキュメントの意味を確認させて下さい。設計段階では例えば製品が決まっていないはずですが、形などを絞り込めるのですか。

それは米国でも公共工事の場合はできません。米国でも日本と同じように三者見積りをとらなければいけないので、複数のメーカーから見積りをとります。製品については設計段階でメーカー見

積りをとっておく必要があります。どうしても特別な性能の製品が必要な場合には仕様書で縛ることになります。

例えば設備系の製品は建築の意匠として見えてきますので、ペリ事務所（米国）の例でいえば、例えば天井の吹き出し口の意匠であれば視覚的に好ましい寸法で納めておきます。そして結果的にその寸法表記が特定の製品を暗示することもありますが、三者見積りは必ずとることになります。

ただし、公共建築と民間建築は図面の描き方や仕様書の書き方は違ってきますが。

―――**BIMを活用すると設計変更を減らせるといいます。また海外プロジェクトでは設計変更は工期延長が伴うと聞きますが、実態を教えて下さい。**

アメリカの場合でも、大きな設計変更があったら工期が遅れる可能性があります。例えば、地面の中から汚染物質が出てきたりすると工事は止まりますね。それから、歴史的なものが出てくるとやはり工事は止まります。それから、地中障害物が出てくると工期は長くなります。これは日本でも同様に遅れると思います。

一方チェンジオーダーは、設計事務所が描いた図面に対して、オーナーが、例えば天井高をこうしたいとか、入り口の位置を変えたいとか、当初と違う注文をする場合、つまりオーナー起因の設計変更が多いと思います。

その他、設計の瑕疵によって何かを設計変更しなければいけなくなった場合は、設計事務所の責任になりますので、オーナーにお願いをして、これはどうしようもない理由だとか、予測し得なかったんだから勘弁してほしいとか、オーナーと責任の所在について議論することになります。結果的には、設計瑕疵保険を使うケースもあるし、オーナーが予算を増やす場合もあり、ケース・バイ・ケースです。

ペリ事務所（米国）も、年間数億円の保険料を払っていて、設計の瑕疵の場合は対応します。常時2～3件の訴訟を抱えています。

チェンジオーダーのほとんどのケースは、基本的にはオーナーの都合によるもので、そのときには、設計者はもちろん有償で設計変更し、コストのコントロールをして、オーナーに工事費の差額を払っていただくということになります。チェンジオーダーは至る所でよくあります。

アメリカの場合は、BIMでやりなさいというオーナーが実は多いです。BIMは設計から施工まで一貫して使用することができますから、様々な問題点を設計の段階で捉えることができます。結果として、チェンジオーダーが少ないということになり、オーナー、設計者、施工者にとって利益があると考えられています。

ただ、日本の場合は一気通貫とならず、BIMで設計を進めても総合図の段階で途切れてしまうので、設計者としては描いてもしようがないというのが現状です。設計者がBIMによって精度の高い図面を作成し、それに基づいて分離発注を行い、価格の透明性が達成されると日本もBIMが普及して、グローバルスタンダードということになります。

―――**アメリカでは設計、施工分離方式よりもデザインビルド方式が多いのでしょうか。**

デザインビルドは、実はアメリカでも最近流行っています。理由は、通常の工程ですと、まずデザインをして、それから入札をして、建設をすることになります。そうすると、オーナーは、デザイン、建設、サブコン、専門工事会社それぞれと契約を結ばなければいけないから面倒なんですよね。例えばPMがいて、CMがいて、彼らが直で全部責任をとってくれるならいいが、そうではない。

その煩わしさを嫌うオーナーが増えていて、設計会社と建設会社のジョイントベンチャー（JV）をつくって一括で請け負ってほしい（ターンキーオペレーション）と考えるオーナーが増えています。デザインビルドは、日本の設計施工一括請負

いとは全く別物です。デザインビルドでは設計者は施工者に対して第三者的な目でしっかりと監理することを求められます。JVだからといって、お互いのミスやオーナーにとって不利益となる振るまいは責任逃れができないように契約がつくられる必要があります。契約上の権限は別々です。設計会社が果たさなければならない業務内容や、建設会社の責任・義務について契約書の中に明記された上で、クライアントとデザインビルドの一括契約を行うことになります。

　デザインビルド方式では設計会社が頭になるときもありますし、建設会社が頭になるときもあります。その場合には設計者が工事全体の責任者となりますのでリスクは大変大きなものになります。それはやっぱりまずいと判断して、PMを入れるときがあります。彼らにそれぞれの独立性を保てるようにマネジメントさせるわけです。そうしないと、建設会社が親、設計会社が子供のJVをつくってしまったら、設計会社は建設会社の要求を聞かなければいけなくなるので、設計者としての独立性が保ちにくくなります。それでは、デザインの品質管理を厳格に行えない仕組みになってしまいます。オーナーとしてはターンキーで契約の煩雑さを最小化しながら、しかも設計者の創造性はしっかり発揮してもらい、工事も監理してもらうのが一番利益があるということになります。デザインビルド方式は次第に広がりを見せてはいますが、比較的小規模、中規模のプロジェクトに限られていると思います。まだまだ試行錯誤の段階でしょう。

　日本的な設計施工一貫の請負システムでは同じ会社によって設計も施工もコントロールされることになりますので、施工の品質を設計側が独立した立場で客観的にチェックすることは難しいと思います。設計の社員も施工の社員も同一の会社に属しているので、自分の飼い主の手をかむようなことはできないからです。一方で従来の米国式の分離発注を行えばクライアントの契約件数は多数にのぼり、結果的に現場で何らかの瑕疵が発生した場合には、責任の所在がどこにあるのか不明確になってしまいがちです。クライアントの視点に立ったときにどのような設計施工体制が最も好ましいのか、そうした視点からデザインビルドの方法は次第にポピュラーとなっていますが、主流はやはり分離発注による方法であり、それによってBIMの有効性がしっかりと担保されているといえます。

　デザインビルドによる設計施工一貫方式の場合には、基本的に設計事務所の作成するBIM図が施工の段階においても連続して使われることになりますが、当然、設計側のBIMのソフトや図面作成の仕組みと、施工側のそれらとは一致しないことが多いため、完全な一気通貫性を確保することは容易ではないようです。設計と施工、そして設備や構造など様々な分野間で同一のBIMをもって情報共有を実現することは至難の業です。さらに、最終的なデータ量は大変大きなものになりますので、効率的なBIMの運用が必要となります。

――― **アメリカの大学などでのBIM教育の現状を教えて下さい。**

　米国の大学ではコンピュータを駆使した3次元でのデザインが主流になっています。私の卒業したイエール大学の建築大学院でも、現在ではスタジオ内に所狭しとコンピュータがひしめき、3次元プロッターやレーザーカッターが自由に使える環境が整っています。主な理由は設計業界全体で図面の3次元化とBIM化とが非常に進行しているため、大学院の卒業生にはそうした技術が業界から求められているためです。ペリ事務所（米国）でもBIMを使ったデザイン（デザインに重点を置いたBIMですが）はごく一般的になっており、若い所員にとっては必須の技術になっています。そうした必要性から、大学でもコンピュータを駆使した3次元デザインの教育そしてBIMの教育は、現在では必要不可欠ということになります。分離発注をベースにした業界全体の仕組みと大学建築教育とは密接に結びついているといえ

ます。

つい最近、私共の日本の事務所で働いていた米国人の建築家が米国に帰国しましたが、彼女が米国で就職先を見つけるために行ったことは、まずBIMの専門学校に行って米国のBIMを学び修得することでした。BIMの技術を持っていることは設計事務所に務める上で必須になっています。もちろん彼女は修得後、容易に仕事に就くことができました。

また米国ではクライアントから図面をBIMデータとして提出することを要求されることがあります。これはビルの管理運営にとって非常に有用なデータにBIMがなり得るからです。BIMが浸透することによって、デザインが意図どおりに実現する確率は高まってきます。また施工側も精度の高い整合性のあるデジタルデータを受けとることにより、施工の効率を高めることができます。建設材料や製品の調達についても、より効率的に国際化を進めることができるようになります。設計側がBIMを自在に扱えれば、建設はより複雑なデザインにも対応できるようになりますし、価格コントロールもより精度の高いものになると思います。

―――BIMによる国際化の課題は何でしょうか。

BIMによる設計と建設プロセス全体の統合は、国際的には大変なスピードで進んでいます。シンガポールなどでも政府提出用の確認図はすべてBIMが要求されます。これによって国側は街に関するすべての情報をゆくゆくはすべてデジタルで手に入れることになります。そうすると都市の環境管理、エネルギー管理、インフラ管理などを、コンピュータ上でシミュレーションすることができるようになります。この時点での問題はどのBIMソフトを標準とするのかということです。特定のソフト会社にBIMを独占させることは危険でもあるし、公正な競走を妨げることにもなります。

そして日本における問題ということでいえば、日本の設計・建設プロセスが、BIMの恩恵を十分得られる仕組みになっていないということです。設計事務所の作成した図面が総合図として建設会社によって描き直される日本のプロセスでは、設計から建設へとつながる連続したBIMによる生産システムは生まれないこと、そして建設側だけの設計施工一貫システムでは、コストと品質管理の利害相反を解消できないこと、この二つが日本の建設生産システム全体のBIMによる国際化を妨げている要因であると考えています。

私が代表を務める、二つの会社では、日本で多くの図面を3次元で製作し、クライアントに提供しています。それらはDD図と呼ばれる図面でデザインを正確に伝える役割を果しています。しかしながら、それらの3次元図面は日本ではまだ、BIMとして統合されるところまで到達しているわけでないのが実情です。

図1.2.2 3次元によるデザイン検討図／日本橋三井タワーのDD図より抜粋

図1.2.3 3次元によるデザイン検討図／日本橋三井タワーのDD図より抜粋

図1.2.4 湯田温泉観光回遊拠点施設「狐の足あと」　完成した屋根／山口県山口市

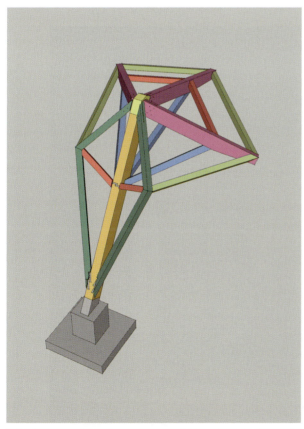
図1.2.5 3DCGで検証した屋根の構造説明図

図1.2.6 3DCGを利用して実際に組み立てた屋根構造

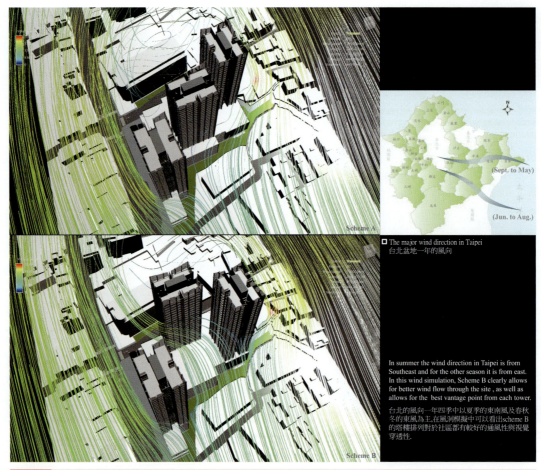

図1.2.7 3次元で風のシミュレーションを行った台湾の集合住宅の事例

図1.2.8 3次元で検討した香港の商業施設の事例

第3節 発注方式とBIMの活用

(一財) 建築保全センター
寺本 英治

ここでは、発注方式について概観し、次にBIMの活用の観点から発注方式を検討し、いくつかの実例を示すこととしたい。

1 発注方式について

1.1 概要

建築プロジェクトの各段階のプレーヤーは、建物所有者、発注者、設計者、施工者、建物利用者・入居者、維持管理者等が挙げられる。これらのプレーヤーが企画・基本設計・実施設計（「企画・設計」と呼ぶこともある。）、発注・契約、施工、運用・維持管理の各段階において、どのようにチームを結成し、その中で役割を分担するかによって発注方式が分かれているが、主な分類は、プロジェクトの設計と施工の段階の区分と、役割分担とによって分類されている。

また数ある発注方式の特色は、BIMがライフサイクルを通じて一貫して扱われるべき理想と関係があるといえるので、その点に関しては「2 BIMの特性を活かした発注方式」で説明する。

1.2 設計段階と施工段階を分離して発注する方式（Design-Bit-Build）

最も典型的な発注方式で、設計・施工分離発注方式と呼ばれる。設計段階は設計者が、施工段階は施工者が各々担当するものである。発注者は、各々の段階において設計者、施工者を選定する。この方式では設計者と施工者は別組織、別企業であり、設計図書で施工段階に伝えなければならないこと、あるいは設計段階での未決定事項検討のため等に、施工段階で設計者が設計監理者として契約されることが多いが、公共プロジェクトでは一般的には設計監理者は設計者と別である。また一般的に設計段階では材料、機器等は決定されない。

この方式には、さらに、

❶施工（建築業者）が元請となり、設備などの専門工事業者がその下請けとなる場合
❷施工が建築工事、設備工事、外構工事等に分割され、各々の施工者が直接発注者と契約する場合（分離・分割発注と呼ばれ公共工事に多く見られる）

がある。

1.3 設計段階と施工段階を部分的または全体的に一体で発注する方式

これにはいくつかの方式があり、代表的なものは、設計部門を持つゼネコンへの設計と施工を一括発注する方式（これを設計・施工一括発注方式と呼ぶ場合が多い。）、デザインビルド方式、デザインビルド・ブリッジング方式、PFI/PPP方式、さらには最近米国で始められてきたIPD方式等がある。

❶ゼネコンへ設計と施工を一括して発注する方式

この方式は、プロジェクトの始めから、設計組織を持つ施工者に設計と施工を一括して発注する方式で、設計段階に施工方法等の施工のノウハウを活用することが期待される。施工会社がインハウスに設計組織を持つ日本独特の方式である。設計段階での施工ノウハウの活用はされるが、設計と施工が同一組織のため、段階ごとの設計者と施工者の役割分担が明確化されていないことが多く、また設計、施工の立場の違いがあることから

材料・機器の決定等は設計段階では行われていない。

❷ デザインビルド方式

この方式は、プロジェクト当初に設計者と施工者が、各々の特性を活かしてチームを構成しプロジェクトを進める方式である。❶との違いは、設計者と施工者が別の組織なことである。この方式では、発注者が設計者と施工者から構成されるチームの長所をプロジェクトの取組みに期待していることから、設計者と施工者の間には各段階の役割が明確化されていることが一般的である。したがって、施工ノウハウの設計段階での活用が図られ、また材料・機器の設計段階の決定は、それがコスト引き下げに有利な場合には、設計段階で決定されることになる。

❸ デザインビルド・ブリッジング方式

この方式は、❶と❷を組み合わせたものといえる。基本設計と実施設計の初期段階（実施設計の進捗度が概ね30％程度）までは設計者が担当し、実施設計の初期段階に達した時点でコストが概略把握できるようになり、そこで施工者を選定するもので、その後設計者と施工者が協力・分担してプロジェクトを進める方式である。デザインビルド方式に比較して、基本設計段階では設計が施工方法に影響されず、また一方、実施設計段階での施工詳細の設計への反映や材料・機器の早めの決定が必要な場合に導入することが、この方式導入に適切なケースである。

この方式でも設計者と施工者は別組織であり、❷と同様、各段階での設計者、施工者の役割が定められていることが一般的である。施工ノウハウの活用と材料・機器の決定が実施設計の初期段階で行われる。

❹ PFI / PPP方式

PFI（Private Finance Initiative）は、公共施設等の建設、維持管理、運営等を民間の資金、経営能力及び技術的能力を活用することで、効率化やサービスの向上を図る公共事業の手法で、設計・施工・運用維持管理までのプレーヤーがプロジェクト当初から一体となって参加することが特徴である。当然ながら設計段階で施工詳細や施工方法も検討され、また維持管理までも検討される。

PFI方式にはさらにBOT（Build-Operate-Transfer）方式という運用期間を終了してから発注者に移管される方式と、BTO（Build-Transfer-Operate）方式等がある。BTO方式は海外事業で行われてきたターンキー方式と同じである。

PPP（Public Private Partnership）は、公共サービスの提供に民間が参画する手法を幅広く捉えた概念で、民間資本や民間のノウハウを活用し、効率化や公共サービスの向上を目指すもので、PFIと同様に設計・施工・運用維持管理までのプレーヤーがプロジェクト当初から一体となって参加する。当然ながら設計段階で施工詳細や施工方法も検討され、また維持管理までも検討される。

❺ IPD方式

IPD（Integrated Project Delivery）方式は、コンセプト形成、基本設計・実施設計から施工、運用・維持管理までの八つの段階を通じてプロジェクトの効率化を目的として、関係者がチームを構成してプロジェクトを進める方式である。PFI/PPPでは、プロジェクト当初からチーム構成が決定しているのに比較して、IPD方式は関係者の特性を最大限引き出すことに重点が置かれ、プロジェクト参加者がチームで参加する者と単一目的で参加する者がいる。また発注者は、請負チームに対して直接費用は保証するが、利益、諸経費、ボーナスはプロジェクト結果によるとされており、契約も複数者間契約となる等、従来の契約と異なる方式である。

米国では数十の実施例があるが、日本ではまだ実例がない。

❻ ECI方式

ECI（Early Contract Involvement）方式は、

設計段階から工事業者が施工性を検討し、設計に反映して、工事期間を短縮する手法で、設計段階から施工者が関与することで施工上の課題を設計にフィードバックすることができ、工事費のリスク軽減とプロジェクト工期の短縮が可能となる。また早期の発注が可能で、発注時に詳細仕様の確定が困難な事業に適しているとされる。以前にファーストトラックと呼ばれる同様な方式があり、また❸で説明したデザインビルド・ブリッジング方式とも同様な概念の調達方式である。

❼その他の方式

コンセッション方式といわれる、施設の所有権を移転せず、民間事業者にインフラの事業運営に関する権利を長期間にわたり使用される方式もあり、敷地は所有者のままとして定期借地権を設定し、改築あるいは新築の権限を与えるもので、定期借地権方式ともいわれる。

以上の方式の概略を整理すると表1.3.1のようになる。

表1.3.1 様々な発注方式の比較

大分類	小分類	設計段階	施工段階
設計と施工を分離して発注	元請（ゼネコン）が一括受注し、下請（専門工事業者）が重層化する方式	設計者	施工者（元請・下請）
	建築工事と設備工事が分割して契約される方式	設計者	施工者（建築） 施工者（設備1） 施工者（設備2）
設計と施工を部分的または全体的に一体として発注	ゼネコン一括発注方式	ゼネコン（設計部門）	ゼネコン（施工部門）
	デザインビルド方式	設計者＋施工者	
	デザインビルド・ブリッジング方式	設計者	設計者＋施工者
	PFI/PPP方式	設計者＋施工者	
	IPD方式	設計者、施工者が必要な段階でチーム編成	
	ECI方式	施工者が設計段階から関与	

2 BIMの特性を活かした発注方式

BIMの特性はフロントローディングであることから、デザインビルド等の設計と施工が一体になった方式が、発注者、設計者、施工者の共通した意見かと考えがちであるが、この点に関しては、各々の立場での利害が対立して一つではない。

現状では、発注者は現状維持で設計・施工分離と多様な発注方式を使い分けることを考えており、設計者は設計者主導のIPD方式を提案しており、施工者は設計施工一貫発注方式または施工者主導のデザインビルド方式を考えている。

この点に関して、BIM先進国といわれる海外諸国での公共組織の発注方式は興味を引くものであり、特に米国連邦調達庁（GSA）に対して行ったBIMと発注方式に関する調査は、興味深い結果を示している。

例えば、フィンランドでは設計・施工分離発注であり、ノルウェーではデザインビルドが主流である。またGSAでは、一般事務所ビル（延床面積、約45,000m^2）では設計・施工分離方式、NASAの高さ60mで2階建ての会議場はデザインビルド・ブリッジング方式、社会保険データセンターはデザインビルド方式を適用しており、建物の特性によって発注方式は一律ではないという主張である。

前述のように多様な方式があり、BIMの活用の中でフロントローディングに関するメリットがあると考えられるものがある。一方、入札方式の選定は、プロジェクトの特性から判断して、プロジェクトの設計段階で施工ノウハウを反映しなければ解決できない場合と、施工段階の設計への反映が必須条件にならない場合がある。前者では、デザインビルド、デザインビルド・ブリッジング等の入札方法の採用が必要と考えられるが、後者のプロジェクトの場合は、最も重要なコストが最小になることを目的とし、従来から採用されてきた設計・施工分離方式が責任分担が明快で簡便なため採用されるものと考えられる。

前者の方式を採用する場合は、設計、施工等の各段階で関係者の役割、リスク分担の明確化が必要で、そのための発注者側の技術力が必要である。

結論としては、プロジェクトの特性に応じて最適な発注方式を選定することが必要であり、BIMに適した入札方式は一律ではないというのが現状での結論と考えられる。また多様な入札方式が提案されているが、それらの実際のメリット、デメリットの相互比較が必要と考えられる。

(参考文献)
1) Integrated Project Delivery: A Guide　AIAカリフォルニア支部
2) 国土交通省「設計・施工一括発注方式導入検討委員会報告書」(委員長國島正彦) 平成13年3月
3) 国土交通省「PPP/PFI手法の整理とコンセッション方式の積極的導入のための展開について」平成25年7月
4) 「多様な入札契約方式について」
第1回発注者責任を果たすための今後の建設生産・管理システムのあり方に関する懇談会 (平成25年11月15日)

第4節 二つのLODとは

Level of Detail と Level of Development の意味と各国の状況

東京工業大学安田幸一研究室
(教授) 安田 幸一／(元安田研究室) 平野 陽

1 はじめに

建築の設計・生産プロセスにおいて、ようやく日本でもBIMの重要性が認識されるようになった。プロジェクトの早い段階での設計負荷を目指すフロント・ローディングによって、建築の品質向上と同時に手間と時間の省力化に寄与するのがBIMの最大の特徴である。しかし、そのためにはプロジェクトに関わる人たち（建築主、設計者、施工者、運営者等々）全員が同じ認識に立って図面や仕様を確定すること、すなわちBIMにおいても同じ「言語」で話をすることが大切である。

ここで解説するLevel of Detail、Level of Developmentという異なる意味の異なる言葉の略語が同じLODとなっているため混乱を招き、多くの人がLODの正確な意味を理解できずにいることはコミュニケーション上大きな問題になっている。

2014年に発行された日本の国土交通省BIMガイドライン[1]でもLevel of Detail と Level of Developmentが同じ「詳細度」という言葉で定義され、これらが同じものであるかのように扱われるなど、二つのLODの意味と差異について詳細に整理する必要性を感じている。そこで、本稿では、BIM先進国と称される各国から発行されている文献調査を行い、二つの「LOD」の意味と差異を明らかにすることを目的とする。

2 LODの定義の歴史

Level of Detail の概念は米国のVico Software社[*1]によって2004年に確立され、ここで初めてLODという言葉が使用された。これは、モデル・エレメント[*2]の形状情報と属性情報の詳細度を表し、本来積算への利用を意図してつくられた概念である。

2008年、American Institute of Architects (AIA)[*3]発行の AIA Document E202-2008[2]にてVico software社のLevel of Detailの概念を、積算の範囲からBIMプロジェクト全体を通して利用可能な概念として発展させ、これを「Level of Development」と名付けた。Level of Developmentは、Phaseに合わせ、LOD100・200・300・400・500という5段階で定義され、モデル要素の形状情報と属性情報の進捗度を表している。

2009年、イギリスのAEC（UK）[*4]がAEC BIM Standard[3]にてLevel of Detailを形状情報の詳細度の基準として解釈し、二つのLODの混同を避けるために形状情報の詳細度を「Grade」と別に定義している。

2013年、アメリカのBIMForum[*5]がAIAのLevel of Developmentの概念（2013年版 AIA E203TM-2013[4]）において、独自にLODを定義し直し、図解付きのLOD Specification[5]を発表した。これが、現在でも多くの国のBIMガイドやBIMに関する文書において参照され、世界的な標準となっている。

---

*1 建築積算ソフト開発会社。現在はソフトウェア開発、技術開発を行う Trimble社の一部

*2 Model Element の和訳。柱、梁等の BIM モデルの構成要素を表す

*3 アメリカ建築家協会

*4 イギリスの設計事務所、建設会社、エンジニアからなる業界。いわゆる建設業界。

*5 アメリカの主要な設計事務所と建設会社からなるワーキンググループ

同じく2013年には、イギリスのBSI*6のPAS 1192-2 6)によってLevel of Definitionという新しい概念がつくられた。Level of Definitionは、Level of Detail（LOD）とLevel of Information（LOI）からなり、それぞれについて七つのレベル*7で定義している。ここでもLevel of Detailは形状情報の詳細度として扱われている。Level of Definitionの概念は、2015年にイギリスで発表されたNBS BIM Toolkit*8とAEC（UK）BIM Technology Protocol*9にも導入された。

以上のようにアメリカではLevel of Development、イギリスではLevel of Definitionが標準として定着しつつあるが、そのときにLevel of Detailは双方ともにモデル・エレメントの形状情報の詳細度を示す。

3　Level of Detail とは

Level of Detailは、Vico software社がつくった最初の概念ではモデル・エレメントの形状情報と属性情報の詳細度を意味していたが、前述したように徐々に概念が変化し、現在はモデル・エレメントの形状情報の詳細度のみを表している。

これに関して、BIMForumのLOD SpecificationとオーストラリアのLODガイドであるNATSPEC*10 BIM and LOD 9)において以下のように述べられている。

"Level of Detail is essentially how much detail is included in the model element."
（出典：『LOD Specification』BIMForum）

"Level of Detail to describe graphic detail only."
（出典：『BIM and LOD』NATSPEC）

---

*6 British Standards Institution、英国規格協会
*7 1963年から発行されているRIBA Plan of Workと呼ばれるイギリス特有のワークフローの各ステージと対応している
*8 RIBA Enterprises（王立英国建築家協会の知識情報部門）の子会社であるNBSがインターネット上で提供しているソフトウェア7)
*9 2009年に発表されたAEC (UK) BIM Standardのアップデート版8)
*10 オーストラリア国営の専門家協会

4　Level of Development とは

一方、Level of Developmentは、Level of Detail（モデル・エレメントの形状情報）とLevel of Information（モデル・エレメントの属性情報）の総合的な信頼性を表し、プロジェクトの進捗度にも適応しているLOD100～500という数字で表現される。手書きやCADの図面であれば、それがどの程度正確な図面で、信頼できるものか、図面を見るだけである程度推測はできる。しかし、BIMモデルから即座に入力された情報の正確性を見分けることは難しく、モデル入力者が意図していなかった情報がBIMモデルから抽出される事態も起こり得る。

そこで、Level of Developmentの概念を用いて、モデル・エレメントの形状情報と属性情報がどの程度の進捗度であるかを定義する必要性が出てきた。BIM Forum LOD SpecificationとNATSPEC BIM and LODにおいて、以下のように述べられている。

"Level of Development is the degree to which the element's geometry and attached information has been thought through."
（出典：『LOD Specification』BIMForum）

"LOD as a broader concept associated with the reliability of shared information."
（出典：『BIM and LOD』NATSPEC）

5　Level of Development の概念を示す椅子の事例

Practical BIM*11というwebサイトに掲載されている椅子の事例がLevel of Developmentの概念を理解しやすいので以下に解説する。

図1.4.1のように、属性情報の詳細度はプロジェクトの進捗に合わせて高くなっていくが、形状情報の詳細度も同様に高くなっていくとは限らない。実際のプロジェクトでは、最初は施主など

---

*11 オーストラリア人の建築家Antony McPhee氏によるBIMの概念及び利用方法の解説を行っているwebサイト10)

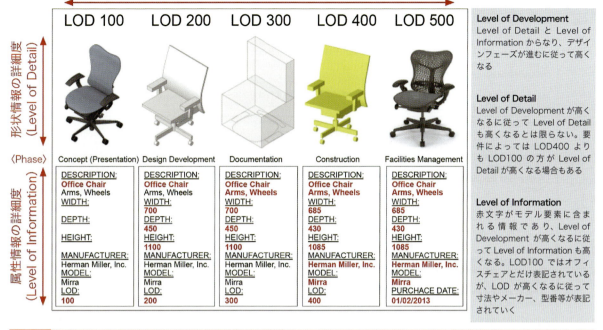

図1.4.1 Level of Development の概念を示す椅子の事例　　黒枠内は出典：『What is this thing called LOD』practical BIM

になるべく具体的なイメージを伝えるために形状情報の詳細度は高くなる。しかし、LOD100のようにLevel of Developmentを低く設定することで、必ずしもこの椅子を実際のプロジェクトで用いるわけではないことを伝えることができる。

一方、LOD400のようにLevel of Developmentが高い場合でも、BIMモデルのデータサイズを小さく保つために形状情報の詳細度は低く保ちたいという場合もある。以上のように、Level of DevelopmentはBIMモデル入力者の意図を伝えるためのコミュニケーションツールにもなっている。

6　Level of Development の概念を示す建築の事例

続いて紹介する図1.4.2はBIMForumのLOD Specificationにおける、Level of Developmentごとのモデル・エレメントの図解例である。椅子の例とは異なる、LOD100・200・300・350・400という数字で表されている。これはBIMForumがAIAのLOD定義（LOD100・200・300・400・500）を再解釈し図解したものであり、LOD300とLOD400の間に干渉チェック、干渉回避などを行うフェーズとしてLOD350を追加し、LOD500はAs-Built BIM（竣工BIM）であり図解する必要がないとして言及していない。

このような図解はモデル・エレメントごとになされており、各モデル・エレメントはプロジェクトにおいて異なる速度で進捗するため、BIMモデル全体が同一時点で同じLODになることはないとされている。つまり、BIMモデル全体を指して「LOD200モデル」や「LOD300モデル」とすることは正確でない。

改めて図1.4.2を見るとLOD、各LODにおいてモデリングするべき要素と属性情報、モデリング例で構成されている。ただし、属性情報はLOD300の欄で少し言及されているだけであり、大部分は形状情報に関する記述となっている。属性情報に関するより詳細な記述は、LOD Specificationと同封されているAttribute Tables[*12]でなされており、図1.4.2に示したLevel of Developmentごとのモデル・エレメントの図解例と合わせて用いられる。

この図において、形状情報の詳細度（Level of

---

*12 LODごとに入力する属性情報を規定するための表

LOD	各LODにおいてモデリングするべき要素と属性情報		モデリング例
100	Assumptions for structural framing are included in other modeled elements such as an architectural floor element that contains a layer for assumed structural framing depth; or, schematic structural elements that are not distinguishable by type or material. Assembly depth/thickness or component size and locations still flexible.	仮の構造フレームをモデリングする際は、構造フレーム部分の床厚を含む床要素またはタイプや素材の区別がない図式的な構造要素といった、その他のモデル化された要素を用いる。 アセンブリの高さ／厚みまたはコンポーネントの寸法と位置はまだフレキシブルである。	
200	Element modeling to include: ・Top chord or bottom chord bearing ・Approximate depth ・Approximate width ・Truss orientation ・Approximate centerline location of individual trusses	モデル・エレメントは以下を含む： ・上弦材または下弦材の位置 ・おおよその梁せい ・おおよその梁幅 ・トラスの方向 ・それぞれのトラスのおおよそのセンターラインの位置	38 B1010.10-LOD-200 Floor Structural Frame (Wood Floor Trusses)
300	Element modeling to include: ・Truss size, depth, and material with sloping geometry ・Spacing and end elevations ・Support locations Required non-graphic information associated with model elements includes: ・Member designation, load capacity and deflection criteria ・Design loads	モデル・エレメントは以下を含む： ・トラスの寸法、梁せい及び斜材の素材 ・間隔と端部の立面図 ・支持位置 必要とされる、モデル要素に関連する非形状情報は以下である： ・同一部材の指定、耐荷重とたわみ性能基準 ・設計荷重 属性情報	39 B1010.10-LOD-300 Floor Structural Frame (Wood Floor Trusses)
350	Element modeling to include: ・Actual final truss profile with accurate panel points ・Bridging and lateral braces ・Fire protection coating ・Any miscellaneous framing pertaining the truss ・Erection details for installation ・Chord and web member section profiles are accurately defined ・Truss layout in coordination with deck fasteners would be confirmed ・Hold down locations for large bolts.	モデル・エレメントは以下を含む： ・実際の最終的なトラスの外形と格点 ・転び止めと横構 ・耐火被覆 ・トラスに関係するあらゆる構成物 ・据付けのための詳細部 ・弦材とウェブ部材の断面外形は正確に定められること ・デッキファスナーと連携してトラスの配置は確定すること ・大きなボルトのための留め具の位置	40 B1010.10-LOD-350 Floor Structural Frame (Wood Floor Trusses)
400	Element modeling to include: ・Fasteners ・Sealant ・Truss plates and connection material ・Nails ・Deck patterns and joints	モデル・エレメントは以下を含む： ・ファスナー ・シーラント ・トラスプレートと接続部材 ・釘 ・デッキプレートとつなぎ目	41 B1010.10-LOD-400 Floor Structural Frame (Wood Floor Trusses)

図1.4.2 Level of Developmentの概念を示す建築の事例　『Level of Development Specification』BIMForumを基に筆者が和訳

表1.4.1 Level of Detail と Level of Development の比較

	Level of Detail	Level of Development
開発者	Vico Software アメリカの建築積算ソフト開発会社	AIA（American Institute of Architects） 米国建築家協会
概念	形状情報の詳細度 ・モデル・エレメントの形状情報と属性情報の詳細度を意味していたが徐々に概念が変わっていき、現在は形状情報の詳細度のみを表す。	形状情報と属性情報の進捗度 ・モデル・エレメントの形状情報と属性情報がどの程度まで考え抜かれたものであるかの度合いを表す。 ・BIMモデル入力者の意図を伝えるためのコミュニケーションツールである。 ・LOD100-500という数字で表現される。
年表 2004	アメリカ｜Vico Software*1　Level of Detail の概念を確立	
2008		アメリカ｜AIA*3　Level of Development の概念を確立【LOD100-500】
2009	イギリス｜AEC（UK）*4　形状情報の詳細度の基準として Level of Detail（別名 Grade）を使用	
2011		オーストラリア｜NATSPEC*10　AIA の概念を使用【LOD100-500】
2012	カナダ｜AEC（CAN）*13　AEC（UK）と同じ概念を使用	
2013	シンガポール｜BCA*14　形状情報の詳細度の基準として Level of Detail を使用 イギリス｜BSI*6　形状情報の詳細度を表す Level of Detail（LOD）と属性情報の詳細度を表す Level of Information（LOI）からなる Level of Definition の概念を確立【LOD1-7,LOI1-7】	アメリカ｜AIA　2008年の基準をアップデート【LOD100-500】 アメリカ｜BIMForum*5　AIA の概念を再解釈【LOD100・200・300・350・400・500】 オーストラリア｜NATSPEC　BIMForum の概念を使用【LOD100-500】
2014		ニュージーランド｜BIM Acceleration Committee*15　Level of Development を LOd・LOa・LOi・LOc の四つに分類【LOD100-500】 カナダ｜AEC（CAN）　第2版では BIMForum の概念を使用【LOD100-500】
2015	イギリス｜NBS*8　BSI の Level of Definition を使用【LOD1-7,LOI1-7】 イギリス｜AEC（UK）　BSI の Level of Definition を使用【LOD1-7,LOI1-7】	ベルギー｜ADEB-VBA*16　BIMForum の概念を使用【LOD100-500】
2016	凡例｜国｜発行者　行われたこと【LODの表記】	アメリカ｜BIMForum　3回目のアップデート【LOD100・200・300・350・400】
利用国	イギリス・シンガポール・中国	アメリカ・オーストラリア・カナダ・ドイツ・ベルギー・ニュージーランド・台湾

*13 カナダの設計事務所、建設会社、エンジニアからなるワーキンググループである CanBIM のデザイナー委員会
*14 Building and Construction Authority、シンガポール政府の建築建設局
*15 BIM 利用促進を目指して2014年に設立したワーキンググループ
*16 ベルギーの主要な建設会社の組合

Detail）はプロジェクトの進捗に合わせて高くなっているが、これはあくまで一例であり、会社やチーム、プロジェクトごとに独自に定義することが可能であるということを改めて強調しておく。

7 二つのLODによる混乱を避けるための工夫

多くの人が二つのLOD（Level of Detail と Level of Development）という言葉で混乱しているのが現状である。この混乱を避けるため、多くのBIMガイドでも奨励しているようにLODを一つの言葉に対して使用することが必要であり、ここではLevel of Developmentのみを「LOD」とすべきことを提唱する。その上で、Level of Detailを別の略語とする例として、前述したイギリスのAEC（UK）では、Level of Detailに対応する略語として「Grade」を用いている。

ニュージーランドの例では、BIM Acceleration Committee[*15]が2014年に発表したAppendix C-Levels of Development definitions[11)]において、Level of DevelopmentをLevel of detail（「LOd」）、Level of accuracy（LOa）、Level of information（LOi）、Level of coordination（LOc）の四つの略語に分類している。すなわち、形状情報の詳細度をLevel of detail（LOd）とし、Dを小文字で表現することで差別化を図っている。

また、ノルウェーのBIMガイドを開発しているStatsbygg[*17]ではLevel of Developmentの形状情報の詳細度をLevel of Geometry、属性情報の詳細度をLevel of Informationと表現している。

8 結論と将来展望

以上、Level of Detail と Level of Developmentの意味と概念の違いについて述べてきた。Level of Development は Level of Detail（モデル・エレメントの形状情報）とLevel of Information（モデル・エレメントの属性情報）の合わさったものでプロジェクトの進捗度を表すLOD100～500という数字で表現される。Level of Developmentのみを「LOD」とした上で、Level of Detail は、「LOd」として文字上で「LOD」と区別することを提案する。「Grade（グレード）」という言葉は、日本では品質グレードと勘違いするおそれがある。

2015年秋に設立されたBIMライブラリーコンソーシアムでも議論すべき重要な内容であるが、「LOD」の各Phaseとは特に通常の設計契約からすると、フロント・ローディングに伴うプロジェクトでは、従来の日本における基本設計業務、実施設計業務、施工段階での設計監理業務の各Phaseでの重み付けが変化してくることが容易に予想できる。国土交通省を含め、建築界での今後の調整が必須であることを最後に付記する。

---

*17 国営の建設組織。ノルウェーのBIMガイドであるStatsbygg BIM Manualを出版

(参考文献)
1) 国土交通省「官庁営繕事業におけるBIMモデルの作成及び利用に関するガイドライン」、2014.3
2) AIA「AIA Document E202－2008」、2008
3) AEC「AEC (UK) BIM Standard」、2009.11
4) AIA「AIA E203TM–2013」、2013
   http://www.aia.org/aiaucmp/groups/aia/documents/pdf/aiab099084.pdf
5) BIMForum「Level of Development Specification」、2013.8
6) BSI「PAS 1192–2」、2013.2
   http://shop.bsigroup.com/forms/PASs/PAS-1192-2/
7) NBS「NBS BIM Toolkit」
   https://toolkit.thenbs.com
8) AEC「AEC (UK) BIM Technology Protocol」、2015.6
9) NATSPEC「BIM and LOD」、2013.11
10) practical BIM「What is this thing called LOD」
    http://practicalbim.blogspot.jp/2013/03/what-is-this-thing-called-lod.html
11) BIM Acceleration Committee「Appendix C - Levels of Development definitions」、2014.7

第5節 BIMの活用パターン

事例01〔設計事務所事例〕
BIMの活用パターン

㈲アーキ・キューブ
大石 佳知

1 はじめに

アーキ・キューブがBIMソフトウェア「Autodesk Revit」を導入してから8年が経過した。当時と今を比べると、建築業界でBIMが認知され、取り巻く環境が随分変わった。スタッフ数名の小規模な建築設計事務所がBIMを運用するのにいくつかの課題はあるにせよ、ソフトウェアの完成度が高まり、これらを創意と工夫で解決できるようになってきた。

ここで、BIM導入から現在の運用について、弊社の事例をいくつか紹介したい。これからBIMを導入しようと考えている設計事務所経営者へ幾分参考になれば幸いである。

2 BIM導入（2008年）期の課題と解決法

導入しても運用に踏み込めないユーザーは多い。BIMですべてができるという期待が大きいほど高いハードルになる。当初は業務獲得までの効率化、つまり基本設計段階に絞ってBIMを運用し始めた。

BIM導入前は、AutoCADと3ds-Maxを運用していた。基本設計図を作図しながらCGパースをほぼ同時に作成するため、細かい図面変更にパースは追従できず、レンダリングには多くの時間を費やした。CGパースはビューを限定しているため並行してスチレンボードの模型を製作してコンセプトを表現する必要があった。営業段階で多くの時間と費用を費やすことになり、限られた時間の有効活用や、図面以外の設計意図の伝達方法等課題をいくつも認識していた。

導入に伴うソフトウェア操作のスキル習得にも課題はあったが、現在では、関連書籍が多数出版され、Autodesk社や各社セミナーの情報を容易に入手できる。また、RUG（Revit User Group）ユーザー会が活発に情報発信しているため習得の機会が容易に得られる。

3 BIM活用（2012年）期の課題と解決法

基本設計段階での運用を標準化し実施設計でのBIM運用に移行し始めた頃である。

図1.5.1.1 BIMで実施設計に取り組んだプロジェクト

弊社ではいきなりすべての図面をBIMモデルから作図するのではなく、一般図と1/50程度の平面詳細図、展開図、建具表をBIMモデルから

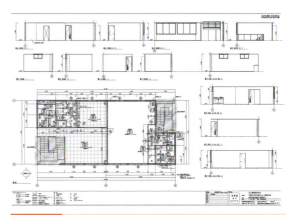

図1.5.1.2 Revitで作図した2D図面

作図し、それ以外の断面詳細図や部分詳細図は従来どおり2D-CADで作図する方法で取り組んだ。

設計段階の問題を解決するためにシミュレーションの結果をビジュアルに表現したことにより、早い段階で施主との合意形成が図れた。

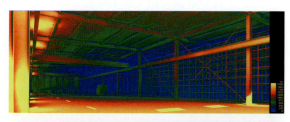

図1.5.1.3 天窓の効果を検討したシミュレーション

BIMでは基本設計のモデルを肉づけするように実施設計モデルへ進化できる。約8,000m²の物流施設と管理事務所の設計は、基本設計を含めて2カ月でまとめることができた。基本設計から実施設計へBIMモデルの活用に大きな効果を感じた。

4 木造の実施設計でのBIM活用

BIM導入期は基本設計での活用が効果的だと前述した。3Dモデルを参照した図面は相互の食い違いが皆無となることや、部材同士の干渉チェックが視覚的に確認できるなど、実施設計段階でのメリットも大きい。アーキ・キューブは2015年か らは木造の戸建て住宅設計や、大規模なリフォーム設計などすべてのプロジェクトでBIMを活用している。

意匠、構造や設備など相互のBIM連携が重要視される。構造図や設備図を意匠設計者が自ら作図するような比較的小規模な建築物こそ、BIMの効果を享受できると筆者は考える。

今では木造設計で活用するBIMパーツ（ファミリ）として、縮尺1/50程度の平面図や断面図で表現されるアルミサッシのほか、筋違いや柱引き寄せ金物などを作成したほか、電気設備配線図の照明器具やコンセントが意匠図の展開図や天井伏図でも表現されるようにした。

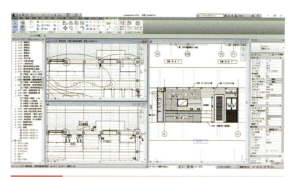
図1.5.1.5 設備図と連動した展開図の一例

モデルから生成された2D図面に文字、寸法線や線分を加筆して図面を仕上げるのがBIMによる設計手法である。BIMモデルだけで思いどおりの2D図面が生成されるような大きな期待は持たない方がよい。詳細図は2D-CADを併用し、過去の資産を活用すればよく、すべての図面をBIMデータのみで作図しようと思わないことが、実施設計でBIMを活用する最大のコツであると思う。

5 リノベーションにおけるBIM活用

近年はリノベーションでのBIM活用を積極的に推進している。RevitではBIMモデルごとにフェーズ（プロジェクトの段階）を定義づけることができる。リノベーションにおけるBIM活用では、❶現況モデルを作図し、❷解体対象のモデ

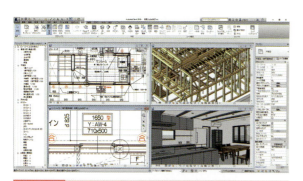
図1.5.1.4 木造建築物の実施設計でのBIM活用

ルを定義し、❸新設モデルを追記する、といった流れで行う。Revit で作図するには、現況モデルのみを表示した現況図、解体するものを着彩した解体図、新設モデルを着彩した改修図（Revitでは「ビュー」と呼ぶ）をあらかじめ準備し、それぞれのビューを行き来しながら作図を進める。

改修の前後のモデルを確認しながら作図するので、設計者は対象の範囲を明確に把握でき、設計の漏れがなくなる。

図1.5.1.6 改修前後の BIM モデル

6　BIM の応用事例①〈点群データ活用〉

BIM の応用事例として点群の活用事例を紹介したい。リノベーションでは現況図が必要となるが、築年数が経過し当時の図面がなかったり、設計図面が残っていても工事中の変更により図面と現況とで相違があったりと、基本となる現況情報を把握するための調査に相当の工数を要する。

また、天井裏の梁など高所にある構造物の調査には危険を伴うので、高精度な現況把握には限界がある。

そこでアーキ・キューブでは2015年度、中小企業・小規模事業者ものづくり・商業・サービス革新事業にて安価な3Dレーザスキャナを開発した。

このスキャナは建物内外部を非接触で、高速（約3万点／秒）かつ高精度に測定（計測距離30m程度）し、3Dデータを取得することが可能な上、1回の計測で測定が不可能な場合は、複数地点で計測して座標統合することができる。また、座標統合にはマーカーを設置するのではなく、壁や梁などのエッジ情報を用いた特徴点のマッチングを行って統合するソフトウェアも開発した。

2016年1月、リノベーションが盛んに実施されている台湾・台中市にある台日交流の場「TJ House」にて、3Dレーザスキャナの測定テストを実施した。下記2図は測定した点群データをAutodesk ReCap、Revit で読み込んだものである。

図1.5.1.8 Autodesk ReCap に読み込んだ点群データ

図1.5.1.9 Revit に読み込んだ点群データ

装置は1視点当たり約5分で、75万点の点群座標を取得することが可能である。柱やカウンターで隠れてしまう部分を考慮して、4カ所で測定し統合処理を実施した。取得できる点群は単色につき、リコーイメージング㈱の全天球カメラ「RICOH THETA m15」を併用し点群測定位置からの形状把握に役立てている。

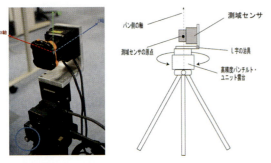

図1.5.1.7 3Dレーザスキャナの外観と概略図

図1.5.1.10 リコーイメージング社カメラ「RICOH THETA m15」画像

　Revit上に点群を読み込み、それらをトレースするようにしてBIMモデルを入力する。調査において形状の計測は一切不要である。

　測定者からBIMモデルの入力者へは、点群モデルと現状写真以外の情報を伝達していない。

図1.5.1.11 点群データを基に作図したRevitデータ

図1.5.1.12 BIMモデルのレンダリング画像

　結果、天井の高さや壁の位置、家具の形状に至るまで、すべての現況情報をわずか2日で点群データのみでBIMモデル化することが可能となった。

7　BIMの応用事例②〈地形データ活用〉

　BIMの応用事例をもう一つ紹介したい。施主より窓から岐阜城を望むことができる住まいを要望された。岐阜市では年2回長良川の河畔で大花火大会が開催されるので、これも新居から見たいというのである。そこで、BIMを活用すれば、全国の標高座量データを無償で公開している国土地理院の基盤地図情報から10mメッシュのデータを使ってRevit上に地形を作成し検証することができる。

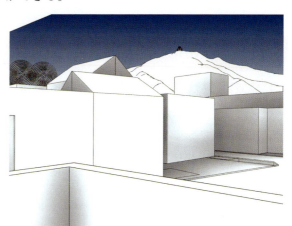

図1.5.1.13 地形データを活用した景観シミュレーション

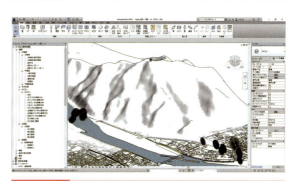

図1.5.1.14 Revitに読み込んだ地形データ

8　おわりに

　ITジャーナリスト家入龍太氏の言葉を借りれば、日本におけるBIM元年は2009年とのこと。以来、BIMの普及によって設計事務所のワークフローは大きく改善し、短時間でより多くの資料を提示できるようになった。

　施主への提案は図面ではなくBIMで生成されたCGパースのみを用いて行うようになり、設計意図を伝えやすくなった。業務効率の改善がBIMの効用といわれるが、それ以上に、設計者自らがBIMで形づくり、もって消費者と合意形成を図ることができる、施主のためのツールであると考えれば、積極的に活用すること以外に解は見つからず、導入を悩んでいる場合ではない。

事例02〔設計事務所事例〕
日建設計のBIM

㈱日建設計
山梨 知彦

1 黎明期

　日建設計では、私が入社した1980年代には既に、コンピュータ上の3次元モデルを使ったデザイン検討（主にシーケンシャルな建物の見え方のスタディ）が行われていたが、1990年代に入るとパーソナルコンピュータの普及とともに、3次元CADを利用した設計が社内で草の根的、同時多発的に試みられるようになった。

　私自身の経験でいえば、「桐朋オーケストラアカデミー（1996年竣工）」（図1.5.2.1）を設計していた1990年代前半には、既にFormZなどの3次元CADを用いて3次元モデルを立ち上げ、設計のスタディを行っていたが、この時点では模型の代替として3次元モデルを使っているにすぎなかった。「北見信用金庫本店（2006年竣工）」（図1.5.2.2-3）の設計を行っていた2000年代前半になると、設計ツールをBIMソフトウェアであるARCHICADに置き換え、初歩段階のBIM利用をオンザジョブで試み始めた。

　以後、「神保町シアタービル（2007年竣工）」、「乃村工藝社本社ビル（2008年竣工）」、「木材会館（2009年竣工）」、「ホキ美術館（2010年竣工）」（図

図1.5.2.2 北見信用金庫本店（夜景）　図1.5.2.3 北見信用金庫本店のBIM（基本計画）

図1.5.2.4 ホキ美術館

1.5.2.4-5）、「NBF大崎ビル（ソニーシティ大崎・2011年竣工）」（図1.5.2.6-7）と、プロジェクトを重ねるごとにBIMの利用領域を拡大して、BIMの力を確信するに至った。

2 BIM元年

　実は、2006年当時にはまだ、私はBIMという言葉を知らずにいた。どうやら自分たちが行っているコンピュータを使った3次元+αの設計手法がアメリカではBIMと呼ばれているらしいと知ったのが2006年の後半辺りのことだった。2008年になってやっと渡米し、BIMを自らの目で確

図1.5.2.1 桐朋オーケストラアカデミー

図1.5.2.5 ホキ美術館のBIM（実施設計）

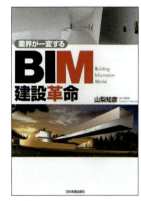

図1.5.2.8 『業界が一変する BIM建設革命』（表紙）

図1.5.2.6 NBF大崎ビル（ソニーシティ大崎）

図1.5.2.7 NBF大崎ビルのBIM（バイオスキン部クローズアップ）

認し、自分たちが行っていることがBIMであることを確信した。そのとき、頭の中を整理するとともに、BIMの普及が日本の沈滞した建築ビジネスの状況を変え得るのではとの思いから一気に書いたのが、『業界が一変する　BIM建設革命』（日本実業出版・2009年）（図1.5.2.8）だった。

この時点では、未だBIMは日建設計のオフィシャルな設計ツールではなかったのだが、面白いことに日建設計は社員の自発的チャレンジを歓迎する気風がある。この頃、我々のチームのほかにも、主に病院を設計していたチームにおいても同時にBIMによる設計の試行を開始した。

こんな自発的試みを支援する形で、BIMを全社的な設計作業のプラットフォームとして採用しようというトップ判断が、2011年に下された。

3　3DCとDDL

2011年から2016年までの間に、細かな変遷はあったものの、基本的には3DCとDDLの二つのチームが日建設計におけるBIMの推進を担ってきた。

3DCは、「デジタル・デザイン・デベロップメント・センター」のイニシャルをとって名づけたチームで、日建設計のBIM化推進の要として、BIMによる設計支援、設計部員へのBIM教育、社内のBIMサポートを担っている。特徴的

なのは、構成メンバーが2次元CAD時代から日建設計の実施設計の質を担ってきたベテラン設計部員とベテランオペレータであることだろう。若手社員ではなく、設計を知り尽くしたベテランをBIM推進の中枢に据えたことが、日建設計のBIM化を成功させたようだ。

これに対してDDLは「デジタル・デザイン・ラボ」の略で、よりコンピュータに近い実験的な部分を担った、比較的若いスタッフから構成されたチームである。例えば市販のBIMソフトウェアとシミュレーションソフトを連携させるためのプログラムを書いたり、建築形体自体をコンピュータに生成させる「コンピューテーショナルデザイン」を担ったりしている。日建設計ではこうしたコンピュータを用いたシミュレーションやコンピューテーショナルデザインは、BIMと同様に今後の設計作業においては大きな意味を持つものと考え、三位一体で実務に取り入れることを考えている。例えば、DDLがコンセプト展示で用いた柱列体を生成するコントロールをする実験的なプログラム（図1.5.2.9）を、実は「ラゾーナ川崎東芝ビル」（図1.5.2.10-11）の外装設計にも用いるといった具合だ。

設備分野や構造分野におけるBIMも同様に進行している。特に構造の分野では、DDLが自社構造計算ソフトからBIMモデルを自動生成できるプログラムを作成したため、BIM化が一気に90％台へと上昇した。

現在では、ARCHICAD（意匠及びプラットフォーム）を中心に、Rhinoceros + Grasshopper（パラメトリックデザイン）、Autodesk Revit Structure（構造）、CADWe'll Tfas（設備）など多彩なソフトウェアを適材適所で使用して、フレキシブルで実用的なBIMを実践している。

4 日建設計のBIMの特色と展望

ここに紹介してきたように発展してきた日建設計のBIMの特徴を一言でいえば、「高品質な設計を実現するためのBIM」ということになるだろう。

図1.5.2.9 「柱列体を生成するコントロールをするプログラム」で生成したオブジェ

図1.5.2.10 ラゾーナ川崎東芝ビル

図1.5.2.11 ラゾーナ川崎東芝ビルのBIM（基本設計）

通常BIMを導入する最大のメリットは、設計から施工へのスムーズなデータの受け渡しによる生産性の向上と位置づけられている。確かに重要な視点である。しかし単なる生産効率性を目指したのでは、ものづくりのパラダイムが「大量生産＝マスプロダクション」から、個別のニーズに合わせて必要なものを適切に個別に生産する「マスカスタマイゼーション」へと移行しつつある社会状況への対応は難しいだろう。

本来、建築の設計や施工は一品生産であるため、施工時の生産性の向上のみならず、シミュレーションやコンピュテーショナルデザインの手法を用いることで、実際の施工に先立ちコンピュータ上で様々な検証を行い、設計品質を向上させることが極めて重要になるはずだ。故に日建設計においては、BIMは単独ではなく、シミュレーションやコンピュテーショナルデザインと三位一体で実践される必要があると考えている。「桐朋学園大学調布キャンパス1号館（2014年竣工）」（図1.5.2.12-13）や「On the water（2015年竣工）」（図1.5.2.14-15）などで、ささやかながらそうした三位一体のBIMの実践を開始している。

とはいえ、BIMによる設計はまだ始まったばかりだ。今後の展望としては、施工との連携や詳細なコスト情報の自動積算の実現がまず挙げられる。さらにはBIM本来のデータベースとしての役割に着目した、例えばファシリティマネジメントやエネルギー管理など、BIMを建築のライフサイクル全域で用いる方向へと展開していくことになるだろう。

設計者と施工者にメリットをもたらし始めたBIMを、クライアントへ、さらにはこれら三者を包含する社会全体にメリットをもたらす方向へと育てていくことが重要であると考えている。

図1.5.2.12 桐朋学園大学調布キャンパス1号館

図1.5.2.14 On the water

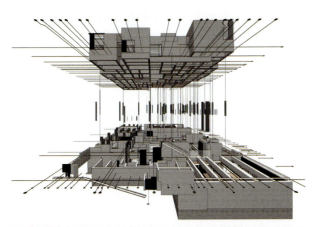

図1.5.2.13 桐朋学園大学調布キャンパス1号館のBIM（実施設計）

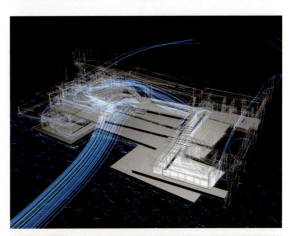

図1.5.2.15 On the waterのBIMを用いたシミュレーション図

事例03〔ゼネコン事例〕
BIMデータ連携の本質

鹿島建設㈱
矢島 和美

1 はじめに

既に本格的な活用段階を迎えた日本のBIMの中でも、鹿島建設は実務に沿った施工現場でのBIM活用により、着実な成果を上げており、これらは既に国内及び海外での様々な会議やセミナーで発表している。この成果に大きく寄与したのがARCHICAD（GRAPHISOFT社製）をメインツールとする独自のBIMインフラ環境「Global BIM」（図1.5.3.1）の開発、整備である。これを核に施工現場のBIM普及を急ピッチで推進し、2014年度末までに約340現場への導入を実現した。さらに、2015年度は全現場へのBIM導入を推進中である。

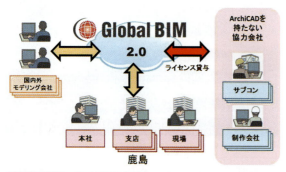

図1.5.3.1 Global BIM Ver 2により「ARCHICAD」を持たない協力会社にライセンス貸与

2 最大の生産拠点「施工現場」の効率化

ゼネコンのBIM導入の多くは設計部門が中心となって進められている。これは発祥とする欧米のBIMフローを鵜呑みにしているように見受けられることが多いが、当社は設計における利用より、施工現場での活用に力を入れてきた。ここが他社と異なるBIM戦略といえる。というのも、自社設計、他社設計に関わらず、設計段階において作られるBIMデータは、そのまま施工現場で使えるものではない。また、施工のためのBIMデータを設計段階でモデリングすることは大変効率が悪く、ほとんどの場合は施工部門で再びモデリングをし直すこととなる。そのため、施工現場で使えるBIMデータを、施工段階に入る直前でつくることが、結局は手戻りの防止や生産の効率化につながり、ひいては顧客のためになる。

設計段階では、法律や敷地からくる条件のクリアや、顧客が望む建築の姿かたちの実現に向けた努力でほとんどの時間を費やし、施工に至るプロセスについての考慮に十分な時間を割けないという現実がある。そのため、これまでの建築生産のプロセスにおいて、設計者は建物実現に対して十分な図面を作成しておらず、現場が始まってから、さらにはその施工部分が見えるようになってから、より詳細な指示をすることが度々であった。

しかもそれは一部のディテールを検討することのみで、必ずしも全体を見通した判断ではない場合が多く、最終的な全体との整合を取るための補完業務や現場合わせを施工現場が担当していた。建物をつくる上で、その業務は手戻りが多く、その手戻り調整が施工の仕事の多くを占めていたことは、この業界にとって大きな問題であるといえる。

世界中どこの国でも、そしてもちろん日本でも工期が最優先されることが多く、手戻りの多さは致命的になるため、施工技術者がBIMによる事前検討を行うことは、ゼネコンの自己防衛とともに顧客の利益確保にとっても有益となる。施工現場では、技術者として技術検討を行うことはもちろん、施工図面は枚数も多く専門的であるため、

その精査にかかる時間には高度な技術力と経験をもってしても時間がかかってしまう。顧客にとって、事業は建物が完成して初めて始まるわけで、何ができるかの具体的な形や仕様が明らかであれば、竣工までの専門的な検討は専門化同士に任せていたいという気持ちも納得できる。鹿島建設では、これらのことを検討した結果から、施工部門が中心となってBIMを進めることとなった。

3　世界におけるBIM動向

2015年8月以降だけでも、シンガポールBCA主催国際BIM会議、buildingSMART International主催BIM Forum（オーランド）、buildingSMART International SAC（strategy advisory council）ボード（ロンドン）会議に参加、発表してきたが、これらの会議体での議論は、当社が進めてきた施工部門利用での効率化、すなわち建設工事における無駄（時間、手戻り、品質、工期、人的リソース）を、BIMを利用して省き、効率化する話題ばかりで、データ連携等の技術的な話題は少ない。SACの会議において議論されたのは、「なるべく早期に設計、施工、設備の業界において、実際的に連携が取れるデータ連携の仕組みをつくる必要がある。アウトプットは概ねよいが、インプットが現時点でまったく先が見えない」等の話題に終始し、なかなかIFCが前に進まない状況であることが納得できる。

そもそも、BIMのデータフローは欧米主導により考えられてきたが、私がフロリダで発表した講演内容は、要約するとタイトルの「Beyond the MYTH」でも分かるように、「伝説を超える」とでも訳せることだろう事柄で、次の点が重要である。

❶現時点はデータ連携を考えるより、各々のフェイズで目的に応じたBIMモデルの構築を考える。

❷一つのデータを使い続けるより、マルチデータ化することによる効率を考える。

❸全体の最適化ではなく、フェイズごと、ユースごとの最適化を考える。

これらのことを考えると、データ連携にとらわれず、セグメントごとに生産性向上という観点が重要であり、最大にメリットが出る施工段階で結果を得ることにより、上流から下流までのデータ連携について、効果的な方法が見つかるのではないだろうか。これまでのやり方であった規格や連携フォーマットから先に考えることが、「いかに効率が悪いかを投げかけた」ということが趣旨である。

4　おわりに

鹿島建設の事例では、設計段階から施工が関与して、後に有効なBIMデータの作成を行った事例も少なくないが、施工のためのBIMデータ作成を中心にしてきたことが、多くのプロジェクトへの貢献につながっている。そのため今後もこのスタンスは変わらない。しかし、本来、建物を完成するプロセスは、顧客が望む建物の完成を目指しているものであり、そのプロセスにおいて専門家たちがつくるBIMデータは、その建物が完成するためにつくられていなければならないはずである。そうでないデータは、単なるCGか、3次元から切り出した図面といったアウトプットにすぎない。

設計者がBIMデータをつくるということは、最終的には実際に建築する建物を、データから、そのまま建てられるBIMデータをつくるということを十分に意識してもらいたい。設計責任の範囲や、施工部門との役割分担が契約上明確になっていない現状では、データ連携やBIMガイドラインを超えた業界内での方向づけが何よりも急がれると感じている。

事例04〔ゼネコン事例〕
前田建設工業のBIM

前田建設工業㈱
綱川 隆司

1 はじめに

　前田建設工業では2001年より製造業を模範に3D-CADによる詳細な建築設計に取り組んできた。プロセス・テクノロジーを当初より意識し、当時は汎用の3D-CADを用いて施設の設備や内部のプラントまで3次元データ化し作業所へ提示していた。当時のハードとソフトの性能ではディテールの入力を行うと限界にすぐ達するため、常につくり込み過ぎないように気を使っていたのを記憶している。この取組みは継続し、2005年頃からBIMと名称が変わったが、その時点からも既に10年が経過したことになる。それらを振り返り、ゼネコンとしての現在の取組みについてもご紹介したい。

2 ソフトウェアの選択とデータ連携

　かつて汎用3D-CADで意匠・構造・設備のすべてを入力していた時期は入力効率に伸び悩み、結果として2003年から各々の分野で最適の専用ソフトウェアに切り換えた。専用ソフトは痒い所に手が届くインターフェースを持ち、ベンダーへユーザーの声も届きやすく業務の効率化が期待できた。代わりに異なるソフト間のデータ互換性を確保する必要があったが、データコンバータを自社開発してこれを凌いだ。現在ではほとんどのBIMソフトにおいてIFC（Industry Foundation Classes）の入出力機能を実装しており、特殊なコンバータなしでIFC形式による相互のデータ受け渡しが可能である（図1.5.4.1）。

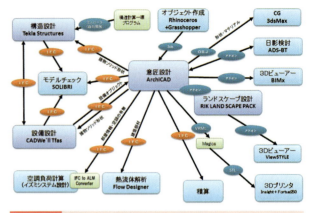

図1.5.4.1 異種ソフト間のデータ連携フロー

　IFCは3D情報に特化しており、図面等の2D情報について置き去りにされているのは残念であるが、それぞれの部門が他部門のIFCデータを睨みながら作業できる便利さは計り知れない。Aconexのようなブラウザ上で様々なIFCのデータを集約し、閲覧とダウンロードができるツールがある今日では、BIMを保有しない例えば発注者のような立場であっても、情報共有のプラットホームとして活用が期待できる。

　データ連携が社内だけでなく複数の企業に跨って行われるようになったのもここ数年の特徴といえる。元請と専門工事会社等の複数の企業間でデータの受け渡しが日常的に行われるようになった。これらの特定のソフトウェアに縛られない考え方をOPEN BIMと呼ぶが、近年は包括的な多機能ソフトだけではなく、空調熱負荷計算やファブリケーターが使う特定用途のツールへも裾野が広がりつつある。現在の前田建設工業でのBIM構築と利用のフローを図1.5.4.2に示す。

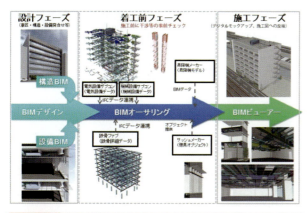

図1.5.4.2 BIM構築と利用の流れ

様々な企業とデータを交換しながらモデルを拡充していくプロセスをBIMオーサリングと称している。異なる企業間、異なるソフト間でデータ交換する際にはプロトコルが重要であり、そのためには各社にBIMマネージャーが存在する必要がある。

現在データ交換の際に課題になるのは「全角文字でエラー」になる日本語固有の悩みのほかに、データの密度（ファイルサイズ）の問題がある。今日ではLOD（Level Of Development）という概念が広まりつつあるが、データを使用する目的に応じて作り込みの密度（精度）がコントロールされる必要がある。Level of Development Specification[*1]に定めるLOD（表1.5.4.1）を用いながら本稿ではBIMの運用について報告する。

表1.5.4.1 LOD（Level Of Development）について

LOD	BIMデータの詳細度
100	コンセプトモデル
200	基本設計のモデル
300	実施設計のモデル
400	生産のためのモデル
500	竣工時の保守運用のためのモデル

LODには基本計画段階から竣工引渡しまでのレベルを分けてプロジェクトの段階を追ってどの程度まで詳細にデータがつくり込まれているべきかを定義しているが、社外とのデータ交換において意識しなければならないのは時間とともに膨らむデータ密度の可逆性であり、どの段階においても適宜データがリデュースされ適切なファイルサイズで受け渡せる状態になることがBIMを利活用する上で重要である。そしてこれは今後BIMを維持管理において運用する上でポイントになるだろう。

3　BIMの適用範囲（フルBIM vs パートBIM）

LODはデータの密度の範囲の指標であるが、BIMを適用する範囲・分野においてもプロジェクトごとに違いがある。意匠・構造・設備の3部門が入力されたプロジェクトは「フルBIM」と称しているが、対照的に効果的な範囲に絞ってBIM適用するものを「パートBIM」と呼んでいる。厳密にいえば、設備は電気・空調・衛生のすべてを対応しないケースも多いので「パートBIM」になるプロジェクトは実際には多い。前田建設工業の設備設計部では建物の用途別にどの程度をBIM化するのか目安を定めている。

また近年多いのは建物の一部を緻密につくり込むデジタルモックアップである。原寸モックアップを作成するのと同様にBIMを利用して原寸に近い密度でデータをつくり込む（図1.5.4.3）。

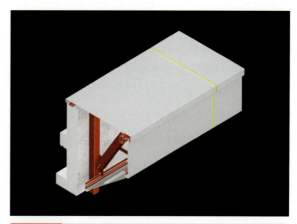

図1.5.4.3 デジタルモックアップ

---

*1 Level of Development Specification Version: 2013　www.bimforum.org

これは始めから目的が明確なBIM運用の手法として今後様々な工種において活用が期待される。例えば前述のAconexのようなIFCサーバーから仕上げの出来形をダウンロードして金物製作会社が詳細をBIMで検討するような運用ができるだろう。

4 BIMのスタイル（モデル先行 vs 図面先行）

現在、図面とモデルの関係をどう取り扱うかでBIMについて2とおりのスタイルがある。簡潔に述べれば、「モデル先行型」と「図面先行型」に大別できる。

前田建設工業においても双方のスタイルが存在するが、設計施工物件はモデルを作成しそれを切り出しながら図面を作図する「モデル先行」、他社設計物件は必然的に図面が出来上がった状態から始まる「図面先行」となる。後者は図面を見ながらモデルを入力するため、我々は「後追いBIM」とも呼んでいるが、BIMと図面は必ずしもリンクされている必要性はなくデジタルモックアップとしての性格が強くなる。

BIMの本来の姿は「モデル先行型」だとして、「図面先行型」となる理由はいくつか考えられる。その一つは「設計者とBIMを実践している者が異なる」場合である。これには単に設計体制のあり方だけでなく、BIMをその企業がどのように位置づけているか思想的な意味も大きい。通常の設計から分離してBIMを専業者に行わせるのは本来のBIMのメリットをスポイルしていると筆者は考える。しかし黎明期においては2次元と3次元の作業を分離するメリットもないわけではなく、熟練した技術者（2D）と若手のオペレーター（3D）の組み合わせで品質の高いBIMを構築できる可能性もあるが、経費も相応にかかることになる。

前田建設工業においてもBIM設計グループで現場支援として他社設計のBIMに携わるケースは多い。設計事務所側で作成した図面を基にゼネコンやサブコンが3Dモデル化を行い、「BIM＝建物全体のデジタルモックアップ」、つまり「仮想空間での試験施工」という意味合いで図面間の齟齬や潜在的な問題点を顕在化させることができる。

5 オブジェクトのステイタス

BIMを構築する者とBIMを管理しメリットを享受する者は同一とは限らない。ただし、かつては全体最適の思想のもとで過度なフロントローディングを期待するあまりBIMの価値が分かりにくかった時期があったように思う。フロントローディングに固執する場合は早期にフルBIMを求めることになるため、手戻りが発生した場合は非効率な側面が浮かび上がる。また、過去にはフルBIMを構築すること自体が目的化し、各データごとに検収する意識が希薄であった。現在ではSOLIBRIのようなモデルチェッカーと称されるソフトが市販されており、前工程で入力したBIMデータを次工程の技術者が見つめ直す機会が生まれたといえる。

これはBIMの問題点だと思うのだが、一度入力されてしまったデータは、入力者が誰であるのか、入力者がどこまで確信をもってオブジェクトを配置したのかが分からない。LODの概念でLOD500の竣工状態が正解だとすればLOD200や300のデータはあくまで暫定や方針を示すものかもしれない。最終的には製造者らが納品したデータがBIMへ統合されるまでの間は先述したBIMオーサリングの最中にそれぞれのオブジェクトのステイタスについて注意を払うことになる。

6 発注方式の多様化とBIMの可能性

IPD（Integrated Project Delivery）というスキームが提唱され、そこではBIMの理想的な姿としてプロジェクトに関わるすべての企業が一つのチームとして振舞うことが求められている。筆

者の経験ではPFI（Private Finance Initiative）のプロジェクトにおいて設計事務所やゼネコンが事業主SPCとして参画する場合はこれに近かったと思うが、これはレアなケースかもしれない。近年はECI（Early Contractor Involvement）方式での発注があり、設計事務所と実施設計において協働するケースもあった。

このECIについては実施設計開始の初期段階から工事請負予定者がBIMを用いて参画することでスムーズな事業推進を期待できるが、本当にEarlyなのか、どこまで工事請負予定者側の提案が受け入れられるのかで、結果が全く異なると思われる。BIM本来の可能性を活かせるのは設計と施工がシームレスにつながるデザイン＆ビルド方式ではないだろうか（図1.5.4.4）。

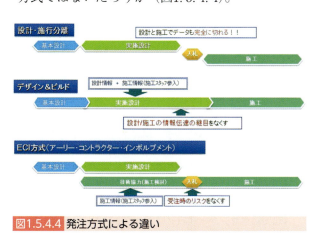

図1.5.4.4 発注方式による違い

7 デザイン＆ビルドの事例「福島給食センター」

東京電力は、福島第一原子力発電所（以下、「1F」）での廃炉作業や汚染水・タンク問題対策の加速化・信頼性向上を目的とした労働環境の抜本的改善策として福島給食センターを2014年度末に開所した。福島第一原発管理区域内に3,000食を提供することを目的とし、専用の配送車を用いる前提で交通事情を考慮し1Fから約9kmに位置する大熊町大川原地区の敷地が選定された。敷地は居住制限区域であり震災時にインフラも被害を受けていることから、施設の設計・施工に際しては復興のための迅速さと手戻りのない確実さが求められた。これを前田建設工業が受注し、設計・監理は給食センター及びセントラルキッチンの実績があるBIM設計グループで行うこととなった。

給食センターは施設内の設備が占める比率が高く、高度な衛生管理が求められ、空調換気設備や給排水設備に要求されるレベルも高くなる。給排水に伴うピット計画、厨房エリア上部の設備ダクト計画、敷地面積が限られていることにより屋上架台と外部に設ける設備スペースの確保等、建築と設備の取合いが重要となるが、これらの短期間の計画は当初よりフルBIMで対応することで実現することができた。発注者のイニシアチブのもと、運営会社や厨房メーカーが参集しIPDに似た環境がつくられ、福島復興という課題に対し、企業の垣根を越えたコラボレーションで臨むことができた。

設計開始直後より現地で調達可能な構法や建材に関する情報が施工側より集まり、周辺道路の状況を確認しながら慎重かつ迅速に計画は進んだ。敷地に対するプランはA案からF案まで作成したが、決定時には敷地内に納めるべき熱源設備や排水処理設備が空間予約されていた。翌月には内部のレイアウトも進み、3回の保健事務所との協議を経てプランは確定した。

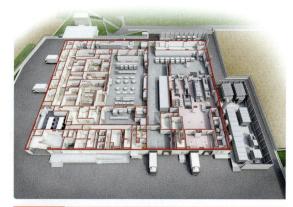

図1.5.4.5 福島給食センターレイアウト

本施設は、食の安全性、福島の食の発信基地、復興の拠点としての機能が求められ、見学者に公開することを求められた。見学者動線で施設の調理・出荷・回収ラインを見学できることをBIM

上で検討した。2階に設けた見学者廊下には1階に視認可能な見学窓を設け、各作業ラインを目視可能な計画としたが、調理機器上部の排熱フードなど付帯設備が視認性を妨げることがないようにそれらをあらかじめ回避する計画を行った。着工後は設備サブコンと協業し設計段階のBIMデータをブラッシュアップしている。給気経路や排水経路がいくつか修正されたのを記憶している。

運営会社との打合せも同時並行的に行われ、厨房等の詳細な部分も3次元オブジェクトで詰めながら設計を進めた。工期も限られていたが、着工時に建築・設備の情報がフルBIMで構築してあったことで手戻りのない高品質の施工を行うことができた。また今回LOD500のBIMを実現したが、これは竣工状態にBIMデータも修正していることを示している。設計・監理の担当者が自らBIMを取り仕切る当社ならではの結果だと自負している。

8 おわりに

2次元から3次元へとドラスティックに業務が変革することよりも、モデルを中核とするスピーディかつ広範囲な情報共有こそがBIMの真髄と筆者は考えている。「BIMは必要ない」と考える方は現在の仕事の進め方に満足をしていることと推察するが、3次元のダイナミックな情報共有の世界が広がりつつあることを認識していただきたい。何よりも一部の発注者はその価値に気づき実践を始めている。

(参考文献)
1) 児玉達朗、中山和美、小林賢昌、山元武士、和田繭子、山田芳恵「福島給食センター建設プロジェクトその1　福島第一原子力発電所の廃炉作業環境改善に向けた給食センターのプログラミング」『2015年度日本建築学会大会（関東）学術講演会梗概集』
2) 綱川隆司、児玉達朗、和田繭子、齋藤篤司、進藤里奈、大隅裕「福島給食センター建設プロジェクトその2　BIMの活用とLODの検証」『2015年度日本建築学会大会（関東）学術講演会梗概集』
3) 大隅裕、児玉達朗、中山和美、綱川隆司、田中愼太郎、飯田憲司「福島給食センター建設プロジェクトその3　全電化の設備・厨房システムの紹介とBIM活用FMの可能性の検証」『2015年度日本建築学会大会（関東）学術講演会梗概集』
4) 児玉達朗、大隅裕、綱川隆司、田中愼太郎、飯田憲司「福島給食センター建設プロジェクトにおける設備設計プロセスでのBIM活用」『空気調和・衛生工学会大会学術講演論文集』

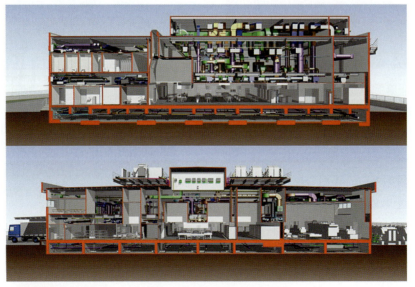

図1.5.4.6 福島給食センターセクション

事例05〔設備施工会社事例〕
施工管理

新菱冷熱工業㈱
谷内 秀敬

1　設備施工会社のBIM

　施工管理のBIMの目的は、設計段階の情報を継承して施工段階の情報へと精度を高め（図1.5.5.1）確定すること、もう一つはその情報を基に施工を効率化し生産性を高めることである。施工計画、施工管理の大幅な効率化が期待されているBIMを最適に運用し現場に展開することが、建築設備に携わる技術者に望まれている。

　設計段階から施工段階への移行において、建築、空調、衛生、電気、搬送など、各々の工事に2次元の設計図、システム系統図、仕様書、機器リストなどの設計情報が施工現場に引き継がれる（図1.5.5.2）。この設計情報に空間情報等が付加されたBIMモデルを構築する過程で、設備施工情報の精度を高める事例を紹介する。

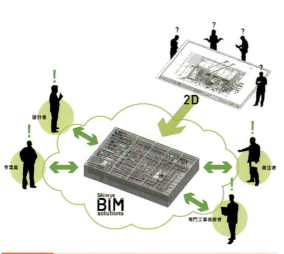

図1.5.5.1 情報の継承　確認

図1.5.5.2 施工情報の精度向上

2　空間調整事例

2.1　空間シミュレーション

　建物のライフサイクルという観点から見れば、施工段階はその一通過点にすぎない。運用、維持管理までを視野に入れたライフサイクル全体を考慮し、その上で工事ごとのBIMモデルを統合することで、初めて建物の全体像を3次元で把握することが可能となり、空間品質という付加価値の向上が図れるようになる。その結果として配置計画上の課題や干渉の問題などが浮き彫りとなり、これらの課題を解決するためにBIMモデル上での空間シミュレーションが実施される。

　これまでは2次元の形状情報を合成して調整を行っていたが、BIMモデルのように機器仕様などの属性情報を伴っていなかったので、例えば形状情報の仕様を調べて検討する際にミスが生じることがあった。

　属性情報を伴ったBIMモデルで空間シミュレーションを実施すれば、施工計画や施工管理の効率化につながる。また施工手順をシミュレートすることで（図1.5.5.3）、設計情報から継承された機器の仕様や設備システムを、空間に合わせて再検証することが可能となる。

図1.5.5.3　施工手順のシミュレーション

　一例として、屋上階に設置される熱源機器の施工計画に適用した事例を紹介する（図1.5.5.4-5）。原設計では躯体基礎となっていたが、基礎の強度発現後に熱源機器を設置する場合、仮設のクレーンを存置できる期間に搬入が間に合わず、熱源機器の分割搬入、現場組立を余儀なくされることが空間シミュレーションで確認された。そこで、躯体基礎を鉄骨架台に変更して再度空間シミュレーションを実施したところ、クレーンの存置期間内に機器を一体搬入できる工程を組むことができた。

図1.5.5.4　屋上熱源の施工計画（途中）

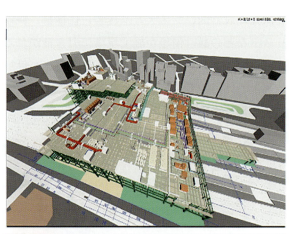

図1.5.5.5　屋上熱源の施工計画（完成）

　BIMモデルが持っている工期や設置条件などの属性情報を基に空間シミュレーションを実施し、それをアニメーションで確認することで、施工計画の変更修正に対する合意の形成、コスト増減の把握などの課題を解決することができる。

　さらに、施工段階だけでなく、運用段階における維持管理の動線やメンテナンススペースの確保などのシミュレーションを実施することで、建物のライフサイクルにわたった空間品質の向上が図られる（図1.5.5.6）。

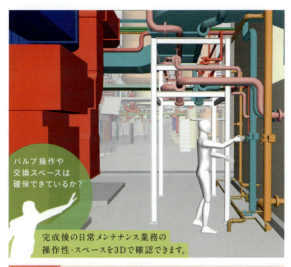

図1.5.5.6 メンテナンス動線の確認

3 環境予測からの施工情報精度向上

企画段階で温熱環境の予測に用いられる環境シミュレーションは、施工段階のBIMモデルを用いてより確度の高い温熱環境を再現することができる。この予測結果が、竣工時に行われる環境測定の事前情報として活用されている（図1.5.5.7）。

さらに、ICR（Industrial Clean Room）やBCR（Biological Clean Room）などでは、精度の高い温熱環境、浮遊塵埃、AMCs（Airborne Molecular Contaminants）の制御だけでなく、建物内の各区画の室圧制御も要求される。これらの予測にBIMモデルが活用されることも期待されている。

図1.5.5.7 環境シミュレーション

4 安全シミュレーション

BIMモデルが持つ施工情報は、作業担当者への作業手順の伝達にも有効である（図1.5.5.8）。また、安全管理の面から施工現場の危険予知を視覚化し、安全性の高い工法を検討するためのツールとしてBIMモデルは有効であり、施工環境の改善、安全性の確保に効果を発揮する。

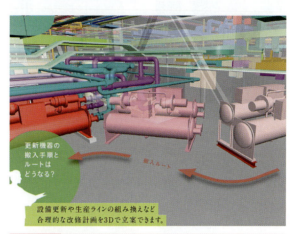

図1.5.5.8 更新機器搬入ルートの検討

5 3次元レーザスキャナによる施工情報

建築物の改修工事では、竣工図の不備や紛失などにより既存躯体や設備について十分な情報が得られない場合がある。このため、施工時には現場合わせが必要となり、生産性が低下する。

そこで、既存の躯体や設備などを3次元レーザスキャナで計測し、この情報に基づいて施工情報を盛り込んだBIMモデルを構築することで、手戻りや干渉のないスムーズな施工が実現されている（図1.5.5.9）。

6　おわりに

施工段階においては、空間情報と属性情報を統合したBIMモデルが活用されるが、前述のとおり建物の施工段階は、ライフサイクルという観点から見ればその一部にしかすぎない。このBIMモデルを運用・維持管理でも有用な竣工情報とするためには、運用・維持管理段階で必要となる情報を見極め、取捨選択することが重要である。

（現地写真）

（点群データ）

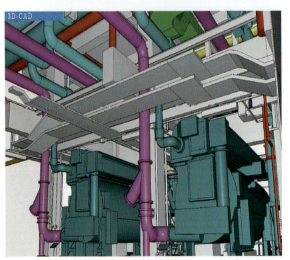
（3D-CAD）

図1.5.5.9　3次元レーザスキャナ計測

事例06〔資産管理・維持管理での活用事例〕

BIMの基本知識：
建物運営・維持管理での活用

㈱NTTファシリティーズ
松岡 辰郎

1 背景

　竣工後に建物の運営・維持管理を含めたファシリティマネジメント（FM）を実践する際には、竣工図書等から様々な建物情報を拾い出し、管理対象となる建物部位・設備機器の性能諸元と数量参照を目的とした建物設備台帳を作成する。近年では建物設備台帳を「FMデータベース」として構築し、FMシステムで活用する事例も多く見られる。

　従来、建物設備台帳は、竣工時に引き渡される竣工図書から資産管理・維持管理の対象である建物部位・設備機器の数量や位置、性能諸元を拾い出し、リスト化する手順を踏んでいる。その際、設計時の機器の仕様や性能が竣工図書に記載されていない、図面と設置物の数量や位置が合わないといった問題が発生する場合があった。そのため、建物の運営・維持管理の導入に向け、入手した竣工図書が正しいかのチェック、管理対象となる部位・機器の数量や位置を把握するための現地調査、FMデータベースとしての作成・入力等が必要となる。このことが建物運営・維持管理の導入コストを押し上げるとともに、適正な建物運営の開始時期を遅らせる原因となってきた。

2 BIMを活用するメリット

　新築プロジェクトにBIMを導入すると、実際の竣工前にBIMによる仮想の竣工が可能となる。竣工前に仮想竣工したBIMモデルから運営・維持管理に必要な建物情報を抽出することで、竣工前に建物設備台帳やFMデータベースが整備でき、竣工前のLCC（ライフサイクルコスト）算出や、早期の保全計画策定が可能となる。

　竣工後に竣工図を作成して保全計画を作成する従来の手順では、工事図面を基に建物設備台帳を作成し、竣工図確定後に修正をするという手順を取るため、竣工後数カ月は仮に設定された建物データで運営・維持管理を実施せざるを得ない。

　BIMの活用により、竣工前に正確な建物データを利用したFMデータベースが構築でき、竣工時に円滑な建物運営・維持管理への移行が可能となる。

　建物運営や維持管理の視点では、BIMモデルは空間的・数量的に矛盾のない建物データベースと見ることができる。建設のためのBIMモデルが現実の建物と同期した適正な状態になっていることを前提とすれば、建物の運営や維持管理において、約40％を占めるといわれる建物情報の調査・確認・管理コストの削減が期待できる。

　このように、竣工前のFMシミュレーションと設計へのフィードバック、竣工時からの適正な建物設備台帳（FMデータベース）の運営、建物情報管理コストの低減を実現するためには、FM導入のフロントローディングが不可欠となる（図1.5.6.1）。

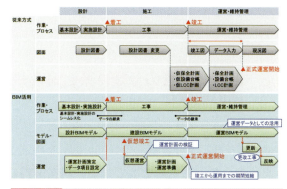

図1.5.6.1 FM導入のフロントローディング

3 建物運営・維持管理での BIM 活用のポイント

建物運営・維持管理において BIM を活用するためには、建築プロジェクトの早期に FM 導入の検討を行い、BIM モデルへの FM データの統合や受け渡しが重要となる。また、BIM を用いることに起因する以下の課題と留意点を考慮する必要がある。

3.1 建物運営における BIM マネージャーの配置

BIM を導入した建設プロジェクトでは、従来のプロジェクトマネージャーとは別に BIM マネージャーの存在が重要であるとされる。建設における BIM マネージャーは、BIM 実施体制の決定と運営、BIM 実施ルールの設定と管理、ルールの選定、トレーニング、サポート、BIM モデルの管理等を役割として担っている。

従来の建設プロジェクトでは、竣工後に竣工図書一式が倉庫の片隅にしまい込まれ、その後の建物ライフサイクルにおいて生きたデータとして活用されない事例が少なくない。竣工後の運用・維持管理において BIM を導入し、確実に BIM モデルを活用していく場合には、ファシリティマネージャーとは別に、建物運営フェーズにおいても BIM マネージャーの配置が必要となる。

建物運営・維持管理における BIM マネージャーは、建物オーナーやファシリティマネージャーの立場での現況 BIM モデルの原本管理、FM への情報提供、工事実施時の現況 BIM モデル提供、建物運用における BIM 運用ルールの設定と管理を担う。

3.2 部位・機器の分類体系と命名規則の標準化

一般的に運営・維持管理の対象となる部位・機器は多種多様であり、個別の部位・機器を特定するための分類と命名が必要となる。現在国内には、設計・建設と建物運営・維持管理で共通となる建物部位・設備機器の標準的な分類体系がない。そのため、建設での分類体系が建物運営・維持管理工程に引き継がれず、別の分類体系を付与して管理する事例が多く見られる。

BIM を導入する際には、設計から運営・維持管理に至る、ライフサイクル全体で共通利用が可能な分類体系と命名規則を設定する必要がある。

3.3 データの共有と運用サイクルの確立

建物運営・維持管理や FM の実施において必要となるデータは、「マスターデータ」「建物基本データ」「履歴データ」に大別される。建設工程で利用される「建物部位・機器ライブラリ」と建物運営・維持管理工程で利用される「部位・機器マスター」の分類体系が共通化されていれば、建物データとしての BIM モデルへの入力項目数が最小限となる。

諸元・仕様・性能データが含まれた部位・機器ライブラリを整備しておけば、設計時に同時に運営・維持管理のコスト算定や FM の評価を行うことも可能となる。合わせて、運営・維持管理工程においても、部位・機器マスターと部位・機器ライブラリの共有により、より最適な改修提案や工事方針策定の実現が期待できる。

修繕や改修、リノベーションや増改築等の大規模工事の発生において、現況 BIM モデルを基にした工事指示が可能となるためのフローの策定も重要である。

また、既存の建物を BIM 運用サイクルに組み入れるための簡易な BIM モデル作成の実現も必要である。

建物運営・維持管理を含めた FM で BIM を活用することにより、適正な FM データベースによる FM 戦略・方針と、BIM モデルによるシミュレーションの連携が可能となり、建物ライフサイクル全体の視点から、建物最適化を検討できるようになる。

事例07〔設計から施工までの一貫活用の事例〕
BIM の活用パターン

福井コンピュータアーキテクト㈱
村上 隆三

1　福井コンピュータグループ

　福井コンピュータグループは1979年設立後、一貫して建設業向け専用 CAD の開発・販売を行ってきた。2012年に持株会社体制に移行し、グループ内に建築 CAD の「福井コンピュータアーキテクト」と土木測量 CAD の「福井コンピュータ」の事業会社を設立し業務に特化した CAD 開発を行っている。

　建築業向けに3D建築 CAD システム「ARCHITREND　ZERO」、BIM 建築設計システム「GLOOBE」、測量・設計業、土地家屋調査士業向けに測量計算 CAD システム「BLUETREND XA」、土木施工業向けに土木施工管理システム「EX-TREND　武蔵」、CIM ソリューション向けに3D点群処理システム「TREND-POINT」、CIM コミュニケーションシステム「TREND-CORE」などを開発している。全国に販売拠点を持ち、運用支援・サポートを行っている。

2　建築専用 CAD の開発

　福井コンピュータの建築業向け CAD 開発は1986年「建築フォームベース5」（建築 CAD システム）から始まった。1987年「Archi-TREND」（建築設計支援）、1990年「Archi-TREND11」（建築設計支援）、1990年「Archi-TREND-SD」（RC 躯体図作成）、1991年「ARCHIEAGLE」（S/RC 実施設計支援システム）とその他関連ソフトの開発を行ってきた。

　1996年に Windows 対応を行い、既存 CAD システム統合版として建築設計支援システム「ARCHITREND　21」の開発・販売を開始した。この製品が現在「ARCHITREND　ZERO」として多くのユーザーから支持されている。

3　ARCHITREND シリーズの開発

❶概要

　基本データ入力から3Dモデル・各種成果物を一気通貫で作成する統合型建築専用3次元 CAD である。基本モデル作成、プレゼン、図面、申請、省エネ計算、構造計算、積算見積、電気・衛生設備図まで幅広く設計業務に対応している。

❷可視化・プレゼン

　建物の可視化・プレゼンは利用場面が多い分野で、ARCHITREND シリーズ内においても静止画パース、ウォークスルー、Web 利用の3Dモデル共有などに対応している。

❸建材ライブラリー

　Web 上の建材ライブラリーから設備機器などの建材部品をダウンロードして CAD 上で利用する。建材データは3Dデータ、平面データ、性能情報、積算情報を持っている。3Dデータには立体形状だけでなく「動き」も設定でき、CAD 上で部品の「動き」が表現できる。各社独自の積算情報を建材に設定することで、見積集計にも利用されている。

❹実施図面

　実施図面は建物モデルから自動作図を行っている。単に建物モデルの切断面を作図するのではな

く、部材の属性情報から寸法線や引出線などの自動描画を行っている。また、詳細図作成のためにすべての部材を入力・作成する必要はなく、部材属性から自動的に必要な作図を行っている。作業者の入力負担を減らしつつ、適切な図面作成を行っている。

❺建築確認

建築確認や長期優良住宅の申請に必要な図面・計算書・申請書類の作成までを最小限の入力で実行する。単体規定・集団規定の法規情報を内蔵しており、申請に必要な法的な図面の自動作成も行う。シリーズとして建築確認の申請書類作成機能に対応している。

❻外皮計算・省エネ計算

基本入力で作成した建物モデルに熱伝導率などの材料特性を与えて、熱的境界線を自動作成する。U値・η値を確認しながら、外皮計算の検討を行う。計算結果はそのまま作図・作表で利用する。

❼木造構造計算

木造構造計算・2×4構造計算を内蔵している。意匠図・構造図データから構造計算を実行して、NG箇所の確認・修正を行う。修正内容はそのまま伏図に自動反映する。

❽積算見積

建物モデルから積算数量を自動集計する。仕上、建具、構造材などの数量を拾い、登録した部材単価や計算式と紐づけて精密な積算を行う。数量根拠は建物モデルの立体表示や図面表示により確認する。積算数量は見積書作成ソフトで利用する。

❾まとめ

上記のとおり、ARCHITRENDシリーズでは建物モデル活用を徹底している。建築計画の初期段階からモデルの視覚化を行い、施主と設計者が合意形成しながら設計を進めていく。設計した建物モデルを活用して図面・書類・積算・法規確認などを自動で行い、施工現場へとつなげていく。このような3次元設計の有効活用は建築に特化したモデル作成とモデル活用のCAD技術がベースになっている。

次に建物モデルの更なる活用事例としてプレカット連携を紹介する。

4　CEDXM（シーデクセマ）の対応

❶概要

CEDXM（シーデクセマ）とは木造軸組工法住宅に関する建築意匠CADとプレカット生産CADのデータ連携を目的として開発されたファイルフォーマットである。当初の目的は、各CADで作成した情報の互換性の確保であった。その後、建築確認を厳格化した改正建築基準法の施行、瑕疵担保履行法の施行、さらには長期優良住宅法施行などにより、図面間の整合性の確保や図面と現場の一致が求められるようになり、CADデータ連携の重要性が高まってきた。プレカットCADデータの共通化により、複数CADでの構造確認、生産履歴情報として保存・活用が可能になった。

❷普及状況

プレカット加工の普及状況としては、軸組工法木造住宅の主要構造部の9割でプレカット加工部材が使用されている。プレカット加工のためにはプレカットマシン専用CADでの入力が必要で、従来は図面から専用CADオペレーターが図面を読み込んで入力していた。CEDXMの普及は専用CAD入力の作業効率化と間違いの減少に役立っている。CEDXM対応状況としては、国内の意匠CADメーカー8社とプレカットCADメーカー4社がCEDXM入出力を実装している。連携情報としては、物件情報（階数・階高など）、平面図の情報（通り芯・柱壁・部屋、建具などの開口部、床開口部など）、屋根伏図の情報（屋根

形状・屋根開口)、軸組計算(金物情報、火打ちなどの構造部材)、床小屋伏図(柱・横架材、補助部材、金物情報、寸法注記情報など)がある。

❸大手プレカット工場の事例

国内大手のプレカット工場にARCHITRENDシリーズが導入されている。CEDXMによる連携だけでなく、これらの工場においては、顧客である工務店から図面だけの依頼にも対応している。プレカット工場側でARCHITRENDの機能を使って構造計算・構造図作成の業務請負まで行い、プレカット部材の納入まで行っている。データ標準化が業務拡大につながっている。

❹利用拡大

プレカットCADで入力したCADデータを意匠CAD側で利用する試みもある。プレカット部材から作成した躯体CADデータには構造上の整合性があり、意匠CADにデータ連携することにより構造図作成・確認申請図作成などに利用価値がある。

❺今後

今後普及が見込まれる中大規模木造建築物においてCEDXM活用拡大が期待されている。

5 BIM対応CADの開発

❶概要

福井コンピュータの建築専用CAD技術は主として戸建住宅向けに発展してきた。2000年頃から建築専用CAD技術の建築設計全般への応用を目指して新規CAD開発を開始した。そして2009年に「BIM設計支援システムGLOOBE」をリリースした。

BIM概念の普及、ハードウエア環境の進歩、業界からの要請などもあって、GLOOBEは小規模から大規模まで建築物の3次元設計で広く利用されるようになった。

GLOOBEの基本コンセプトはARCHITRENDシリーズと同じである。建物3次元モデルの作成と活用のために建築的な情報を取り込んだ建築専用CADである。戸建住宅向けとBIM向けでは設計対象物の用途・規模の違いはあるが、基本的なコンセプトやCAD技術に大きな違いはない。

❷GLOOBE本体機能

GLOOBEは日本仕様の豊富な建材データや自由度の高いデザイン機能を使って建物モデルを設計する。基本設計を基にした実施設計、建築基準法に沿った法規チェックなど、日本の設計に最適化した機能開発に注力している。

BIM設計の対応として、企画段階から設計、施工、竣工後のFMまで各工程においてデータ連携を行いBIM設計業務全般を支援している。

❸BIM-FM連携

建物ライフサイクル管理の対応としてBIM-FM連携を実現した。GLOOBEで構築した設備データを含む建物モデルからFMデータの自動作成を行っている。BIM-FM連携において建物モデル情報だけではFMとしては不足する。建物モデルをFMで活用するためには、FM専用情報を追加する必要がある。FM専用情報の追加においてGLOOBEで独自機能を開発している。この機能によりFM連携の作業効率化、連携情報の整合性を確保している。

❹積算連携

設計業務と積算業務のデータ連携では設計者と積算者で部材の呼び名や積算項目などの業務特性の違いが知られている。連携時にこれらの違いを解消するために建物モデルから積算者が理解可能な形式で建物モデル情報を表示している。作業者に分かりやすい形式でモデル情報を公開することにより不足する積算情報が追加できるようにしている。

❺設備連携

「設備IFC利用標準」を参考にして設備データを有効活用している。設備IFCは「BE-Bridge」仕様がベースになっている。「BE-Bridge」仕様書まで参考にして設備モデルの属性情報の取得を行っている。取り込んだ設備データは干渉チェックだけでなく、BIM-FM連携用として活用される。

❻構造連携

BIM概念普及以前から構造設計では3次元情報として計算データが存在している。現在、構造計算モデルの標準フォーマットである「ST-Bridge」が整備されており、GLOOBEはST-Bridgeを利用した構造・意匠連携を実現している。構造設計特有のデータ構造を理解して、意匠CAD側に必要とされる機能の追加・改良を行っている。

❼まとめ

GLOOBE開発において、設計全般の業務特性まで考慮しながら部材情報・機能拡張の検討を行っている。福井コンピュータアーキテクトは、ARCHITRENDシリーズで長年蓄積してきた建築専用CAD技術のBIM応用により建設業界全体の発展に寄与できると考えている。

事例08〔設計から施工までの一貫活用の事例〕

長谷工版フルBIMマンションへの取組み

㈱長谷工コーポレーション
堀井 規男／新屋 宏政

1　はじめに

　近年、建築業界においてBIMによる業務プロセスの効率化を始めとする様々なメリットが発表・確認され、多様なレベルでBIMへの取組みが行われている。

　長谷工コーポレーションにおいて組織的にBIM導入に着手したのは2011年である。独自のビジネスモデルや規格化設計に特化した取組みにより短期間にBIM設計の作業環境を構築した。本稿では「長谷工版フルBIMマンション」導入の経緯及び取組み内容を紹介する。

2　BIM導入の理由

　BIMを検討するにあたり、従来の2次元CADや3次元設計と比べて、BIMの持つメリットの中でも特に、連動性・可視性・一元性に注目した。BIMモデルの「連動性」により設計情報の整合性向上に寄与し、「可視性」により多数のステークホルダーと合意形成の促進を図り、データの「一元性」により設計から建設、販売、維持管理に至るまで最新の建物のモデル情報や部材データを二次利用・三次利用と高度に使用することで業務の合理化・省力化と品質向上を図ることができると考えた。これらのメリットはBIMを説明する際によくいわれるところではあるが、実際に利益として享受するには運用上の制約により実現が難しいところでもある。しかしながら、長谷工グループのビジネスモデルには、前述のBIMが持つメリットを活かす以下の特徴が備わっていた。

　一つは95％以上の高い設計・施工比率である。すべて自社内で完結するプロジェクトにおいて、設計部門と建設部門とがBIMモデルを連携させて活用することが可能である。施工情報を共有し、設計フェーズへフロントローディングすることが可能である。これにより施工図や積算情報の取得など、施工部門の業務効率化に寄与するとともに、設計段階で精度の高いBIMモデルを作成し、設計図書等のアウトプットの精度向上ができると考えた。この特徴を活かすため、設計部門と建設部門が中心となりBIM導入検討及び環境構築作業を推進している。

　二つ目はマンション事業に特化していることである。BIM設計の導入及び推進は、事前にBIM部品の作成や図面表現設定等の作業環境構築が重要となる。長谷工グループはマンション事業に特化しているために、事前の準備を効率的に行うことが可能である。さらに従来から蓄積してきた規格化や標準設計等の設計・施工ノウハウをBIM環境に反映させることで、高精度のBIMモデルを作成するとともに、高い生産性の実現を追求することが可能と考えた。

　最後に長谷工の全グループ企業が連携した、マンション事業の川上から川下まですべての業務サポートがある。設計・施工だけではなく、販売〜維持管理〜修繕・リフォームまで一貫体制を持つ当社グループのマンション事業において、属性情報を持ったBIM部品により構築したBIMモデルを有効活用することで、マンション事業の更なる品質向上と業務効率化に寄与できると考えた。

3　設計における活用

設計においては、設計者が一つのフルBIMモデルに対して同時編集作業による新しいコラボレーション形態を模索しつつ、図面間の不整合の削減を図り、2次元CAD＋パース等に比べて、正確性と迅速性を両立させながら、ビジュアル化による意思決定や合意形成に活用している。また建築部品のパーツ化だけではなく、パーツの組み合わせである専有住戸部分もベストプラクティスをパーツ化し、設計作業の効率化と品質向上を目指している。

4　長谷工版フルBIMモデル

構築するBIMモデルは、実際の建物と同じようにつくることを基本とした。構造モデル、設備モデル、そして意匠モデルを高い精度で一つのデータとした統合モデルとして構築した。このモデルのことを「長谷工版フルBIMモデル」と呼んでいる。整合性の高い設計や問題点の早期解決を図るため、常に重なった状態でBIMモデルを構築し、様々な図面作成や数値情報の取得を目的としている。またマンションの専用内部も同様にすべてのデータを重ねて表現し、分かりやすいデータの高次利用を目指している。

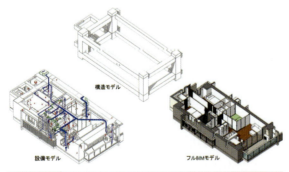

図1.5.8.1 長谷工版フルBIMモデル連携

設計の初期段階は箱を積んだような簡単なモデルを作成し、設計の検討作業の進捗に合わせて、配置するBIM部品の精度・密度を上げていき、最終的に高精度の「長谷工版フルBIMモデル」を構築している。次にBIMモデルを効率よく作成するための取組みを紹介する。

5　長谷工版BIMオリジナルツール（環境構築）

長谷工版BIMオリジナル部品として、マンションに必要なBIM部品を独自に作成した。このBIM部品には形状や素材などの情報だけではなく、長谷工が過去に発表したコンパスシステム等の設計の規格化やモジュール化の思想を取り込み、属性情報のカスタマイズ、図面表現との連携や積算フォーマット等の外部ツールと連動を図っている。

BIMモデル構築の環境整備は、企画段階では独自開発したツールにより、帳票からマスモデルを自動作成しボリューム検討を行っている。また長谷工の既存システムである「概算コスト算出システム」とのインターフェースを開発し、BIMモデルと連動した事業収支の検討に使用している。

BIMモデルはBIM部品をプラモデルのように配置することで構築していくが、基本設計段階のBIMモデル構築においてもそれなりの作業量が発生する。企画設計のマスモデルの情報を使用し、独自開発したツールにより柱、梁、部屋情報、窓、手すりなどを自動配置し、設計者の負担を減らし、効率的で間違いのない設計を可能にしている。このような自動化により、同じ時間でより多くの案を検討できるようにするとともに、既存システムとの連携を進めることで手入力によるミスを減らしている。単に業務負荷のピークを川上フェーズにフロントローディングするだけではなく、ピーク時の業務量を下げるような環境構築を行っている。

設計情報のモデル化、ビジュアル化だけではなく、BIMモデルに含まれる属性情報を取り出すツールと組み合わせて、数量把握やデータベース連携など、BIMモデル設計フローを効率化する様々なオリジナルツールを今後も開発していく予定である。このようなBIM部品やツールは、標準設計を推進しマンション事業に特化している

とで可能となる業務のパッケージ化であり、単純なロジックの組み合わせや、シンプルなパーツ群を使用して複雑なバリエーションを効率的につくり出すことができることは、BIM設計と当社ビジネスモデルが連動したメリットの一つである。

環境構築においては自社内だけではなく、施工情報のフロントローディングを進めるために専門工事会社との協業や、部材メーカーとのデータ連携等広く情報を収集しBIM環境構築を推進している。

システム構築だけではなく、精度の高いフルBIMモデルを効果的に運用するために、従来の実施設計部隊と生産設計部隊を一つの組織にまとめた「BIM設計部」を新設し、実施設計着手から竣工までの一貫した運用を開始した。BIM設計部ではBIMモデルを管理し、意匠、構造、設備設計者や施工者とインターフェース業務を行うBIMマネージャーと、BIMマネージャーから指示を受けモデルを作成するBIMオペレーターが作業を分担し、フルBIMモデル構築と設計図書・施工図・販売用図面作成などをワンストップで管理し、フルBIMモデルの高い精度と可用性を維持し、実施設計業務全体をコントロールしている。

6 BIMの課題

しかしながら、フルBIMモデルもよいことばかりではなく、BIMモデルへ情報の集積度が上がるほどファイルサイズが肥大化し、オペレーションに支障をきたすようになる。BIMモデルの詳細度を「LOD」という尺度を使用して表現するが、長谷工版BIMモデルにおいても設計進捗とアウトプットが連動し、オペレーションについても配慮した「長谷工版LOD」を検討中である。しかしながら、BIMモデルの終極段階ではすべての設計・施工情報がモデル化されている必要があるため、BIMソフトウェアには更なる改善を期待したい。

またBIMモデルからの図面化についてもソフトウェアの改善の必要性を感じている。現在流通している図面表現は実際の形を表すだけではなく、抽象化やメタ情報の記入など様々な工夫がされており、見たままの状態が表現されるだけのBIMの図面では用をなさない。正確なBIMモデルから設計図書、販売用図面そして施工図など様々な表現の図面を効率的に作成する環境整備やシステムの改良が望まれる。

図1.5.8.2 長谷工版フルBIMモデルと図面連携

7 施工部門における検討事例

一般的にBIMによる設計・施工の運用は設計用、施工用と別々のBIMモデルを作成しており、効率化、一元化のボトルネックとなっているが、設計・施工比率が95％以上の当社においては、設計・施工部門で連動運用できるBIMモデル構築の検討推進をしている。

施工図面に関しては、前述のようにBIMモデルからの図面は見たままを表現することには長けているが、従来の図面のように見上げ図と伏せ図を重ね合わせたような図面は作成に手間がかかる。図面間の整合はBIMモデルにより担保されていることから、図面枚数は多くなっても面ごとの図面化や図面のカラー化、また2次元図面だけでは分かりにくい部位を3次元表現するなどの作成しやすく分かりやすい情報伝達手段としての施工図の開発・運用を推進中である。

施工部門での活用検討に着手したばかりではあるが、図面や施工検討の利用だけではなく、モデル属性のロジスティックスへの活用や、モデルと直結したファブリケーションによる工業化比率の

向上など、建築現場での生産効率を高める新たなスキームの開発にも挑戦していく。

8　販売への活用

分譲マンションには販売用図面集があり、設計との整合性チェック業務が高負荷のため、業務フローのボトルネックとなっていた。BIMモデルから販売用図面を作成することにより、設計から販売までの情報が一元化され、チェック作業が大幅に削減されることが期待できる。

「長谷工版フルBIMマンション」の第1弾として自社事業の「ブランシエラ板橋西台」においてオンスケジュールによるBIM設計を実施し、販売図面集の作成、BIMモデルをベースにCG、ムービー、景観シミュレーション、専用住戸のカラーシミュレーション、専用ビューワーの開発など設計と販売での活用検証を実施している。設計情報をダイレクトに販売の現場に展開することで、ディスクローズによる販売への効果検証を推進している。

9　維持・管理への展開検討

分譲マンションにおける維持・管理への活用については二つのアプローチがあると考えている。一つ目は設計段階において綿密なシミュレーションを実施し、環境負荷やLCCをなるべく抑え、メンテナンス作業のシミュレーション検討等を設計に反映することにより、低コストで運用・管理しやすい建物を設計すること。二つ目はBIMやデータベース情報を利用したプロアクティブ型管理への活用である。

一般に維持管理コストがLCCの7割以上といわれる建築物においては設計・運用フェーズ両輪からのアプローチが重要であり、顧客満足度向上や資産価値向上を図るため、従来は分かりにくかった建物の性能や情報、リフォーム履歴などを集積し、入居者と共有することが重要であり、詳細なBIMモデル及び部材情報は、分かりやすい表現とともに、シミュレーションや日々のメンテナンス、定期点検、大規模改修に効果を発揮するものと考えている。

10　おわりに

BIMは発展途上のシステムであり、様々な可能性を秘めているが、ツールとして使いこなすためには、システム構築やスキルアップとともに、業務フローの見直しや、今まで何となく行っていたことを再定義し明確にする等のリエンジニアリングと一体的に行うことが重要と考えている。

BIMがマンション事業のプラットフォームとなる日まで、「マンション及びマンション事業の品質と業務効率の更なる向上と、顧客満足度の向上」を目指して、BIMへの取組みを推進していく。

第6節 BIM実行計画書の作成

（一財）日本科学技術連盟
田部井 明

1 BIM実行計画書の目的

BIMを用いることの最大のメリットは、BIMモデルを職務間で相互に運用し活用することにより、プロジェクト及びプロジェクト関係者の様々なレベルのパフォーマンスを向上させる効果が期待できることである。

BIMの活用には大きく、プロジェクトの各段階でコンカレントにBIMを職務間で相互に活用する「業務連携」（Collaboration）と、プロジェクトライフサイクルを通して前工程の職務から後工程の職務にBIMをつなげて活用する「業務統合」（Integration）の二つがある。後工程の課題を前工程で解決し、後工程で起こる変更を少なくする目的で行う「業務の前倒し」（Front Loading）も、業務統合に含まれる。

プロジェクトの各場面でBIMを相互に運用し活用しようとする場合、その業務プロセスは従来の業務プロセスとは大きく異なるものとなる。プロジェクトの多数の関係者がこの従来とは異なる業務プロセスを混乱なく遂行するには、プロジェクトの初期段階に、実行するBIM活用（BIM Use）を決定し、BIM活用に必要な業務連携／統合の手順を明確にして、手順に従って業務を遂行する必要がある。それがBIM実行計画書（BIM Execution Plan, BEP/BxP）である。

BIM実行計画書には、異なる職務のプロジェクト関係者が、共通の認識を持つためのBIMの目標、目標を達成するためのBIM活用の範囲、組織化、業務連携／統合のプロセス、プロセスを監視する方法、用いるBIMツールや情報共有環境、携わる関係者の力量、データの受渡し規則などの枠組みを示し、共通の指針とする。

BIM実行計画書は、発注者の指示により主要関係者が共同で作成し、発注者に提供されてプログラムに組み込まれ、関係者全体の合意を得て成立する。BIM実行計画書は、BIM活用の範囲に対応して、設計段階、施工段階に分けて作成するケースが多いが、計画から運用までの全段階をまとめて作成してもよい。BIM実行計画書は、設計計画書、または施工計画書の一部に組み込むことも可能で、必要な場合には、設計契約書や工事契約書の付属文書とすることができる。

2 BIM実行計画書の構成

BIM実行計画書の書式に国際的な標準はなく、関係者間の認識を共通化し、プロジェクト運営を円滑にする内容であれば自由に構成してよいが、一般的には次のような内容を含めることが多い。

❶ 表紙

表紙は通常発注者のフォーマットを用い、主要な職務別関係組織の代表者署名欄を設ける。

❷ プロジェクト情報

プロジェクト概要、プロジェクト推進方式、主要なBIM関係者、マイルストーン、用いる基準文書などを示す。

プロジェクト推進方式を示すことにより、業務連携／統合のしやすさが判断できる。一般的に統合的推進方式（DB、DBブリッジング、BTO、BOT、ECI、IPDなど）は業務連携／統合が容易であり、分離方式（DBBなど）では難しいとされている。

❸ プロジェクトのBIMの目標及び活用

プロジェクトまたは関係者に価値があると判断されるBIMの目標を定め、取り組むBIM活用事項、可能であればBIMの目標に対応した成果指標を定める。また、BIM活用に必要なモデルエレメントの詳細化の程度をフェーズ単位で計画する。

❹ 業務連携／統合

業務連携／統合のためのコミュニケーション手段（会議及び情報共有システム）、作成するモデル、3D調整及び解析／シミュレーションの詳細、業務連携／統合のプロセスを計画する。

3D調整に用いるBIMツールには、干渉検知による複数のモデル間の整合／納まり調整やビジュアル分析の機能以外に、法適合確認、デザインレビュー、数量積算などの機能があり、活用範囲をあらかじめ定める必要がある。

❺ 資源及びシステム要件

業務連携／統合を適切に行うために必要な人的資源とその力量、共通データ環境、ソフトウェア、ハードウェアなどの要件を指定する。また、モデルデータの受け渡しに用いる中間フォーマットの指定などを含める。

巻末の資料05「BIM実行計画書（作成例）」は、この五つの構成内容で作成した事例である。

3　BIMの目標及び活用

3.1　BIMの目標及び活用事項

BIMの目標は、プロジェクトの実施効率とQCDEパフォーマンスの有効性を高めることが中心だが、その目標が建設産業全体の生産性向上、価値向上への活動（生産改革や運用段階の活用）につながることが望ましい。資料05「BIM実行計画書（作成例）」のBIMの目標はそれを考慮し、挑戦的な内容をかなり含んでいる。

BIMの目標や活用事項を容易に達成できる範囲で設定すると、得られる価値への期待は低くなる。反対に挑戦的な内容を多く含むと、大きな価値が期待できるが、失敗する可能性も増大する。BIMの目標及びBIM活用事項は、その有効性及び実行可能性を十分に評価し、関係者の能力と挑戦意欲のバランスを考慮して計画する必要がある。

3.2　BIM活用事項の優先度

標準的なBIM活用事項は、英国の「AEC (UK) BIM規約 プロジェクトBIM実行計画書」[1]及び米国ペンシルバニア州立大学CICプログラムの「BIM実行計画ガイドV 2.0」[2]に示されている。前者には27項目、後者には25項目が特定されていて、内容はほぼ同一であり、公開されているBIM実行計画書テンプレートの多くがこれを利用している。

図1.6.1「建物ライフサイクルを通したBIM活用」はBIM活用事項の一覧で、計画から運用までの適用時期を示す。これはCICプログラムの「BIM実行計画ガイドV 2.0」[2]の図に修正を加えたもので、業務の前倒し／フロントローディングを考慮し、構工法、敷地利用計画、4D工事工程計画などを意図的に設計段階に伸ばした図にしている。また、国内の実情に合わせてプライオリティや実施時期を変え、いくつかのBIM活用事項を統合または追加している。

3.3　詳細化の程度

BIM活用を有効にかつ迅速に実行するには、引き渡すモデルのエレメントの詳細化の程度（LOD、Level of Detail）が、受け取り側の希望に沿った状態になっていることが望ましい。そのため可能な範囲でLOD表を作成し添付する。

4　業務連携／統合

BIM実行計画書には、どのようなモデルを誰がいつどの程度まで作成するか《作成するモデル》、どのようなタイミングで誰に受け渡すか《業務連携プロセス》、何に活用しどのように

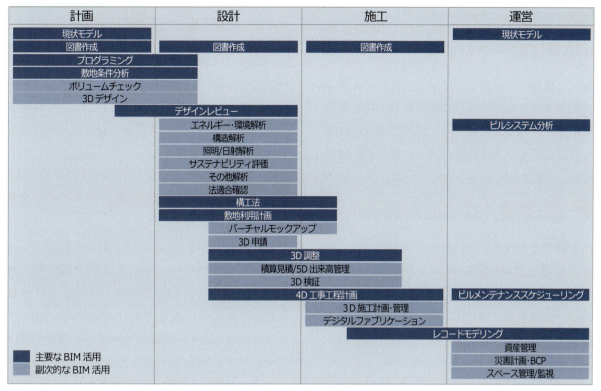

図1.6.1 建物ライフサイクルを通したBIM活用

フィードバックするか《3D調整、解析／シミュレーションなど》を計画する。

4.1 作成するモデル

小規模な戸建住宅などでは、一つのモデルに建築、構造、設備、仮設要素をすべて含むことが可能だが、規模がある程度大きくなると、専門性と責任、作業効率の点で職務単位に分けてモデルを作成し、それを相互に活用し、統合する方法が一般的となる。

作成するモデルには、3Dスキャンなどを用いて作成する敷地や既存建物の「現状モデル」、建築、構造、設備、4D/仮設、製作、土木などの「職務モデル」、調整、見積、記録などに用いる「複合モデル」がある。このうち、職務モデル作成者の責任範囲が、国内と海外で異なることに注意する。

❶建築モデル（Architectural Model）

海外では一貫して建築モデルと呼び、建築設計者が作成責任を持つ。国内では、フェーズ単位に計画モデル、基本モデル、詳細モデルと呼び方を変える。また、専門工事会社やサプライヤなどが製造、NC機械、プレカットなどの用途に用いるさらに詳細化したモデルを製作モデルと呼ぶが、海外にはこの呼称はない。

❷構造モデル（Structural Model）

海外では一貫して構造モデルと呼び、構造エンジニアが作成責任を持つ。国内では構造解析結果から構造設計者が構造モデルを作成し、施工者がそれを詳細化してく体モデルとし、コンクリート図や鉄骨一般図などの作成、3D調整に用いる。

❸設備モデル（MEP Model）

国内では設備設計図に該当する単線モデルを設備モデルと呼び、設備設計者が作成責任を持つ。海外では設備設計者が空調、電気、衛生などの複数のエンジニア職に分かれているため、空調モデル（Mechanical Model）、電気モデル（Electrical Model）、衛生モデル（Plumbing Model）に分けて作成し、総称してMEPモデルと呼ぶ。施工図レベルまで詳細化するMEPモデルは、国内では

一般的に設備専門工事会社が作成する。

❹ 4D/仮設モデル（4D Model）

仮設・重機・掘削などのオブジェクト、工程、アクティビティなどの4D情報を持ち、検査や出来形確認・記録などに用いる。海外では設計段階から設計者が4Dモデルを作成し、施工者に提供することが行われている。

4.2 3D調整（3D Coordination）

上記職務モデルの内、詳細モデルまたは製作モデル、く体モデル、MEPモデルを重ね合わせた複合モデルを調整モデル（Coordination Model）といい、実施する内容に応じて、納まり調整、整合調整、貫通調整、総合調整などと呼ぶ。

4.3 解析／シミュレーション（Analysis）

設計段階の最も中心的なBIM活用事項で、ビジュアル分析、ボリューム検討、デザインレビュー、構造解析、環境解析、サステナビリティ評価、4D工程施工計画、積算見積など多岐にわたる。モデルを解析に利用するだけでなく、結果をモデルに戻す機能を持つ双方向性のツールが開発されている。

4.4 業務連携プロセス

業務連携プロセスは、記述またはプロセスマップ（Process Map）の形で提示する。プロセスが従来と同じ、もしくは関係者が手順をよく理解している場合は、改めてプロセスを定義する必要はない。海外ではこれにエレメント別の情報交換要件表（ER, Exchange Requirement Matrix）を追加する場合もある。

5 資源及びシステム要件

業務連携及びBIM活用が迅速にかつ有効に機能するように、関係者に必要な力量や、共通データ環境、ハードウェア要件などを定義する。

5.1 関係者に必要な力量

BIMは発展途中のテクノロジーであり、初めて業務で経験する担当者が存在する可能性を考慮する必要がある。用いるBIMツール、活用ツールの力量不足に対し、要員の交替やトレーニングの実施などを計画する。

5.2 共通データ環境、ハードウェア要件

業務連携を行うためには、用いるBIMツール、活用ツールのバージョンを含めた指定や、共通BIMサーバーの指定を行う。また、受け渡しや複合モデルの作成を容易にするため、BIMサーバーのフォルダー構成やファイル名構成、用いるマネジメントシステムを指定する。BIMモデルはデータ量が非常に大きくなるため、ハードウェアについてもスペックを指定する必要がある。

一つのモデルを複数の担当者が同時に編集する場合は、同時編集可能な環境を整備し、管理方法を規定して監視する必要がある。

可能であれば人的資源及びシステム要件についてサポート体制を考慮する。必要な場合にはBIMマネージャーやBIMコーディネーターを指定し、権限及び責任を委譲してプロジェクトの運用にあたらせる。

（参考文献）
1) "AEC (UK) BIM Protocol, Project BIM Execution Plan Version 2.0" AEC (UK) CAD & BIM Standards Site, September 2012
2) "BIM Project Execution Planning Guide Version 2.0" The Computer Integrated Construction Research Program (CIC) at the Pennsylvania State University, July 2010
3) "New Zealand BIM Handbook Appendix F ii – Project BIM Execution Plan – Template"
4) "BIM Project Execution Plan Light Version" CIC at the Pennsylvania State University
5) "Indiana University BIM Execution Plan Template"

第7節 「Stem」「BE-Bridge」BIMライブラリー

（一財）建築保全センター
山中 隆

1 C-CADEC成果、概要

設計製造情報化評議会（C-CADEC）はConstruction CAD and Electronic Commerce Councilの略称で、通商産業省がEC基盤整備を目的に、第二次補正予算での公募事業として実施した「企業間高度電子商取引推進事業」へ応募しCALS関連プロジェクトとしてその活動内容が採択された。これを受け建設業界全体のEC基盤技術の開発及び実証実験を目的に、平成8年6月（一財）建設業振興基金を代表とし、設計事務所、ゼネコン、サブコン、ソフトメーカー、資機材メーカー等約70社が参画する、「建設CADデータ交換コンソーシアム（C-CADEC）」が結成され、建設業界の設計図面、施工図面、関連図書を、データとして交換するための標準化や技術開発、実証に取り組んできた。

C-CADECでは、その成果であるStem（設備機器ライブラリー標準、Standard for the Exchange of Mechanical equipment library data）と、BE-Bridge（部材属性を伴ったCADデータ交換仕様、Building Equipment BRief Integrated format for Data exchanGE）を連携して運用することで、設備分野での属性データを伴ったデータ交換の円滑な授受を可能にしている。BIM化の進捗に伴い、建築関係者に普及し、建築分野を含んだ建築業界の総合的な設備ライブラリー仕様として利用されている。StemBIMライブラリーについては、インターネット試行サイトを評価用として構築し運用を行っている。

本稿では、このStem、BE-Bridgeの仕様概要と、BIMでの利活用状況についてご紹介する。

2 設備機器ライブラリーデータ交換仕様：Stem

設備機器メーカーが利用者に配布する設備機器情報は、各社が独自に編集するカタログから、CADの普及とともに、利用者からは電子データとしての提供要望が高まり、2次元CADデータや各種ドキュメントの電子媒体での依頼が一般的になってきた。一方、各設備機器メーカーも独自に作成したCADデータなどを配布するに至っているが、利用者からはデータ形式などに係る様々な要望が示されるようになってきた。

こうした状況を踏まえ、建設CADデータ交換コンソーシアムで、建設業界と設備機器メーカー間の効果的な設備機器データ交換技術の開発・標準化に取り組んできた。設備分野における実設計において、機器ライブラリーモデルについては2D/3D外形図のみならず、機器性能や仕様などの属性把握が必要となる点が重要なポイントとなる。

2.1 設備機器データ交換仕様"Stem"の開発

C-CADECの取組みにおいては表1.7.1に示す対象範囲と、表1.7.2に示す形状情報、属性情報を、設備機器に係る情報を電子的に設備機器メーカーから建設業界に受け渡すための仕様（通称Stem）が開発された。Stemによるデータ交換は、設備機器を特定するための情報や仕様情報を中心としたテキストベースの「仕様属性項目ファイル」と2D/3D外形図CADファイルなどの外部参照ファイルにより行われる。

表1.7.1 Stem 対象範囲

		内 容
設備機器の対象範囲	・空調設備	ボイラー、冷凍機、冷却塔、ポンプ、送風機など
	・衛生器具設備	便器、手洗器、洗面器、化粧台、流し類、浴槽など
	・電気設備	照明器具、配電機器など
	※備考	バルブ・ダンパ類、配管・ダクト類を除く
交換情報の対象範囲	・機器特定に必要な情報	メーカーコード、機器分類コード、型式名称など
	・機器の仕様情報	性能値、サイズ、重量など
	・外形形状情報	外形図など
	※備考	姿図、写真、能力線図、取扱説明書などは調整中

表1.7.2 Stem 形状・属性情報

		内 容
形状情報	・2D外形図	標準化された2次元6面図 DXF・DWG データ
	・3D外形図	本体形状：DXF・DWGデータ その他（任意形式）IFC・RFA・STEP・IGES・STL等
	・外観データ	外観写真、姿図、等
属性情報	・仕様属性情報	型式・能力・消費電力・外形寸法など
	・各種ドキュメント	施工要領・性能線図・技術ドキュメントなど
	・価格情報	標準価格（機器定価・付属品価格など）

設備機器の仕様については基本的に「仕様属性項目ファイル」に記述されるが、外形図のように別ファイルで受け渡しをするものについては、それを示す「仕様属性項目ファイル」のデータ項目にこの外部ファイル名を記述し、相互の紐づけを行う（図1.7.1）。

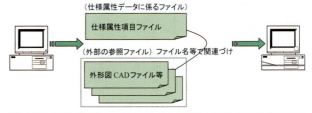

図1.7.1 Stem ファイル構成

2.2 仕様属性項目ファイルの構成

「仕様属性項目ファイル」に記述される情報は、仕様属性項目として定義されている（表1.7.3）。仕様属性項目の中には、設備機器の運転条件によって複数の仕様値を持つものがある。また、単位概念が存在する仕様属性項目については単位によって仕様値が異なる。システム上で一つの仕様属性項目に対し、一つの仕様値を付与するため、仕様属性項目を図1.7.2のとおり仕様属性項目を表す部分、運転条件などを表す部分、単位を表す部分に細分化しIDを設定している。

・項目ID：設備機器の性能や形状に係る情報項目で、能力仕様、風量仕様、電気仕様、外形寸法などに関するものが相当する。

・項目拡張ID：上記「項目」の一部に利用される補足的な情報要素で、例えば、室内外の区別、冷房／暖房の区別などがある。

・単位ID：上記「項目」、「項目拡張」に適用する単位。

表1.7.3 仕様ID 一覧

										C-CADEC 大分類	05								
										C-CADEC 中分類	050	100	150	200	250	300	350	370	400
項目No	仕様属性項目		項目ID	単位グループ	参考単位ID・表示		属性	フィールド形式	桁数	レベル	備 考	ボイラー	冷凍機	冷却塔	ポンプ	送風機	空調機	暖房機	乾燥機	コイル
1100	【検索情報】	メーカコード	MAKERCODE				CHAR	コード	6	1	[LIB011]	○	○	○	○	○	○	○	○	○
1200		機器分類コード	CGRYCODE				CHAR	コード	14	1	[LIB012]	○	○	○	○	○	○	○	○	○
1300		メーカ型番	NAME1				CHAR	テキスト	50	1	1バイト文字	○	○	○	○	○	○	○	○	○
1400		型式名称	NAME2				CHAR	テキスト	40	1	2バイト文字	○	○	○	○	○	○	○	○	○
1500		製品リリース年月日	DATE				CHAR	テキスト	10	1	yyyy/mm/dd	○	○	○	○	○	○	○	○	○
1600		仕様書バージョン	SPVER				CHAR	テキスト	5	1		○	○	○	○	○	○	○	○	○
1710	【図面情報】〈図面データ〉	CAD部品（平面図）	FLA_FILE				CHAR	ファイル名	40	2	[LIB033]	●	●	●	●	●	●	●	●	●
1720		CAD部品（正面図）	FRO_FILE				CHAR	ファイル名	40	2	[LIB033]	●	●	●	●	●	●	●	●	●
1730		CAD部品（背面図）	REA_FILE				CHAR	ファイル名	40	2	[LIB033]	●	●	●	●	●	●	●	●	●
1740		CAD部品（右側面図）	RIT_FILE				CHAR	ファイル名	40	2	[LIB033]	●	●	●	●	●	●	●	●	●
1750		CAD部品（左側面図）	LEF_FILE				CHAR	ファイル名	40	2	[LIB033]	●	●	●	●	●	●	●	●	●
1760		CAD部品（底面図）	BOT_FILE				CHAR	ファイル名	40	2	[LIB033]	●	●	●	●	●	●	●	●	●
2010	【仕様情報】〈能力仕様〉	冷却能力	CL_AB	QW	QKW	kW	NUMBER	数字	7	2			◎							
2015		冷却蓄熱容量	CLST_CAP	QJ	QMJ	MJ	NUMBER	数字	7	2			○							
2020		冷凍能力	REF_AB	QW	QKW	kW	NUMBER	数字	7	2			◎							

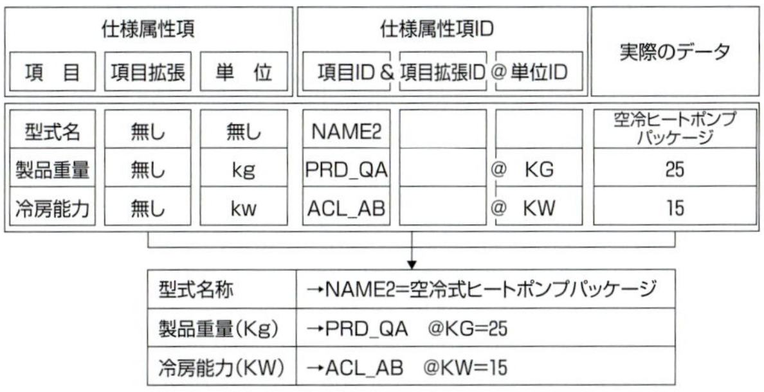

図1.7.2 仕様属性項目ID構成

仕様属性項			仕様属性項目ID			実際のデータ
項目	項目拡張	単位	項目ID &	項目拡張ID	@ 単位ID	
型式名	無し	無し	NAME2			空冷ヒートポンプパッケージ
製品重量	無し	kg	PRD_QA		@ KG	25
冷房能力	無し	kw	ACL_AB		@ KW	15

型式名称 →NAME2=空冷式ヒートポンプパッケージ
製品重量(Kg) →PRD_QA @KG=25
冷房能力(KW) →ACL_AB @KW=15

2.3 外形図CADファイルの構成

設備機器の2D外形図は、図面の展開方向により、平面図、正面図、背面図、右側面図、左側面図、下面図の6面図を規定し、図面の設計用外形図・施工用詳細の表現、本体の正面定義、配置点、図面原点などを規定し、データはDXF形式の個別ファイルで構成される。3D外形図は外形図ファイルを「本体形状」「その他」「メンテスペース」「ビューアー」に規定し、該当ファイルを作成する基準で、「本体形状」はDXF/DWG形式、「その他」はIFC・RFA・STEP・IGES・STLなど任意の中間ファイル形式とし、「メンテスペース」はDXF/DWG、または「その他」に使用した形式、「ビューアー」はWebブラウザプラグイン対応の軽量ファイルフォーマット仕様XVL等としている。また、レイヤー構成についても2D仕様（表1.7.4）、3D仕様（表1.7.5）のとおり定義している（3Dレイヤーは参考、メーカー構成など任意形式でも可）。

表1.7.4 2D外形図CADファイルレイヤー構成

	項目	レイヤー名	定義	属性
1	簡略図形	OUTLINE	機器簡略図形（設計・竣工用）	線分、円弧
2	詳細図形	DETAIL	機器詳細図形（施工詳細用）	線分、円弧
3	基準線	BASIS	機器メーカーにおいて作図上の基準となる線	線分
4	寸法線	SIZE	寸法線、寸法補助線	寸法線
5	注記	NOTE	機器そのものもしくは機器／建築開口の属性に関わる記述	線分、文字
6	配置点	ARRANGE	呼び出し時の配置基準点[5.10.6]（各展開方向別に1点ずつ）	円（該当点を中心に）
7	固定点	FIX	フック、アンカー等の固定点[5.10.7]	円（該当点を中心に）
8	メンテナンススペース／建築開口	SERVICE SPACE	設置／保守に必要な開口基礎参考図	線分、円弧
9	その他	ETC	上記レイヤーに該当しない図形・文字	線分、文字
10	シンボル図形	SYMBOL LINE	機器シンボル図形	線分、円弧

表1.7.5 3D外形図ファイルレイヤー構成

	項目	レイヤー名	定義	属性
2	本体図形	DETAIL	機器本体形状	3DFACE
3	基準線	BASIS	作図上の基準となる線	一点鎖線
5	注記	NOTE	機器に関わる記述	線分、文字
6	配置点	ARRANGE	呼び出し時の配置基準点	円
7	固定点	FIX	フック、アンカー等の固定点	円

2.4 コードの整備

Stemでは、電子化を進める上で必要となる各種コード（機器分類コード、企業コード、接続口用途コードなど）について定義し、CI-NETコード（分野・大分類・中分類・小分類・細分類）14桁で定義され、検索キーとしての利用と電子商取引連携を行っている（表1.7.6）。

表1.7.6 機器分類コード構成

分野	大分類	中分類	小分類	細分類	機器名称	機器名称				備考
		コード				大分類	中分類	小分類	細分類	
50	00	000	0000	000	機械設備					
50	05	300	0000	000		空調機				各項目に類さない中分類名機器を含む
50	05	300	0000	000			パッケージ形エアコン・設備用			各項目に類さない小分類名機器を含む
50	05	300	3020	000				パッケージ形エアコン・設備用(空冷HP)		各項目に類さない小分類名機器を含む
50	05	300	3021	000				パッケージ形エアコン・設備用(空冷HP)[室内外セット]		各項目に類さない細分類名機器を含む
50	05	300	3021	010					設備用PAC(空冷HP)床置直吹形[室内外セット]	
50	05	300	3021	020					設備用PAC(空冷HP)床置ダクト形[室内外セット]	
50	05	300	3023	000				パッケージ形エアコン・設備用(空冷HP)[室内機]		各項目に類さない細分類名機器を含む
50	05	300	3023	010					設備用PAC(空冷HP)床置直吹形[室内機]	
50	05	300	3023	020					設備用PAC(空冷HP)床置ダクト形[室内機]	
50	05	300	3026	000				パッケージ形エアコン・設備用(空冷HP)[室外機]		
50	05	300	3026	100					設備用PAC(空冷HP)[室外機]	

2.5 データ交換支援ツールの開発

C-CADECにおける活動では、BIM対応の仕様整備のほかに、利用者とメーカー各社が効率的にデータを生成、利活用するため、下記データ交換支援ツールを開発し提供している。
・仕様属性項目ファイル生成ソフト（データチェックソフトを含むデータ作成ソフト）
・データ管理検索ソフト（メーカーが配布するデータ集DVD-ROM検索用）

2.6 Stemデータ配信サービス（BIM試行中）

機器ライブラリーStemインターネットサイトは、BIM化対応仕様Ver.10.0に準拠し、3D-CADデータへの対応として2D外形図から3D外形図データに対応できる検索サイトとして改修され、平成27年5月より3D版サイトを一般公開し、現在87,000点のデータが収録され利用されている（図1.7.3、利用料無料）。
URL=http://stem.yoi-kensetsu.com/

図1.7.3 Stem 3D版試行サイト

3 BE-Bridge

3.1 BE-Bridge 部材属性を伴ったCADデータ交換仕様

設備、電気分野において利用されている設備CADシステムにおいては、多くの場合機器間を接続する配管やダクトなどの搬送系部材の属性情報（寸法、材質、接続口径など）を内部的に保持している。ただし、現在異なるCADシステム等とのデータ交換を行う場合、属性データは交換時に欠落してしまい、外形データの交換のみが可能となる場合が多く、その結果、効果的なデータ活用が図れない状況が続いていた。

C-CADECではこうした前提を踏まえ、異なる設備CADシステム間で部材属性を伴ったデータ交換を可能にするデータ交換仕様、BE-Bridgeを平成11年に開発し、その普及を図ってきた。

BE-Bridgeによる属性共有を想定しているのは、「ダクト」「配管」「電気」「機器」「建築」「空調器具」の六つで、設備専用CADの多くに属性を含んだ受け渡しに利用されている。初期のBE-Bridge仕様は、空調設備、衛生設備、電気設備の異機種CADソフト間のデータ交換仕様としてつくられてきたが、その後ダクトCAM、板取展開、プラズマ自動裁断CAMとの連携に利用され、配管CAM連携にも利用された。

3.2 BE-Bridge 仕様概要

StemにおけるIDXファイル同様、BE-Bridgeにも、部材属性を記述した中間（CEQ）ファイルが存在する。属性を付与すべきDXFファイルの個々部材（BLOCK）データに対して、CEQファイル内の個別部材について、部材定義部分にSEQ番号が付与される。SEQ番号はBLOCK名と同一名称で、CEQファイルと対になる単一のDXF内において、一意の部材を表している。同ファイルには部材定義項目の他、系統名、系統番号、形状寸法、部材番号、配置基準点、接続点データ名等が網羅されており、DXFデータと同時に受け渡しを行うことで、部材ごとの属性データ受け渡しが可能となる。表1.7.7にダクトフォーマット、図1.7.4にBE-Bridgeデータ交換の流れを示す。

表1.7.7 BE-Bridge ダクトフォーマット

項番	項目	項目説明
1	部材定義項目	SEQ No.／年月日時分／データ種別　会社コード・データ種別：D：ダクト、P：配管、E：電気、K：機器、A：建築、H：空調器具・SEQ No：数字5桁
2	出力時レイヤNo.	・数字をセット
3	系統名	・全角・半角文字をセット　注1
4	系統番号	・数字をセット　注1
5	パターンNo.　大分類	・ダクト部材パターンNo.を大分類、小分類でセット
6	〃　小分類	
7～22	ダクト形状寸法データ	・1行に1項目をセット・項目数は固定で16項目
23	積算情報	・1行に6項目をセット・6項目はカンマで区切る・順不同とし、ESC=、ESN=等の見出し文字を付与する
24	材質・風速・ダクト種類	・材質、風速区分、ダクト種類をセット
25	ダクト部材番号	・英数字を6文字までセット
26	単複区分	・複線："0"、単線："1"をセット
27	配置基準点	・第3項5のパターン別詳細図により、X、Y、Zをセット
28～31	接続点1、2、3、4	・接続点は、主管側を「接続点1」とし、第3項5のパターン別詳細図のWB、WC、WD
32	ベクトル　主軸	・主軸、副軸のベクトルで、X、Y、Zの形であらわす
33	〃　副軸	
34	用途	・ダクト用途を数字でセット
35	風量	・風量をm3/h単位でセット
36	接続工法	・接続工法を「接続点1、接続点2、接続点3、接続点4」
37	板厚	・板厚を「接続点2、接続点3、接続点4」の順にセット
38	データ終了フラグ	・最終データは"0"をセット

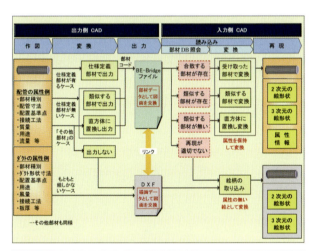

図1.7.4 BE-Bridge データ交換の流れ

4　buildingSMART Japan での BIM ライブラリー展開

4.1　buildingSMART Japan での BIM ライブラリー展開

3次元CADの普及に伴い、buildingSMART Japan で進めている IFC データ交換のプロパティセット（Pset）仕様に BE-Bridge 仕様が使われ BIM 展開に利用されている。

表1.7.8 BE-Bridge IFC ダクトフォーマット Pset 例

(1) BE-Bridge
◆共通

Pset名称	Name	Property Type	DataType	Definition
Pset_BE-Bridge_Common 共通	version	IfcPropertySingleValue	IfcText	BE-Bridgeの仕様書バージョン
	vender_version	IfcPropertySingleValue	IfcText	各ベンダー内での管理用バージョン
	data_class	IfcPropertySingleValue	IfcText	データ種別"D"…ダクト"P"…配管"E"…電気"K"…機器"H"…空調器具

◆ダクト

Pset名称	Name	Property Type	DataType	Definition
Pset_BE-Bridge_DuctCommon ダクト共通	large_pattern_number	IfcPropertySingleValue	IfcText	パターンNo. 大分類
	small_pattern_number	IfcPropertySingleValue	IfcText	パターンNo. 小分類
	parts_number	IfcPropertySingleValue	IfcText	ダクト部材番号
	use	IfcPropertySingleValue	IfcText	用途
	air_volume	IfcPropertySingleValue	IfcText	風量
	connecting_method	IfcPropertySingleValue	IfcText	接続工法
	plate_thickness	IfcPropertySingleValue	IfcText	板厚
Pset_BE-Bridge_RectangularDuctElbow 角ダクトーエルボ	wa	IfcPropertySingleValue	IfcText	ダクト接続面Aの幅
	wb	IfcPropertySingleValue	IfcText	ダクト接続面Bの幅
	ha	IfcPropertySingleValue	IfcText	ダクト接続面Aの厚さ
	hb	IfcPropertySingleValue	IfcText	ダクト接続面Bの厚さ
	la	IfcPropertySingleValue	IfcText	接続点Aから中心点までの平面的な距離
	lb	IfcPropertySingleValue	IfcText	接続点Bから中心点までの平面的な距離
	na	IfcPropertySingleValue	IfcText	直管部分(首部分)Aの長さ
	nb	IfcPropertySingleValue	IfcText	直管部分(首部分)Bの長さ
	tw	IfcPropertySingleValue	IfcText	内貼り厚さW
	th	IfcPropertySingleValue	IfcText	内貼り厚さH
	ra	IfcPropertySingleValue	IfcText	R付き部材の角度
	ri	IfcPropertySingleValue	IfcText	R付き部材の内側半径
	ro	IfcPropertySingleValue	IfcText	R付き部材の外側半径

4.2　BIM ライブラリーコンソーシアムへの展開

公共・民間すべての建築で、BIM に用いる3次元モデルを、誰もが容易に利用できる「BIM ライブラリー」構築に向けて、産学官の団体や企業、個人等が集まり BIM ライブラリーコンソーシアム（略称 BLC）が設立された。代表となる（一財）建築保全センターは、C-CADEC 運営団体（一財）建設業振興基金から Stem ライブラリー仕様、BE-Bridge 仕様の継承と、維持管理を引き継ぎ、今後は、BIM ライブラリーコンソーシアムに参画する企業・団体とともに、Stem 仕様を海外仕様に準拠した内容に展開し、建築仕様も加えた建築全般で使える BIM ライブラリーサイト構築・展開が予定されている。

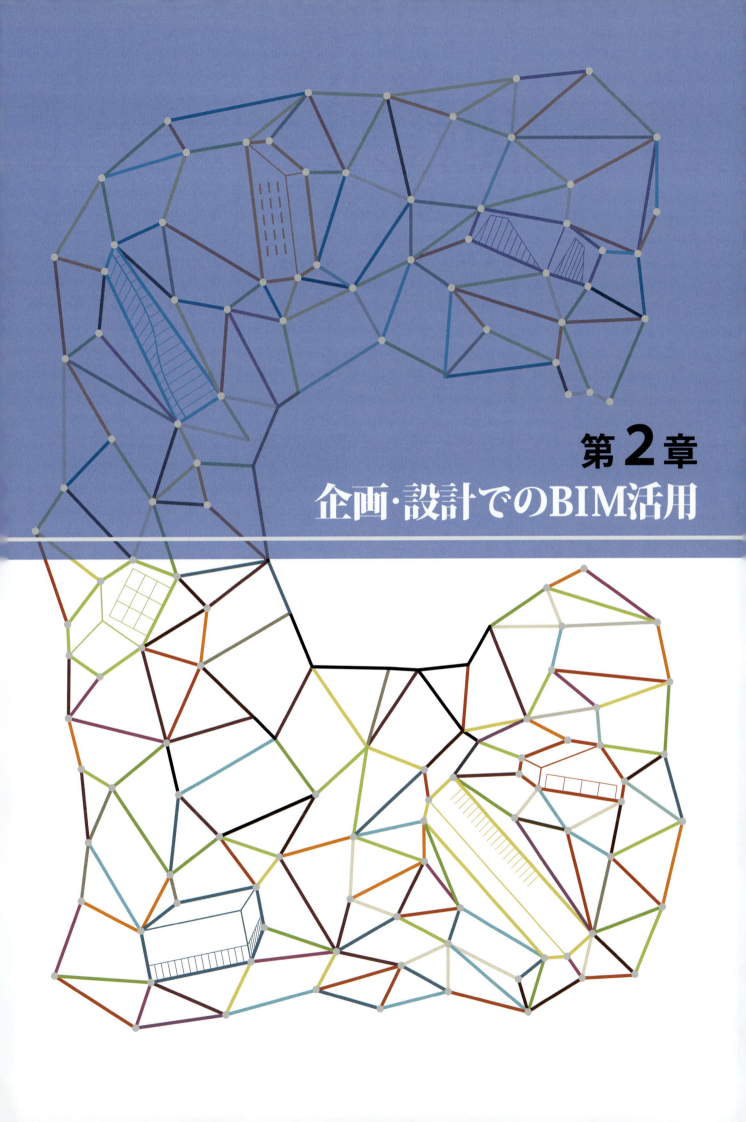

第2章
企画・設計でのBIM活用

第1節 BIMに関する各社事例報告のマッピング

各社のトピックに関する考察

東京工業大学安田幸一研究室
(教授) 安田 幸一 ／ (元安田研究室) 平野 陽

　この章は、実務にBIMを採用している日本の大手設計事務所や大手ゼネコン、ベンダー、海外の設計事務所、積算、PM・CMコンサルタントの方々にBIMの最先端技術や使用状況を紹介してもらう目的で依頼したものである。記載する内容については、事務局からの指示はしておらず、各社がトピックを自由に執筆している。このことは、各社のトピックを見ることによって、BIM使用を推進する際に各社がBIMのどのような利点や弱点に着目しているか、また、表において、「言及のある項目」である○印と「とりわけ言及のある項目」である◎印がついた項目に着目すると、各社がBIMへ注力している利点を窺い知ることができる。

1 維持管理段階での活用重視

　まず、設計フェーズに着目すると、組織設計事務所、大手ゼネコンにおいては、設計フェーズを一気通貫して設計段階から施工段階まで、データを継続使用できるメリットをまず説明し、特に設計事務所は維持管理段階でのBIMの効用に関して力を入れて書いている会社が数社見られた。ゼネコンについては、設計施工プロジェクトを主眼として書かれている。

2 プロジェクトにおける重要な積算の地位

　次に、プロジェクトにおける検討事項においては、積算事務所は当然ながら、PM・CMコンサルタント、設計事務所の多くも積算の検討段階でBIMの効用に期待していることが明らかになった。建築に関わるコストは、いつの時代においても最重要課題と認識している。ビジュアライゼーションによる建築主との容易なコミュニケーションが、施工段階での手戻りを防ぐことはコストを抑えるのに有効である。また干渉チェック機能もBIMでの利点の中でも特に注視されていることが分かる。

3 データを設計チーム・建築主で共有できるBIM

　設計関係者間でのデータ管理、特に意匠・構造・設備の担当者間でのスムーズなデータのやり取りや、建築主側BIMマネージャーや建築主側設計チームとのデータの相互利用に有効であると各社は見ている。特に海外の著名建築家事務所でも関係者間でのデータ管理に有利と見ていることが窺えるが、これは海外でプロジェクトを遂行する上で日本より数多くのコンサルタントを雇用する実情であるためであり、日本の組織設計事務所など社内に様々なエンジニアを抱えている状況と海外での状況は大きく異なっている社会的な背景が透けて見えてくる。

4 注目されないLODとオブジェクト・ライブラリー

　プロジェクトの進捗度を共有化する指標となるべきLODについての言及が少ない。海外の設計事務所やPM・CM、ベンダーは言及しているが、他の組織設計事務所は1社のみが、ゼネコンは2社に留まっている。オブジェクト・ライブラリーについても1社のみの言及である。日本におけるBIMに関する認識が、海外の仕事の進め方と大きく異なることがここでも明らかになっている。

第1節 BIMに関する各社事例報告のマッピング

業態		組織設計事務所					ベンダー	ゼネコン					海外の設計事務所		積算	PM・CM
事例番号		1	2	3	4	5	6	7	8	9	10	11	12	13	14	15	16
企業名		佐藤総合計画	安井建築設計事務所	日本設計	NTTファシリティーズ	山下設計	梓設計	建築ピボット	大成建設	竹中工務店	清水建設	大林組	鹿島建設	フォスター+パートナーズ	ホプキンス・アーキテクツ	日積サーベイ	サトウファシリティーズコンサルタンツ
プロジェクト	実際のプロジェクトの紹介	○	○		○		○							○			
	プロジェクト名	・須賀川市新庁舎	・物流施設・コンビニエンスストア		・NTTファシリティーズ新大橋ビル		・新宿労働総合庁舎							・ハラメイン高速鉄道・トクメ空港ターミナル			
フェーズ（設計〜施工〜維持管理）	企画設計	○	○	○				○		○	○			○			
	基本設計	○	○	○	○			○		○	○	○		○			
	実施設計	○	○	○	○					○	○	○	○	○			
	施工	○	○		○												
	維持管理		◎	○	◎			○									
プロジェクトにおける検討事項	設計検討（ボリューム・内外観の検討）	○	○	○	○									○			
	ビジュアライゼーション（パース・ムービーの作成）	◎	○	○	○									○			
	図面作成	○	○	○	○									○			
	シミュレーション	○	○	○				○		○				○			
	積算		◎	○		◎						○		○		◎	◎
	干渉チェック	○		○	○			○		○				○			
分野	意匠	◎	○	○	○		○	○						○			
	構造	○	○	○	○			○						○			
	設備	○	◎	◎	○		○	○						○			
チーム内でのデータ共有・連携	ワークフロー		○	◎						○	○	○		○	○		
	フロントローディング							○		○		○					
	データの連携			○			○	◎			○	◎	○			○	
	関係者間の連携	○	○	○	○					◎	○	○	○	○	◎		
	社内のチーム体制						○			◎				◎	○		
ソフトウェア	ソフトウェアの紹介		◎	○	○	○	○	○			○				○	○	
	ソフトウェアの開発		◎					◎									
基準	LOD		○					○	○					○	○		○
	ガイドライン						○										
	オブジェクトライブラリー													○			
その他	属性情報			○	○			○			○	◎	○				
	BIMの教育		○				○							○	○		
	海外のBIM活用状況														◎		◎

凡例 ○言及のある項目 ◎とりわけ言及のある項目

図2.1.1 BIM活用事例マッピング

第2節 企業別、発注方式別のBIM活用事例

事例01〔設計事務所事例〕
佐藤総合計画におけるBIM活用

㈱佐藤総合計画
漆迫 善治

図2.2.1.1 須賀川市庁舎外観

1 復興のシンボルとしての庁舎をBIMで実現

　須賀川市は福島県の中央部に位置する人口約7万7,000人の都市である。県内唯一の空港を擁し、東北自動車道、東北新幹線が通るなど交通の要所として発展を続けている。しかし、2011年3月11日の東日本大震災により、震度6強に及ぶ大地震に見舞われ、市内の藤沼ダムの決壊や、多くの家屋が全半壊するという大被害を被った。その際に須賀川市庁舎も柱等の主要構造部が大きな被害を受け、全壊判定となり使用不能となった。このような状況を受け、行政機能の再構築、防災拠点の整備とともに市の復興のシンボルとしての庁舎の再建が求められ、公募型プロポーザルによる設計者選定が実施され弊社の提案が採用となった。

　提案のポイントの一つとして、より質が高く、市民の声を具現化していくためのコミュニケーションツールとしてのBIMの活用の提案を行った。市としても庁舎建築の先進的な事例としてBIMを活用し、整合性の取れた精度の高い建築としていくことを目指していた。また、市民も含め広く情報共有を進め、市民の声を可能な限り設計に盛り込んでいくといったコミュニケーションツールとしてのBIMの活用にも期待が寄せられた。さらに、今後のBIMの利用に関しては、設計段階だけに留まるのではなく施工段階での更なる検討、また竣工後のFM（Facility Management）への展開も視野に入れてその活用の幅に一層の広がりが求められている。

2　各種シミュレーションツールでの活用

具体的なBIMの活用においては、まず景観や空間イメージの共有化を図るための形態シミュレーション、風や温熱環境の性状を理解するための環境解析シミュレーションが挙げられる。シミュレーションにおいては、インテリア空間の納まりの検討や、外観ではプロポーション、塔やルーバーの形状検討等をBIMモデルを用いて実施するとともに、周辺環境の気流解析や、建物内の排熱効果の検討等も実施している。それらの検討を経たモデルから、意匠図の一般図である、平・立・断面図を始め、建具表、仕上げ表、展開図等の図面を作成した。さらに現場においては、PCルーバーのディテール検討や、詳細な配管、設備機器の設備モデル化を実施している。また、免震部分の変形状態をアニメーション化し、躯体と配管の干渉チェック等にも活用している。

3　多様な視点からの景観・形態検討での活用

プロポーザル時の提案では復興のシンボルとしての市庁舎『みんなの家』という設計コンセプトで、庁舎全体がすべての市民を受け入れる広がりと奥行きのある一つの大きな家をイメージした計画であった。具体的な設計に入った段階で市より復興のシンボル性を高めた表情がほしいとの要望を受け、町のどこから見てもその存在が認識できるよう塔の配置を試みた。その検討段階で塔の高さやプロポーション、屋根形状、色彩等に関しBIMモデルを複数案作成し様々なスタディを行った。

最終的にはシンプルな直方体のデザインに収斂したが、検討途中では四角錐の三角屋根のデザインを始め、高さ、色彩の異なる塔を複数案作成し、多様なアングルからそのプロポーションや見え方の検証を行った。BIMを活かしたリアルなビジュアライゼーションにより、多くのデザイン案をタイムリーに精査していくことができた。

図2.2.1.2　平面図

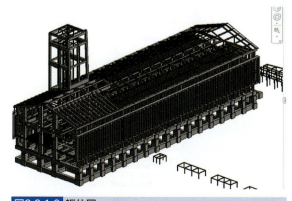

図2.2.1.3　躯体図

図2.2.1.4　塔がなかったプロポーザル時の提案

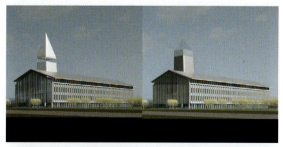

図2.2.1.5　塔のバリエーション

4 色彩、素材感、納まり等の検討での活用

内部空間においても、市民ロビーに浮かぶ議場の底面部や天井の仕上げの素材感や構成、色彩の具合等のスタディを様々な検討フェーズで行った。議場においても、ライティング等のシミュレーションを繰り返し、よりリアルなイメージの共有化が可能となった。模型等では確認しづらいリアルな空間イメージを、BIMを活用して共有化するプロセスにより、スピーディかつ意識にずれのない質の高い設計内容を実現することができた。

図2.2.1.6 市庁舎内観

さらに「納まり検討」のチェックにもBIMモデルが度々活用された。例えば屋根の取り合い部分や梁のレベル、トップライトの取り合い等々、様々な要因で詰め切れていなかった箇所を3Dでビジュアルに確認検証が可能となった。

5 環境シミュレーションでの活用

計画地周辺は住宅に取り囲まれており、庁舎建設後の周辺環境に対する風の影響が懸念された。そのため、建設前後の気流の検証にもBIMを活用し、周辺への影響を最小限とする建物配置や高さのシミュレーションを繰り返し行い決定していった。

また、建物自体の環境性能を最大限に高めるために、復興のシンボルとなる塔も含めた換気性能シミュレーションも行った。具体的には、塔の排気性能の検証と室内温度分布の確認、給気口となる低層部の窓や開口部及び塔上部に設ける排気口の大きさや位置の検討等である。

図2.2.1.7 気流のシミュレーション

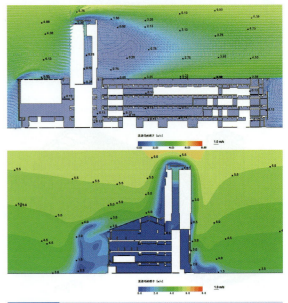

図2.2.1.8 換気性能シミュレーション

6 市民広報での活用

須賀川市では、基本設計段階での提案書や成果品、ビジュアライゼーションを様々な形に加工して市民への告知を始めとする多種多様な広報活動に幅広く活用している。例えば基本設計の段階で弊社が提出した提案書は市のホームページで公開され、これを基に市民からのパブリックコメントが募集された。また、プレゼンテーション用に作成したCGムービーに須賀川市側でナレーションを加えたものも同様にホームページで公開された。図面だけでは分かりづらい空間のつながり、構成の理解等に有効に活用されている。市の市民向け広報誌においても、外観パースや平面図、立面図等のビジュアライゼーションを活用して様々な広報記事が作成され、外観や完成イメージのみならず、市庁舎の平面構成や諸室の内容、イメージ等も分かりやすく市民に広報していった。BIMを基にしたビジュアライゼーションにより、市民に新庁舎の設計意図が正確に伝わり、市庁舎への期待感を醸成することが可能となった。

図2.2.1.9 須賀川市ホームページ

図2.2.1.10 須賀川市広報誌

7 施工現場での活用

さらに現場では弊社の常駐設計者がBIMモデルを活用して外装のPCの割り付け、見附け寸法、色彩等の詳細な意匠検討を行っている。また施工者の安藤・間・笠原工業特定JVの方でも、設計段階の意匠、構造モデルに、設備モデルを挿入し干渉チェック等を行い、施工図の検討に活用している。

図2.2.1.11 BIMモデルを活用した意匠検討

図2.2.1.12 設備モデル図(安藤・間・笠原工業特定JV提供)

8 今後のBIM活用に向けて

今後、竣工後の維持管理段階でのBIMデータの活用に向けて、機器の台帳管理やメンテナンス記録等とBIMデータの連動のシステムや長期保全システムを構築していく予定である。BIMのモデル、属性情報を活用することでより効率的で効果的な維持管理保全が期待される。

事例02〔設計事務所事例〕

安井建築設計事務所のBIM活用

㈱安井建築設計事務所
繁戸 和幸

　安井建築設計事務所では、2007年頃から主に公共建築プロジェクトを中心として本格的なBIMによる設計を開始した。そして、これまで一貫して実プロジェクトの中で実践し、積極的にBIMプロセスの構築と改善、確立を図ってきた。

　こうして得た知識や経験を基に、クライアント・ニーズを満足するBIMを推進するため、従来のBIMによる設計プロセスを建築のライフサイクル全体に広げ、現在、次の1～4の各分野において積極的な取組みを行っている。

1 BIM-Design（デザイン）

　図2.2.2.1は弊社の標準的なBIM設計プロセスを示しているが、プロジェクトのスタート時には、活用方針と実施手法、成果物の三つをセットにしたBIM実施計画の作成を行う。そして、設計だけでなく維持管理、場合によっては施工者へのBIM活用の助言なども含めた、建築生産プロセスの各フェーズにおいて「作成・入力すべき情報」＝「決定すべき項目」に対応した安井建築設計事務所独自のLODを適用し、景観・環境・コストシミュレーションや干渉チェック、各種計画図や設計図書などの作成を同時並行で行い、意匠・構造・設備・コストの各分野が相互に連携する統合設計プロセス「フルBIM」を実践している。

　しかしながら、BIM関連ソフトウェアやそれらのデータ連携はまだ発展途上であるため、テンプレート、ライブラリーなどの整備を進めるとともに、自社でプログラム開発を行い、作図の自動化やデータ連携による設計効率の向上を図っている。

　意匠設計においては、社内ファイルサーバで公開している各種ライブラリーにRevitから簡単にアクセスできるアドインツールや建具ファミリーから派生タイプを視覚的かつ容易に作成できるツール、国土地理院の基盤地図情報から地形を自動作成するツールなどを開発している。

　構造設計では、Revit用構造ファミリー、テンプレートの整備を行い社内公開するとともに、S造のBIMモデルから柱、梁断面リストを自動的に生成するツール（図2.2.2.2）や設計中の建物の躯体総量をリアルタイムに表示するツールの開

図2.2.2.1 標準的なBIM設計プロセス

発、Tekla Structures用にはトリンブル・ソリューションズ社と共同で座屈拘束ブレースや梁貫通補強材などの各種コンポーネントや構造図面作成機能の開発（図2.2.2.3）などを行っている。

図2.2.2.2 S造断面リスト作成ツール

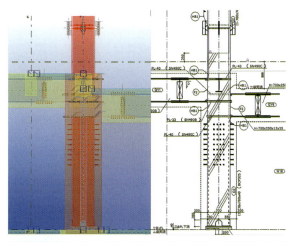

図2.2.2.3 鉄骨詳細図作成機能

また、最近では、コンピューテーショナルデザインに環境シミュレーションや構造解析結果などを統合し、性能やコスト面で根拠のあるファサードデザインや構造フレームなどをつくり出し、その結果を3Dプリンタやレーザーカッターで出力して、形状の検討や確認を行うことができるように

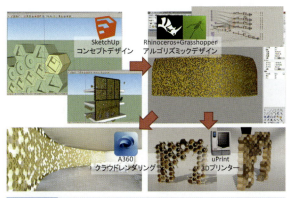

図2.2.2.4 コンピューテーショナルデザイン

なってきている（図2.2.2.4）。そして、このようなコンピュータ・アルゴリズムによって形を生み出す手法を基に、自動設計などへの応用の検討も進めている。

2 BIM-Business（事業計画）

事業計画の初期段階において、高い精度でコストと品質を把握し、意思決定をスピーディに行うことは極めて重要である。そのため、これまで実プロジェクトで培ってきたBIMのノウハウと組織設計事務所としての経験や技術力を基に、発注者向けにBIM導入支援やBIMを活用した建築設計生産プロセス構築サービスなどを行っている。

社内に設計組織を持つ大手物流施設開発企業に対しては、BIMによるボリュームスタディや企画図面の作成、概算に必要な数量算出を同時に行い、事業計画の意思決定をスピーディに行うためのBIMシステム構築支援を行っている（図2.2.2.5）。

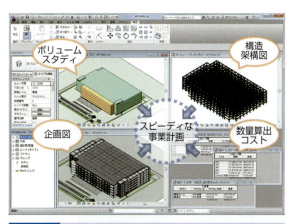

図2.2.2.5 物流施設BIM導入事例

企画図面の作成と同時に工事見積用の図面作成を行うことができ、施工者から提出された見積数量のチェックや工法などの妥当性検証、コスト情報の蓄積による概算精度の向上など、物流施設の事業展開のスピード化に貢献している。

大手コンビニエンスストアの新規出店とその店舗設計では、㈱JMと提携し、設計品質の確保と設計時間の短縮、建設資材の一括発注と現場支給による建設コスト削減や工期短縮を目的としたBIMシステムの構築を行っている（図2.2.2.6）。

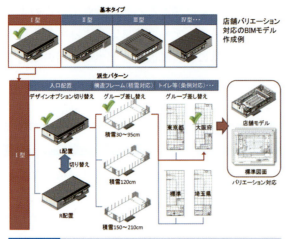

図2.2.2.6 コンビニエンスストアBIM導入事例

このシステムでは、設計条件に応じてあらかじめ用意されたBIMパーツを選択、組み替えることで、様々なバリエーションの図面をオンデマンドですばやく作成することができ、新規出店のスピード化とコスト削減が可能となっている。

また、都市開発分野では、地盤や周辺建物、道路や鉄道などの土木情報とRevitの計画建物モデルをInfraWorks 360上で統合し、建築計画と街区や道路計画、土地造成などを一体的かつ同時に検討できるBIM-CIM連携による事業提案などを行っている（図2.2.2.7）。

図2.2.2.7 BIM-CIM連携による都市開発

3　BIM-Cost（コスト）

BIMの持つ数量算出、集計機能を活用し、建築設計の様々なフェーズにおいてスピーディで精度の高いコストシミュレーションを行うため、Revitと連携可能な数量積算ソフトウェアの導入や、BIMモデルから概算に必要な数量を算出し、設定した項目ごとに集計し、内訳明細書としてExcelシートに出力することができる「数量集計支援ツール」を開発し、現在、実プロジェクトにおいて検証利用を行っている（図2.2.2.8）。

図2.2.2.8 数量集計支援ツール

特に基本設計段階での概算は、建物の性能や仕様に大きく影響を及ぼし、実施設計へと移行するための重要な意思決定要因となる。そのため、「数量集計支援ツール」では、基本設計の初期・中期・後期に対応するメニューを設定し、それぞれの段階でのLODと決定すべき建物仕様、性能に対応した概算をスピーディかつ効率的にスタディできるようにすることを目指している。

4　BIM-FM（維持管理）

BIMの持つデータベースとしての特性は、竣工後のファシリティマネジメントやLCC／$LCCO_2$削減にも有用である。しかし、建物の運用・維持管理には、建物利用者も含め多くの人が関わり、建物の用途や規模、運営方法などによってその管理方法も様々である。そのため、建物のライフサイクルのフェーズに応じてBIMに入力すべき情報を分類・整理し、ファシリティマネジメントに必要な情報が確実に入力される仕組みや、建物の運用・維持管理の目的や利用勝手に応じた次の3種類のFMシステムを提案し、一部は本格的なサービスとして提供している。

4.1 PIM（パノラマ-FM）（図2.2.2.9）

パノラマ写真を活用し、建物の内外をウォークスルーしながら写真上のタグをクリックするだけの直感的な操作によって、設備機器情報などを確認ができるシステムで、建築の知識が少ない総務担当者や点検担当者などの利用を想定している。

図2.2.2.9 PIM（パノラマ-FM）

4.2 SIMS（BIM-FM）（図2.2.2.10）

営繕担当者など建築技術者の利用を想定したシステムで、市販のBIMビューアにExcelとの連携機能を付加し、BIMモデルの持つ3D形状を含むすべての情報にアクセスした高度な施設管理を行うことができる。また、Excelシートとの連携により、後から容易に維持管理項目や点検修繕情報などを追加できるので、柔軟な運用・維持管理が可能なシステムとなっている。

図2.2.2.10 SIMS（BIM-FM）

4.3 BIMS（BIM-FM）（図2.2.2.11）

熊本大学・大西研究室が開発した「建築情報マネジメントシステム」をベースに共同開発を行ったシステムで、BIMモデルをFMデータベースとして活用することで、スピーディかつ低コストでの構築が可能である。Webブラウザ上に建物や設備機器などの3D表示とそれに対応する維持管理情報を一元的に表示し、一般のユーザでも容易に運用・維持管理を行えるようにしており、遠隔地からの複数施設の管理にも対応する。

このシステムは、加賀電子㈱本社ビルの管理業務においてビル管理会社による2年間の試行運用を行い、そのフィードバックを基にタブレットによる点検結果の入力機能や点検報告書作成機能、環境・構造センサー情報の表示、分析機能（図2.2.2.12）などを追加して、本格的なBIM-FMサービスとして提供を開始している。

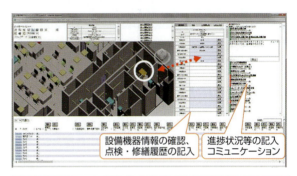

図2.2.2.11 BIMS（BIM-FM）（熊本大学大西研究室提供）

クライアント・ニーズを満足するためには、上記のようなBIM-Design、BIM-Business、BIM-Cost、BIM-FMを組み合わせ、それらが密接に連動する必要がある。我々は、事業全体を通して建物のライフサイクルの様々なフェーズで活用でき、クライアント・メリットを最大化することのできるBIMの姿を常に考え続けている。

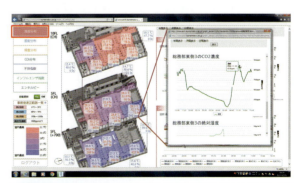

図2.2.2.12 環境センサーとの連携（熊本大学大西研究室提供）

事例03〔設計事務所事例〕
日本設計のBIMへの取組み

㈱日本設計
岩村 雅人

1　BIM推進に向けて

　日本設計では、数年前より本格的なBIM推進を始めている。2014年にAutodesk社とパートナーシップを組み、日本の設計ワークフローを踏まえた、日本の実状に合ったBIMの活用を目指している。

2　BIM推進の問題点

　業務効率化という謳い文句で紹介されたBIMであるが、なかなか日本では広まっていない[*1]。「入力操作に慣れれば効率が上がる」という話もよく聞くが、未だ「慣れる」段階には至っていない。むしろ、「設計者の負担増は避けられない」という見方さえある。BIM推進は、「慣れ」の問題ではなく、より根本的な問題から考える必要がある。

3　ワークフローの見直し

　日本設計では、BIM推進と、設計ワークフローの見直しの取組みを並行に進めることにした。あらためて設計業務を考えてみると、大きく分けて二つの側面がある。「性能」を決めることと、「形態」を決めることである。例えば、法的に適合する建物ボリュームを決定し、イメージコンセプトに合わせてサッシュ・外壁の構成を決めることは「形態」の決定にあたるが、対して、耐風性能、水密性能、断熱性能などを定めるのは「性能」の決定になる。インテリアの色、材質感を定めるのは「形態」決定だが、諸室の設定温度、設定湿度を定め、空調機器のスペックを定めることは「性能」の決定となる。建物を使う側からすれば、建物「性能」は、「形態」と同等、もしくは「形態」以上に重要となることはいうまでもない。

　この二つの側面を設計フローに則して捉えると、「形態」決定フローは、設計が進むに連れて深化していくフローだといえる。基本設計で大きな形態を決定し、実施設計ではその詳細を決定する。さらには、施工段階で採用メーカーを定めた後、納まりを調整し、最終的な形態を決定する。

　一方、「性能」の決定は、設計のかなり前段階で行われる。基本設計前半で建築主の要望を整理し、比較検討の上、基本設計完了時には「性能」決定されている。実施設計では「性能」を満足する仕様を選定し、施工段階では「性能」を満足する採用材料や機器を選定する。実施設計・施工段階で行っているのは「深化・決定」ではなく「選定」であることが着目点である。「性能」のフローからいえば、建物の維持管理段階を「設計で定めた性能を維持するフェーズ」と捉えると分かりやすい。

4　BIMの二側面とワークフローの関係

　BIMにも、「3D」と「情報＝Information」の二つの側面がある。上記フローに当て嵌めていえば、「形状」のフローに関わるのは主にBIMの「3D」の側面であり、「性能」のフローに関わるのは主に「Information」の側面である。

　細部を省略していえば、「形態」については、設計から施工への流れ作業の中で決定されるものであるが、「性能」については、すべて設計段階で決定されている。つまり、BIMの「3D」に関わる部分においては、設計者が前半、施工者が後半を担うが、「Information」に関わる部分においては、設計者によるところが極めて大きいといえる。

---

*1 2015年段階

5　BIMの「3D」

日本ではBIMの「3D」の側面が主である。BIMの「Information」の側面について言及されたとしても、主に形態の寸法や仕上情報に留まっている。日本設計においても、クラウドレンダリングを活用した短時間での大量のイメージパース作成や、BIMモデルを利用した動画を作成など、「3D」の利用は進んでいる。パラメトリック設計を活用した設計の最適化なども普通に使われ始めている。

ただし、設計者が行うBIM「3D」フローの前半に限っていえば、必ずしもBIMソフトを使う必要はない。今後のBIMソフトの改善は期待されるものの、現段階では形態モデリングに特化した3Dソフトの方が、設計者は扱いやすいからである。

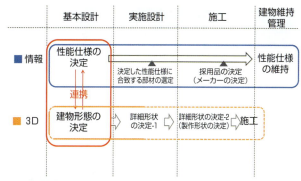

図2.2.3.1　ワークフローの見直し

図2.2.3.2　高速クラウドレンダリングを利用したBIM 3D活用

6　BIMの「Information」

日本設計では、設計フロー見直しを踏まえ、設計者にとってのより大きなBIM活用のメリットは、設計前半の「性能」を決定する段階にあると考えている。そして、建物「性能」については、設備設計に関わる項目が非常に多い。「性能」の早期決定・最適化には、設計早期の段階で建築と設備がスムーズに協働することが必須である。例えば、外装性能を建築で決定し、それを受けて設備機器性能を検討し、問題があれば設備から建築にフィードバックするフローを、外装性能と設備性能を同時かつ迅速に比較検討を行うフローに置き換えれば、より最適解を得ることにつながる。日本設計では、建築、構造、設備とも、Autodesk社のRevitを基幹BIMソフトとして用いることで、セクション間のデータ変換を不要にし、「情報」をロスなく連携することで、スムーズな協働を図り、新たなワークフロー構築を開始している。

BIMらしい建築アウトプットの工夫も試みているが、必要最小限の建築モデルを迅速に立ち上げ、より早期の段階から協働するための工夫でもある。

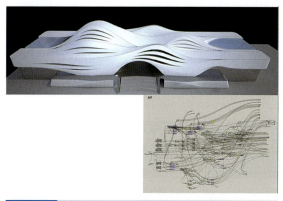

図2.2.3.3　パラメトリック設計を活用した最適化

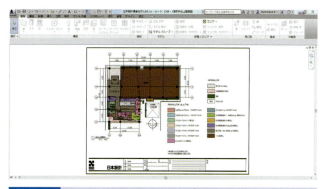

図2.2.3.4　BIMらしい実践的なアウトプット

7 BIMの「情報」を設備設計に活かす

次に、日本設計BIMの特徴である設備BIMの取組みを紹介する。日本の設備BIMは、これまで納まり検討や干渉チェックなどでの利用に偏り、建築計画が固まった後の実施設計後半や施工段階でしか活用がされていないのが現状である。

日本設計では、BIMの「Information」に着目し、設備の「性能」決定に利用することで、設計の初期段階からのBIM導入を図っている。設備設計では、室諸元情報や機器情報、部材情報など様々な情報をBIMの「Information」に持たせて、「性能」決定に利用している。その際、モデリング（形態）を、建物の階高や天高、梁せいなどを決定するためのクリティカルな部分に留めることがポイントである。最小限のモデリングを作成した後は、Revitにおいて「スペース」と呼ばれるエリアに室諸元情報を読み込み、情報が付随した機器をプロットする。そこまで入力されたモデルがあれば、詳細モデリングを行わなくても、セクション間の調整は可能であり、設備性能を決めることができる。詳細なモデリングを待っていると、結局、今までどおり、設計初期段階での活用は難しくなる。

8 アルゴリズム設計によるルーティン自動化

ビジュアル・プログラミングでアルゴリズム設計を実現するAutodesk社のDynamoを活用した、設備設計の自動化にも取り組んでいる。例えば、スペース情報を集計し、機器の合計容量を自動的に計算して結果を戻すという一連の作業や、機器プロットまでモデル化した後は、「情報」活用により、負荷計算結果の数値を基に、機器を自動選定したり大きさを変えるといった自動化を可能にしている。今まで、時間と労力を費やしていたルーティンワークの自動化により、さらに深度化した検討が可能になる。

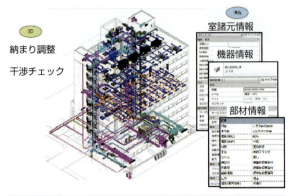

図2.2.3.5 BIMの「Information」

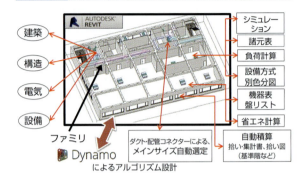

図2.2.3.6 設備設計でのBIM活用方法

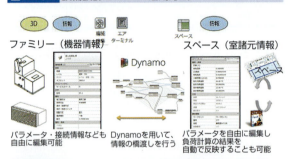

図2.2.3.7 アルゴリズム設計による自動化

図2.2.3.8 アルゴリズムを利用した設備設計の自動化

9 スペースと部材情報を活用した設備の自動積算

BIMモデルから、デフォルトの数量算出は可能であるが、そのまま積算に活用できるわけではない。そこで、積算基準に合致した長さ計上に則

り算出できるよう BIM ソフトの集計方法をカスタマイズしており、自動的に拾い書・集計書、さらには拾い図を作成することが可能になっている。ここでも、積算を行う上で、可能な限りモデリング作業を最省力化することが実践的に重要であり、モデル上の部材やスペースへの「Information」の持たせ方には様々な工夫を凝らしている。

10 設備設計での BIM ワークフロー

BIM を設計フローに取り入れる際に重要なことは、BIM 作業を追加業務にするのではなく、今までの業務を、BIM で置き換えていくことだと考えている。ただし、すべてを BIM に置き換えるのではなく、汎用ソフトや Excel シート等の便利なものは残しつつ、それらを BIM と情報連携させ、BIM を情報の中心に据えることが最も有効である。

日本設計では、各セクションの情報をロスなく共有できる Revit を中心に据えて情報の体系化を行い、すべての情報を Revit につなげることで、今までバラバラだった情報を一元的に管理可能にしている。これにより、設計の過程でしか利用されていなかった貴重な情報を、「3D」利用に限られていた施工段階や、さらには運用段階へ引き継ぐことを見据えている。なお、Revit（MEP）は設備の「性能」を決定する段階で活用し、最終的なアウトプット（実施設計図）は AutoCAD や、Revit とのダイレクト連携を開発した NYK システムズ社の Rebro を併用している。建築同様、アウトプットの実践的工夫により、実用化を図っている。

11 日本設計の目指す「Integrated BIM」

設計で決定する「性能」（仕様）という貴重な「Information」を、施工を経由し維持管理までつなぐことによって、建物ライフサイクル全般で有効活用することを考えている。それは、より建築主本位、そして環境、社会への貢献につながる。

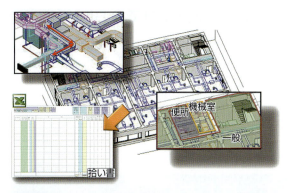
図2.2.3.9 スペースと部材情報を活用した設備の自動精算

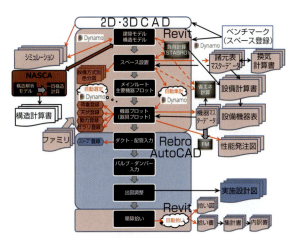
図2.2.3.10 3D と情報を統合した新しいワークフロー

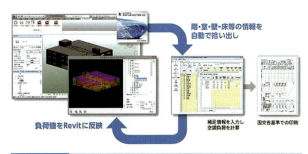
図2.2.3.11 BIM と負荷計算の双方向連携

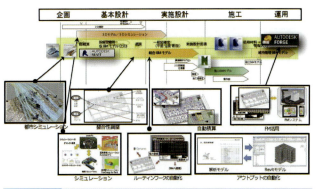
図2.2.3.12 設計から維持管理まで「情報」連携

事例04〔企画・設計でのBIM活用事例〕
NTTファシリティーズ新大橋ビルの事例

㈱NTTファシリティーズ
松岡 辰郎

1 はじめに

建物ライフサイクルにおいてBIMを導入し活用するためには、建設工程とFM工程に必要とされる情報連携の手順・ルールを明確にする必要がある。

自社ビルである「NTTファシリティーズ新大橋ビル」建設プロジェクト（図2.2.4.1）において、設計・施工から運営・維持管理まで一貫したBIM導入の機会があり、ライフサイクルBIMの導入・運用の手順・留意点及び導入効果を検証した。

2 設計での取組み

設計情報を単一のBIMモデルに統合し、主要図面を作成した。その結果、実施設計図書の約65%をBIMモデルから作成した（図2.2.4.2）。BIMモデルから作成した各図面は、相互の整合性が確保されているため、設計変更を含め、図面チェック等の作業が大幅に効率化された。また、設備設計については、複線表現で空調ダクト図を作成することで、確認申請に使用した。その他、干渉チェックや自然換気計画のためのシミュレーション、パースや動画等のプレゼンテーション作成、構造計算においても、設計BIMモデルを活用した。

3 施工での取組み

施工においても「フルBIM」の特性を活かし、建築・構造・設備の整合性を短期間で確認し、空間的な矛盾の発生を抑止した。

鉄骨及び鉄筋の納まりと数量確認においては、鉄骨数量の確認、基礎・杭取り合い部の配筋納まり等の検討を実施している。建築と設備の細部調整では、2次元図面を併用した3次元総合図によるチェック・確認を行った（図2.2.4.3）。他にもVR（仮想現実）を用いたデジタルモックアップによる、仕上げや色の決定を行っている。

図2.2.4.1 プロジェクト概要

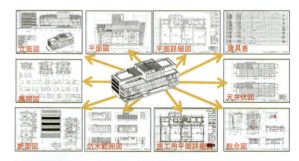

図2.2.4.2 BIMによる実施設計図作成の効率化

図2.2.4.3 3次元総合図による確認

4 運営・維持管理での取組み

本プロジェクトでは、基本検討の段階から、竣工後の運営・維持管理工程でもBIMを活用するという目標を設定した。

BIMの導入において重要な点は、起こり得る問題を従来の工程よりも前の段階で検討し、問題の修正が容易な段階で解決をしておく「フロントローディング」の実践であるといえる。本プロジェクトにおいても、従来は施工がある程度進んだ状態で開始する、運営・維持管理を含めたFMの導入計画の検討を、実施設計と並行して実施した。

着工前に施工を担当する各社と連携し、設計BIMモデルから施工BIMモデル、さらに竣工BIMモデルへとデータの引き継ぎを行い、最終的にFMデータに引き継ぐための運用体制とBIM実施計画を作成した。合わせて、プロジェクトの初期段階にBIMモデルとFMシステムのデータ連携等に関する技術検証を実施した。

FMの導入計画の検討においては、運営・維持管理を含めた業務の検討を行い、業務の効率化・高度化を図るために必要となる図面の種類や建物データの項目を確定した。これらを運営・維持管理における要件とし、建設工程でのBIMモデル作成チームと共有した。その結果、建設BIMモデル作成時に運営・維持管理で必要となるデータ項目を追加した。

5 運営・維持管理でBIMを導入する有効性

本プロジェクトでは、BIMによる運営・維持管理導入をフロントローディングすることで、以下の有効性を確認した（図2.2.4.4）。

5.1 運営計画の検証

建設工程におけるBIMの導入は、結果として実際の建物の竣工よりも前に建設BIMモデルによる仮想の竣工を実現する。仮想の建物はデータにより構成されているため、仮想竣工時の建設BIMモデルを用いることで、竣工前に運営・維持管理の計画を検証することが可能となる。早期に検証を行うことで、運営・維持管理の検証による課題を設計にフィードバックすることも可能となる。

5.2 竣工から運用までの期間短縮

従来は、建物の竣工後に竣工図書が作成され、竣工図が確定した後に運営・維持管理の対象となる部位・機器の数量と業務仕様が確定する。竣工図の確定は、竣工後数カ月の時間を要する場合もあるため、その間は仮設定された数量と仕様による運営・維持管理を行わざるを得ない。

建物運営・維持管理計画のフロントローディングにより、竣工・引き渡しの直後から正確な数量・仕様による運営・維持管理が可能となった。

5.3 運営データとしてのBIMモデル活用

運営・維持管理を始めとするFMでは、建物のデータを収集・整理・分析することで、現状把握・原因分析・課題抽出・将来予測・意思決定を行う。

これまで、データの収集と品質確認に多くのコストが必要となっていた。BIMによるデータ収集の効率化とデータ品質が保証されたため、データの評価・分析により多くのリソース（時間・コスト）を費やすことが可能となった。

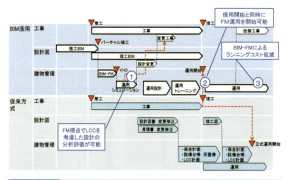

図2.2.4.4 BIMの導入効果

6 建物運営におけるBIMの活用

建設時に運営・維持管理に必要なデータを加えたBIMモデルを作成し、竣工BIMモデルとして、建物の運営・維持管理での活用を試みた。

6.1 維持管理・点検での活用

維持管理・点検業務では、点検対象となる部位・機器等をリスト化した「設備機器リスト」を作成し、これを基準として各部位・機器ごとの点検周期や点検項目に応じた点検試験を実施する。従来この設備機器リストは、竣工図から対象となる部位・機器を拾い出し、現地調査と各機器の仕様書を突き合わせることで作成されていた。竣工BIMモデルと連携することで、部位・機器の数量・設置位置・分類・諸元・性能の情報を継承することができ、設備機器一覧の構築とチェックの時間と一覧初期構築コストが削減される。

本プロジェクトでは、点検業務にAutodesk社が提供するクラウドサービス"BIM360 Field"を使用した。このサービスを用いて点検作業指示をタブレットに送信し、タブレットを用いた点検作業結果を返信・承認することで、作業報告書の効率化とペーパーレス化を図っている。点検の結果、設備機器の修繕や更新が発生する場合は、変更箇所を現況BIMモデルに反映することで、変更箇所の円滑な維持管理業務への反映が可能となる（図2.2.4.5）。

図2.2.4.5 維持管理・点検での活用

6.2 建物基本情報の運用

建物の運営・維持管理を含むFM全般では、建物の状況を表すデータを集約した「建物基本情報」が用いられる。

本プロジェクトでは竣工BIMモデルを形状と属性データが連携したインデックスとし、形状からの属性データの呼び出し（諸元の把握）や属性データからの形状の呼び出し（場所の把握）を実現した。合わせてデータ化した取扱説明書等のドキュメント情報をリンクし、BIMモデルを核とした建物基本情報データを構成した。今回は、形状と属性データやドキュメントデータ相互の検索・参照が可能となるEcoDomus社のBIM参照ツール"EcoDomus"を利用している（図2.2.4.6）。

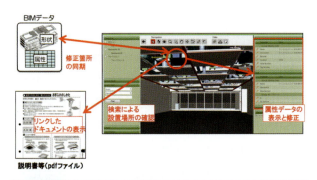

図2.2.4.6 建物基本情報の運用

6.3 系統情報の活用

ある機器の不具合が及ぼす影響の範囲やある系統に属する機器の把握等、建物の運営・維持管理において、機械設備や電気設備の系統情報は重要な情報として位置づけられる。従来、建築設備の系統情報は系統図として作成され、運営・維持管理に受け渡されてきた。しかし、一般的に系統図は記号化された図面であり、系統の状況は把握することはできても、実際の機器の設置位置等については、設備図面を参照する必要があった。また、系統情報を3次元で捉える必要がある場合は、2次元の図面からは十分な情報を得ることができない。BIMモデルに系統情報を付加することで、3次元の形状に加え、機器の接続状況や接続順を効率的に把握することが可能となる。一般

的に建設BIMモデルには系統情報は付加されないため、運営・維持管理でBIMモデルを活用する際には、系統情報の付与を検討する必要がある（図2.2.4.7）。

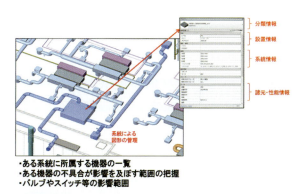

図2.2.4.7 系統情報の活用

6.4 スペース管理

建物運営において、スペースはコストと密接に関連することからも重要である。スペース面積の自動算定機能と各種の属性データを組み合わせることで、効率的な建物運用コスト算定やシミュレーションが可能となる。床仕上げとの組み合わせによる清掃費の算定と清掃仕様の検討、事業所税の算出根拠や組織ごとの専有面積に応じた固定費の配賦等にはスペース情報が活用される。

本プロジェクトでは、竣工BIMモデルのスペース情報をこれまで開発・運用してきたCAFMシステムと連携させ、スペース管理の実現を試みている。

6.5 資産管理

建物内の固定資産や備品類に関するデータは、設備機器リストと同様に一覧表として作成され、取得金額と取得時期を基に減価償却や固定資産税の算出に利用される。従来、資産管理データは図面や現地での調査に従って作成・確認されていたが、BIMモデルから継承することで、図面と整合されたデータを取得できる。

家具・什器に加え、ICT機器やサーバルーム内の各種装置について、レイアウトの検討結果を基に、スペース別や所掌組織別の資産管理リストの作成の効率化効果を検証した。BIMモデルを活用することで、従来は別の工程として実施されていた、デザインとしてのレイアウト変更と、スペース・組織ごとの資産管理の連携が可能となる。

7 建物ライフサイクルでのBIM活用

竣工後のFMフェーズでBIMを活用するためには、竣工BIMモデルを運営・維持管理を始めとするFMに引き継ぐだけでは十分とはいえない。竣工後の建物は運営とともに、更改・修繕・模様替え等が発生し、長期間のライフサイクルの中で姿を変えていく。このような運営時の工事発生の際にもBIMモデルを活用した検討を行い、変更箇所を速やかに運営・維持管理工程に反映させる情報サイクルの確立が、ライフサイクルBIMの実現にとって最も重要である。

ライフサイクルBIMを確立することで、継続的な建物の変化に対応する現況BIMモデルが建物ライフサイクルにおいて、生きた建物データとして活用可能となる。これにより、ライフサイクルコストでの全体最適を考慮した建物運営方針の意思決定や建物の最新状況の把握が実現される。

・「ライフサイクルBIM」はNTTファシリティーズの登録商標である。
・その他の製品名はそれらの開発・販売会社の登録商標である。

事例05〔設計事務所事例〕
山下設計の事例

㈱山下設計
藤沼 傑／家原 憲太郎

BIM モデルから作成した実施設計図を基に建築数量積算基準に則って手拾いした数量と、その BIM モデルのデジタルデータから算出した数量を比較検討したプロジェクトについて行った BIM 積算検証内容を紹介する。

1　BIM モデル概要

このプロジェクトでは主に次のような実践で BIM を活用した。

・図面作成：一般図、仕上表、建物求積図、平面詳細図、天井伏図、仕様範囲図、建具表、法チェック図等については Autodesk Revit（以下、「Revit」）ですべて作成。その他矩計図等の図面は相互出力しながら 2D-CAD にて作成し、その図面に合わせて BIM モデルを Revit で修正。
・概算利用：Revit の集計機能とフィルタ機能を活用
・CG、シミュレーション
・各種検証：Revit のビュー機能を使って、免震クリアランス、防水納まり、各部のデザイン等を 3D モデルを使って検証。
・改修設計：Revit のフェーズ機能（BIM モデルに時間軸の情報を入力する機能）を使い、新築（仮設利用）→改修（本設利用）の流れを BIM モデルで表現。

ここに挙げたような 3D 形状や情報を入力した BIM モデルを作成した。敢えて最終的な積算情報を意識せず、現状として作成しやすい方法でつくりあげた BIM モデルとなっている。

2　BIM 積算検証結果概要

前記のような積算を意識しないで作成した BIM モデルと㈱日積サーベイ　HEΛIOΣ（以下、「ヘリオス」）との BIM 積算連携を行った。ただし、ヘリオスへの BIM データ取り込み後の修正作業は行わずにデジタルデータの連携をメインに検証を行った。

検証結果は下表のとおりとなった。

表2.2.5.1　検証結果

項目	BIM 積算	比率
仮設	×	—
土工、地業	○	0.38〜3.79
鉄筋コンクリート	○	0.94〜1.04
型枠	○	1.37〜2.46
鉄骨	●	1.04
外部仕上	●	概算のみ
内部仕上	○	0〜5.97
建具	○	0〜1.5
ユニット、その他	×	—
外構、植栽	×	—

〈凡例〉
　○：ヘリオスを利用した数量算定
　●：Revit の集計機能での数量算定
　×：BIM 積算を行っていない
　比率＝（BIM 積算数量）／（手拾いによる数量）

数量比較の比率を見ると各項目により大きく異なる結果となった。鉄筋コンクリートや鉄骨は±5％前後で納まっているが、その他は最大約 6 倍の項目もあった。

3　検証で明確になったこと

今回の BIM 積算検証の目的の一つに、積算のための作業を極力行わない BIM モデルが積算にどのように利用できるかを確認することであったため、検証結果の比率のバラツキに大きく影響を与えた要因を探りながら検証した。その要因を整理すると、

① フェーズ設定
② BIM モデル各部材の情報入力方法と入力場所

以上の 2 点に集約された。

4　フェーズ設定によるずれ

今回のプロジェクトは、新築設計段階からその数年後の改修設計を同時に行うプロジェクトであったため、BIM モデルにフェーズを使って、新築時の状態と改修時の状態が一つのデータに入力されている。そのため壁、建具、仕上、部屋情報などが新築時と改修時の両方ともが入力されている。ヘリオスではフェーズを自動的に認識する機能はなかったので、改修時の情報も新築時の情報として数量を算定してしまい、実際の数量よりも多く計上してしまっている。

メインフレーム関係の鉄筋コンクリートや鉄骨はフェーズによる違いがなく、余分な計上がされなかった。

5　BIM モデルの情報によるずれ

図面表現のための情報と、積算のための情報が入力方法及び入力場所が違うことにより Revit とヘリオスの認識にずれが生じた。

具体的な例を挙げると、建具の数量算定について AW-a-1 と AW-1 は Revit では別の建具として表現しているものが、ヘリオスではどちらも AW-1 として認識してしまった。その他の項目のずれも同じような原因であった。

鉄筋コンクリートや鉄骨は、Revit のシステムファミリでの入力がメインであるために情報の入力内容が一般的であることや、Revit の集計機能での直接的な算定をしたので情報の認識にずれが出なかったので、比率も大きなずれが出なかった。

6　ずれを防ぐ方法

Revit とヘリオスのどちらでも共通認識できる情報を BIM モデルに入れることでこれらのフェーズや情報によるずれは解消される。これは BIM モデルの作り方はある程度自由にでき、情報のまとめ方で対応できることを示している。

7　まとめ

今回の検証で BIM 積算を行うに当たり、3D 形状の正確な入力以上に BIM モデルの情報がどのように積算数量として利用されているのかを把握し、コントロールすることが重要であることを実感することができた。

そのコントロールをするためには BIM モデルの作成のルールが必要であるが、それが設計の足かせとなるものにはしたくない。ヘリオスで BIM モデルの 3D 形状と情報とをうまく利用すれば設計の自由度を最大限に保ちながら積算との BIM 積算連携が可能である。しかし、すべてを自動化するよりも、設計と積算とで微調整することを前提としたルールが望ましい。

事例06〔設計事務所事例〕
梓設計のBIMへの取組み

㈱梓設計
安野 芳彦

1　梓設計のBIM史

　梓設計は2009年から本格的にBIMに取り組んでいる。いわゆるBIM元年といわれた年である。
　実質的にBIMという言葉が定着する以前にも取り組もうとした時代があったが、残念ながらソフトや周辺環境が整備されておらず時期尚早という判断をした。
　当時中心となるソフトは二つありどちらを選択すべきかというのが課題であった。会社の基本ソフトの選択であり、重大な決断のように思えた。しかしながら、調査しても決定的理由は見つからず、しばらくは所員各自に任せる時期が続いた。
　その後、プロポーザルで特定された新宿労働総合庁舎に取り組むことになるのが本格的なBIM1号案件である。
　ほとんど耳学問だった我々は、BIMに詳しい協力事務所と協働で取り組むこととした。このプロジェクトでソフトを比較検証することも目論んだ我々は、同じモデルを二つのソフトで作成し、何ができて何が弱点なのかも検証を行った。その結果、両者の差はほとんど感じられなかったが、ソフト間の互換性が進化してほしいと思った。
　そしてその後社内の声は、設計者にとって使いやすいということに比重が置かれるようになっていった。
　BIMは設計者が使ってこそ効果が出る。基本構想や基本設計まで、面積を絶えず把握しながら計画を立案する、日影のチェックもボリューム検討も、断面検討も、日照も特定の場所からの見え方も、すべて同一モデルで可能であり、同時並行でできる。設計者の頭の中にモヤモヤしている建築の姿を、明確に構築することが簡単にできる。しかも模型だったらたくさんつくるのに手間と時間がかかるがデジタルデータはコピーをつくりバリエーション豊富な別案を検討できる。
　ここまで挙げただけでも設計者が使うメリットとしては十分である。そこで我々は、設計者が扱いやすいのはどちらかという視点を一番重視した。
　ただし設計者は、自由に使わせるとほとんどが３Ｄモデラーとしての使用だけで、本来のBIMのメリットを十分活かしきれない。そこがBIMの最も大変なポイントであることが徐々に分かってきた。また何でもできる魔法のツールでは決してないことも分かってきた。

図2.2.6.1　新宿労働総合庁舎

2 設計者のための BIM

そこで、設計者自らが実務でBIMを活用し設計を行う先行部隊を設立した。Dスタジオである。ここの目的は、会社にBIMを展開するための基礎を、実践から掴むことにあった。いくつもの失敗も成功体験もすることになるが、中でも痛感したことがチーム内で共通認識を持つためのBIMマネジメントの重要性である。

設計者メリットは間違いなく、作図や数量計算の効率化、多角的な検討に基づく設計品質の向上、ビジュアライズ化による関係者とのコミュニケーション向上にある。このこと自体はよくいわれることであるが、それをよりリアリティのあることとして実感しながら設計にBIMを組み込んでいくことがBIM普及のカギであると確信し、我々は目標を立てた。BIMのメリットを活かした実務に使える設計者のためのBIMである。

3 AZ_BIMS

次に我々は、会社全体に展開するべく設計者のためのBIMという視点で、「AZ_BIMS = AZUSA BIM MANAGEMENT SYSTEM」を構築した。BIMを基本プラットフォームとし、効率的かつ高品質な設計生産プロセスの確立が目的であり、以下の四つの柱で構成することとした。

3.1 BIM環境

BIMはそのプロジェクトにふさわしい環境設定がその後の効率化を左右するといっても過言ではない。そのため、テンプレートを整備することが重要である。しかし、すべてのプロジェクトに共通する環境はなかなか簡単ではない。ソフトの操作を熟知している人とそうでない人にとっても求められるものは違うし、当然プロジェクトの特質によっても変わってくる。できるだけ融通性があって、かつレベルを保てるテンプレートが求められた。

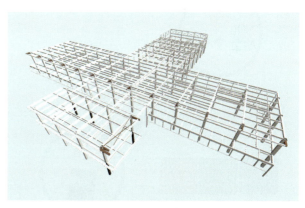

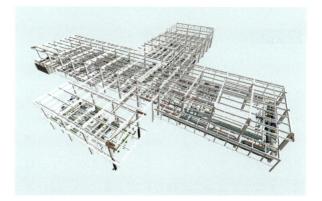

図2.2.6.2 BIMによる様々な出力画像

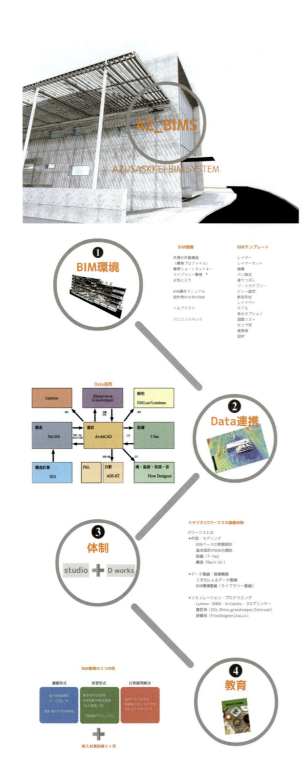

図2.2.6.3 BIMにおける四つの柱

それは、試行プロジェクトから見えてきた問題点を考慮した BIM の環境構築である。テンプレートには、レイヤー、レイヤーセット、線種、ペン設定、レイアウト、表示オプションなどの標準設定から、オブジェクトなどのライブラリー整備、マニュアルなどの操作に関すること、設計者の BIM と称した使い方のコツなど、社内に広め

るための環境を整備した。

3.2　Data 連携

BIM は 3 次元のデジタルデータであり、属性と関連づけることができるため、とてつもない可能性を持っていると感じる。しかし一方では、目的ごとに最適なソフトとなると、個別に開発されており、一つのソフトで処理できるものなどは現時点ではまだない。

したがって、プラットフォームとしての BIM という視点が重要であり、ソフト間の相性を見極めることが重要であり、その検証は実はかなり労力がかかる。そのような中から、現時点での、Data 連携している相関図を示す（図2.2.6.4）。

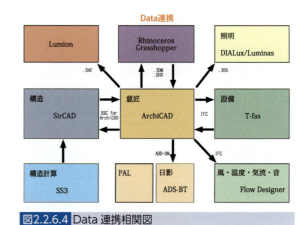

図2.2.6.4 Data 連携相関図

3.3　体制

当初は、Ｄスタジオを中心に進めてきた BIM への取組みであるが、全社への展開を図るべく、2015年にはＤワークスを設立し体制を強化した。

Ｄスタジオは設計実務を通じ設計者が自ら BIM を使いながら設計を行う部隊であり、Ｄワークスは、BIM も 2 次元 CAD も自由に扱える生産部隊である。設計者と一体となってプロジェクトに取り組み、設計者をデジタルの視点から支援をし協働することで、ポイントを押さえたデジタル環境の整備も可能になる。さらには、設計者の手に負えないシミュレーションやプログラム開発も行う専門家集団である。

我々はこの両輪こそ強みだと考えている。Ｄス

タジオが設計の最前線で活用するからこそ見える課題やニーズを肌感覚で理解し、それをDワークスにフィードバックすることで進化していく、それを目論んだ。

3.4 教育

そしてもう一つ重要なのは教育である。最初は講義形式だったが、それは概略の知識を得るだけで、いざ使用するとなるとそれだけではすまない。

そのため、設計者を6時間拘束し、実習形式で操作方法を教えることとし、全社を対象に約半年かかった。これは設計者のBIMへの壁を取り払うことが目的といっても過言ではない。そしてその後実務で使う際に必ずぶち当たる壁を壊すために、社内ヘルプデスクを設置した。操作がわからない場合、すぐに気軽に聞ける人がいるのは安心できるし、実によく活用されている。

図2.2.6.5 BIMの教育体制

4 社会のニーズに応える

建築生産の企画から設計、現場、FMまでBIMモデルが一気通貫で受け渡されてこそ真の価値を発揮するといわれており、建築生産プロセスの川上にいる設計者こそ、利用を先導する立場にあるのであろう。しかしそのためには、自分たちのメリットを掌握し納得した上で使わない限り、普及はしないという考え方で取り組んできた。

今の時代、社会から求められている建築は、「より高品質なものを、より早く、そしてより納得できる形で」である。単品生産の建築にそれが求められているのだからたまったものではないが、そのニーズに応えることで進化がある。

これまで以上に専門的な深い知見を持ったメンバーとの協働が重要であり、オープンな合意形成が必要であり、それをコーディネートする役割も不可欠である。つまり更なる設計の分業化とマネジメントの強化が求められているといっても過言ではない。社会は、設計プロセス、設計体制、設計への意識など様々な改革を我々に突きつけているのではないだろうか。

これらへの回答は単にBIMを使えばすむかというとそれほど話は簡単ではないが、これを実現するためのプラットフォームとして現在最も近いのがBIMだと考えてよいだろう。

そのために我々はAZ_BIMSという形で様々な取組みを行ってきているが、このことが設計への意識改革につながってくれることを期待したい。

5 おわりに

BIMに取り組み始めてから早いもので8年目になる。

その間、検討の深化による質の向上や合意形成における関係者の共感は肌で感じ取れるが、クライアントが決断をするのに要する時間はさほど短縮できていないと感じる。手続き論や、判断材料となるパラメータの増大がその主な理由だと考える。単品生産の建築に過度なスピードを求めることの弊害を改めて問い直す時期かもしれない。

事例07〔省エネ事例〕

省エネ計算のBIM連携と今後の課題

㈱建築ピボット
千葉 貴史

1 はじめに

BIM元年といわれた2009年以降、BIMが認知され、データの一元管理による業務の効率化や不整合の回避は光明が差してきたようにも見える。

BIMのメリットの一つは、一度入力した情報を有効活用して、建築生産プロセスの中で効率よく運用していくことである。意匠設計における図面作成やプレゼンテーションなど設計実務でのBIM活用から、さらに環境・設備系シミュレーションへのデータ連携の実用化も進んできている。

2 データ連携

環境・設備系シミュレーションツール、例えば、CFD解析（Computational Fluid Dynamics）や光環境解析の市販ソフトでは、これまで3次元CADのDXF形式やIGES形式などの3次元幾何形状だけを扱うデータ形式を利用した連携が多かったが、BIMの登場によって、そこから一歩進んだ情報の連携が可能になってきている。

BIMツールと環境・設備系ツールの連携で使用される、中でも主要な二つのデータ形式をここでは概観してみる。

2.1 IFC形式

IFC（Industry Foundation Classes）は、IAI（Industry Alliance for Interoperability、現在はbuildingSMART International）により開発・普及が進められている建築オブジェクトを扱うデータ形式である。IFC4スキーマが2013年3月には正式にISO 16739となり、BIM分野の国際標準としての地位を確立した。

3次元形状だけではなく、部材の材料や性質、長さや面積などの数量、工程などの時間要素、人的要素などを合わせて定義しており、情報連携の幅が大きく広がった。

2.2 gbXML形式

環境・設備系シミュレーション分野では、非営利組織のThe Open Green Building XML Schema, Inc.により開発されているgbXML（Green Building XML）形式がある。gbXMLの標準化作業は、米国エネルギー省（DOE：Department of Energy）からの資金援助を受け、北米を中心に利用が進んでいる。

gbXML形式は、空間幾何形状、解析用幾何形状、境界面、開口などを扱っており、環境・設備系の解析モデルでの親和性が高い。

IFC形式とgbXML形式については、それぞれの特徴があり、使い分けることで情報連携の幅が広がっていくと考えられるが、意匠、構造、設備など様々な分野モデルを扱えるのはIFC形式であり、日本では、現在IFC形式を利用する取組みがよく聞かれるようになってきた。

3 省エネ基準の概要

2013年の省エネ基準改正では、住宅・建築物ともに外皮性能と一次エネルギー消費量を指標として、建物全体の省エネルギー性能を評価することになった。建築物における外皮性能は、旧基準における年間熱負荷係数（PAL）から新しい年間熱負荷係数（PAL*）に指標が変わった。一方、住宅では床面積当たりの熱損失係数（Q値）から

外皮面積当たりの外皮平均熱貫流率（U_A値）へ、夏期日射取得係数（μ値）から冷房期の平均日射取得率（η_A値）へと指標が変更された。また、これまでの設備ごとに評価するCECが廃止され、建物全体の一次エネルギー消費量による評価になり、平成28年には、「建築物省エネ法」が施行された。

この改正を受けて、国土交通省国土技術政策総合研究所、国立研究開発法人建築研究所では、各種計算支援プログラム（通称、「WEBプログラム」）やその解説、関連する資料等をWEBサイトで公開している。以下に、公開プログラムを列記する。

❶住宅分野

・一次エネルギー消費量
　住宅・住戸の省エネルギー性能の判定プログラム
・住宅・住戸の外皮性能
　住宅・住戸の外皮性能の計算プログラム
　住宅・住戸の外皮性能計算条件入力シート

❷非住宅建築物分野

・通常の計算法（標準入力法、主要室入力法）
　PAL＊・一次エネルギー消費量算定プログラム
　外皮・設備仕様入力シート（建築物用）
・モデル建物法
　モデル建物法入力支援ツール
　モデル建物法集計表
・日よけ効果係数
　日よけ効果係数算出ツール

現在、省エネ基準の対象としている省エネルギー計画書の届出を義務づける建物規模は300m²以上である。これが、平成29年度からは2,000m²以上のすべての非住宅建築物で省エネ基準の適合義務化がスタートしようとしている。

4 BIMデータによる省エネ計算

前述のようにWEBプログラムは、無償で利用できるが、必ずしも3次元形状を扱わなくてもよいようにつくられている。事前に以下のような面積や長さなどの情報を求めておき、WEBプログラムに入力するのが通常の利用方法になる。

例えば、PAL＊・一次エネルギー消費量算定プログラムの実行に必要なデータは、以下のような項目がある。

建物名称、建築物所在地、地域区分、構造、階数、敷地面積、建築面積、延べ面積などの基本情報。室名、建物用途、室用途、室面積、階高、天井高などの室情報。空調ゾーン、外壁構成、窓仕様、外皮仕様、熱源、二次ポンプ、空調機、換気対象室、給排気送風機、換気代替空調機、照明、給湯対象室、給湯機器、昇降機、太陽光発電システム、コージェネレーションシステム、非空調外皮仕様などの設備機器情報である。

BIMツールを利用している場合、上記すべてのデータをモデリングするわけではないが、一度入力した情報を有効活用し、WEBプログラムに連携したいと考えるのは自然である。

ここでは、SAVE-建築の事例を通してIFCを利用したBIM＝省エネ計算連携について紹介しよう。

表2.2.7.1 設計段階に応じたBIMデータ

設計段階 専門領域	連携可能な主なBIMデータ
企画	建設地、緯度経度、標高、北方位角度、部屋情報
基本設計	建設地、緯度経度、標高、北方位角度、部屋情報（形状、用途）、外壁、開口位置、室ごとの仕上仕様
実施設計	建設地、緯度経度、標高、北方位角度、部屋情報（形状、用途）、外壁、開口位置、複合構造材料、詳細な形状情報
設備設計	建設地、緯度経度、標高、北方位角度、設備機器（空調機、照明、給湯機器、昇降機、太陽光発電システム他）

まず考えたいのは、設計プロセスの中でどのようなBIMデータが連携できるかということである。表2.2.7.1に各設計段階や専門領域の連携可能なBIMデータを列記したが、これらを見ても分かるように設計プロセスの中ではモデルのLOD（Level Of Detail あるいは Level Of Development）が重要になってくる。

SAVE-建築では簡単な3次元モデルを作成できるため、そのBIMモデルから3次元形状を取得し、それによってWEBプログラムへ受け渡すための準備が可能になる。企画設計など初期段階から省エネルギー性能を検討することを目的の一つとしているため、詳細なデータを必要としない。

使用している主なIFCデータは表2.2.7.2-3に示すとおりである。ここでも分かるように、建物概要、部屋情報、外壁及び開口が中心的な受け渡し情報である。庇やルーバー等については省エネ基準で計算可能な日除け形状が限定的なため、データ連携の対象とせず、SAVE-建築では窓属性として入力する。

省エネ計算を行うためには、BIMツールからそれらの情報を連携し、省エネ計算に必要な情報をSAVE-建築で追加入力する。データがそろえば、いつでも入力シートを作成しWEBプログラムへデータを連携できる（図2.2.7.1）。

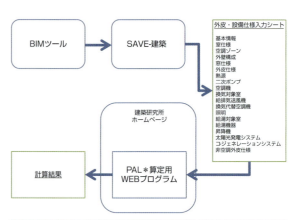

図2.2.7.1 BIMツールからWEBプログラムへ連携

5　BIM連携の注意点

一般にBIM連携を考えるとき、すべての情報をBIMモデルから取得する、いい換えるとBIMモデルにすべての情報が入っていることを前提とする傾向がある。しかし、実際の設計フェーズでは、企画設計で建物ボリュームを検討している段階で外壁の仕上情報を入力することは少ない。したがって、BIM連携でフロントローディングを実現するためには、設計初期段階でのBIMモデルが持つ情報とSAVE-建築など計算ソフトで必要な情報のギャップを埋める仕組みが必要である。

また、計算モデルとBIMツール上の形態の違いにも注意する必要がある。BIMツールで部屋空間となる「ゾーン」を入力し、IFCの「IfcSpace」を介してSAVE-建築の「部屋」に連携する。連携可能な形状は、長方形、任意多角形、円弧だが、円弧形状は多角形に近似され、斜めのセットバック壁も鉛直壁に置き換わってしまう。

さらに、BIMツールによって、またモデリングの方法によってIfcSpaceの形状が壁芯で構成されたり、壁の内法形状であったりする。IfcSpaceの形状を認識して部屋を作成するSAVE-建築の

表2.2.7.2 連携に利用した主なIFCデータ

要素	IFCオブジェクト・属性
物件名	IfcProject.Name
建設地	IfcSite.SiteAddress または IfcBuilding.BuildingAddress
緯度	IfcSite.RefLatitude
経度	IfcSite.RefLongitude
標高	IfcSite. RefElevation
方位	IfcProject. RepresentationContexts → IfcGeometricRepresentationContext.TrueNorth

表2.2.7.3 連携に利用した主な空間データ

階	IfcBuildingStorey
部屋	IfcSpace
壁	IfcWallStandardCase
開口	IfcOpeningElement
窓	IfcWindow
ドア	IfcDoor

ようなソフトは壁芯形状を期待しているので、内法形状の場合には認識を誤ってしまう。そこで、SAVE-建築ではIFCを読み取るときの指定により、壁の芯情報を基に部屋形状を内法から壁芯へ変換する機能を動作させている。本来は、壁芯形状、内法形状とも必要な幾何情報なので、何らかのルール化が必要だろう。

また、BIMツールの標準機能でIFCに出力することができない情報をどう扱うかを考える必要がある。省エネ基準で想定されている建物用途・部屋用途と空調分類は標準的にはIFCデータとして出力することができない。

こういった利用シナリオに応じた情報は、特別な方法で連携させなくてもあらかじめBIMツールに組み込まれ、IFCデータとして出力されることが望まれるだろう。そのためにはまず、環境・省エネ・設備設計分野での情報の整理や標準化を進める必要があるだろう。

6 環境・設備設計分野の今後のBIM連携

BIMから省エネ・設備計算への連携を推進する動機は、以下のようなことがいわれている。
❶建築の性能向上
❷設計意図の確実な伝達、関係者間の情報共有
❸プロセス全体の最適化

BIMによる情報連携は手戻りをなくし、合意形成や意思決定の迅速化などを可能にさせ、建築プロセス全体として設計効率の向上をもたらし、それにより建築自体の性能向上も期待できる。

SAVE-建築においては形態の制限事項が多いのだが、ファサード形状をデザインと環境性能の両面から検証したいという意匠設計者は多い。単純な形状を仮定している計算モデルでは、正しい評価はできない。BIMモデルの複雑な形状を取り扱うことのできる設備系の計算モデルや高度な知的判断を取り入れたアルゴリズムの開発もBIM普及のためには必要になってくる。

設計業務においては、従来から3次元CADのデータを利用して日照解析やCFD解析等が行われてきた。現在では、それらのツールだけでなく熱負荷、空調負荷計算など様々な環境・設備設計ツールについてもBIMモデルの有効利用が進んでいる。また、そういった中で、形状モデルだけでなく材料や隣室条件や境界条件も連携できるような可能性の広がりも見えてきている。

情報連携での今後の更なる発展に期待したい。

(参考文献)
1) IFC 2x Edition 3 © IAI 1996-2006/http://iaiweb.lbl.gov/Resources/IFC_Releases/
2) IFC 2x Edition 3 Model Implementation Guide/ Thomas Liebich, Version 2.0, May 18, 2009
3) Green Building XML Schema Version 6.01-November 2015/http://www.gbxml.org/
4) 矢川、東山、三浦「IFCを利用したBIM-省エネ・設備計算連携システムの開発」『日本建築学会学術講演梗概集』2012.9
5) 飯田他「外皮・躯体と設備・機器の総合エネルギーシミュレーションツール「BEST」の開発（その157）BESTとBIMの連携に関する検討」『空気調和・衛生工学会大会学術講演論文集』2015.9

事例08〔ゼネコン事例〕
大成建設のBIMへの取組み

大成建設㈱
武田 真

1 はじめに

　大成建設設計本部では、2005年度から建築設計でBIMを使い始め、2013年度にはBIMソフトの整備に伴い、構造設計や設備設計も含めた3分野でのBIM利用を開始した。適用するプロジェクトは用途や架構形態などの制限は設けず、各プロジェクトで設計本部のBIM活用方針に沿った目的を明確にし、メリットのある使い方を進めている。従来のCADや解析のソフトは、単一の目的で利用されることが多かったが、BIMはモデルを活かした様々な機能があり、利用者の使い方次第では、複数の異なる成果を得ることができるのが特徴である。ここでは、フェーズに沿っていくつかのBIMを有効活用した事例を紹介する。

図2.2.8.1 設計本部のBIM活用方針

2 企画・基本設計での利用

2.1 強力な視覚化で迅速な合意形成

　技術センターにある実物大の立体視が可能な大型VRシステムHybridvision（ハイブリッドビジョン）を使い、関係者との合意形成に大いに活用している。最近は、BIMからの高速変換、環境解析結果のVR表示、シンクライアント技術を用いたPCやモバイル端末での表示などの機能も充実し、利便性も向上している。

図2.2.8.2 大型VR（Hybridvision）での表示例

2.2 合理的な環境性能の確認と解析結果のVR表示

　BIMと連携したモデルにより環境解析を行い、数値解析による建築性能を定量化、分かりやすいビジュアル表示をHybridvisionやPCに行う。それによって、従来分かりにくかった環境解析の結果が直感的に判断できるようになった。また、モ

図2.2.8.3 自然採光の効果を確認する光解析

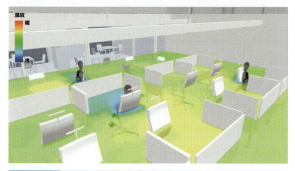

図2.2.8.4 個人空調の効果を温熱解析

デルを利用することで、モデル作成、解析、結果表示などの一連の作業の速度と精度が向上した。

2.3 景観・眺望の定量評価

従来の景観や眺望は、パースによる定性的で主観的な評価が中心であり、建築主・設計者・住民・監督官庁等の多様な関係者間での合意形成が困難であった。可視率という指標により定量的で客観的な評価を可能にすることで、誰もが納得できる公平さ、分かりやすさを実現できる。

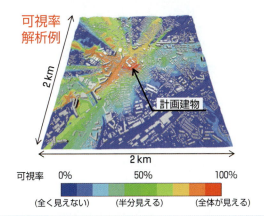

図2.2.8.5 周囲からの建物の見えやすさを数値化した指標

図2.2.8.6 競技場のスタンド各席からのピッチの可視率（赤：全体が見える）

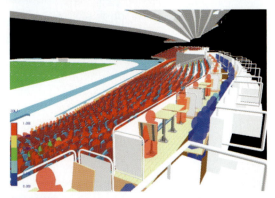

図2.2.8.7 競技場のスタンド各席からのピッチの可視率

2.4 プレゼンテーション

BIMと連携して簡易に動画を作成できるソフトが複数普及し、短時間にコンセプトを意識したストリートメイクと多彩な映像表現に基づくプレゼンテーションを内作で作成が可能となった。

図2.2.8.8 動画の事例

2.5 3Dプリンタ

短時間にBIMから製作した模型の効果は絶大であり様々なプロジェクトで利用されている。何より、クライアントが喜ぶ。模型があると人が集まりコミュニケーションが起こる。BIMから派生する図面・CG・模型など、多様な表現を使い、プロジェクトを進める。

図2.2.8.9 3Dプリンタの出力例

3 実施設計での利用

3.1 モデルと図面一元利用の徹底

BIMに慣れていない場合、従来の2D図面が先行し追いかけてモデル入力する後追いBIMと

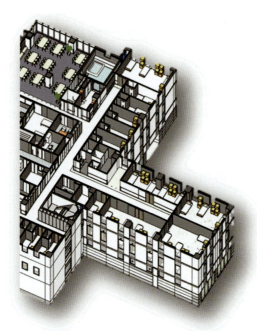 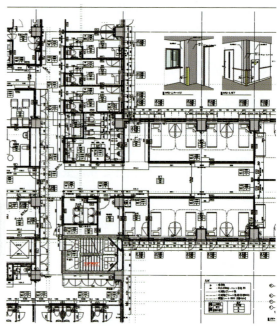

図2.2.8.10 BIMモデル（左）と平面図にモデルビューをはめ込んだ図面（右）の例

なることが多いが、これでは品質維持とコスト低減の効果は見込めない。モデルと図面を一元利用することで、重複入力や度重なる修正を回避でき、モデルと図面、各図面間が整合し、図面作成費用の低減につながる。また、図面表現にもBIMのメリットを活かし、分かりやすいモデルビューを従来の図面にはめ込んだ図面も好評である。

4　設計から施工へ

施工上の懸念や質疑など対象部分のモデル詳細度を上げて検討し、施工に向けた正確な設計情報を分かりやすく伝達する。

4.1　車路検討

車路の施工は非常に困難であり、モデルによる検証は効果が高い。設計時には考慮されていなかった耐火被覆なども考慮して、鉄骨加工業者の鉄骨モデルと施工平面詳細の詳細度のモデルで詳細検討を行い、問題箇所や納まりが厳しい部分を施工者とともに調整した。

4.2　免震層の躯体と設備干渉チェック

2Dでの検討や目視では発見しにくい免震クリアランスの確保を検討。構造と設備モデルをプログラム干渉により設計クリアランス＋施工誤差という数値で干渉をチェックした。施工上注意が必要な免震層の設備配管に必要な免震クリアランスを施工者へ伝達した。

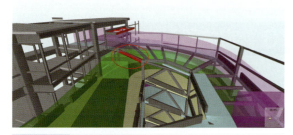

図2.2.8.11 車路検討の例

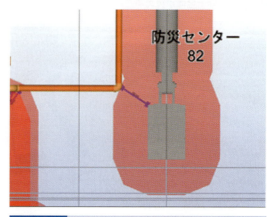

図2.2.8.12 免震層の躯体と設備干渉チェック例

5 施工

施工においては、プレコンストラクションとそこで調整されたモデルと連携したデジタルファブリケーションがBIMの最大のメリットであり、将来の建設業の生産システムの革命になると考えられる。米国では、設備の配管システムのプレファブ化により溶接等を用いない現場施工により、多くのメリットが得られたと聞いた。深刻化する労務不足の解決策として、施工でのBIMを活用したデジタルファブリケーションやプレファブ工法は有効である。施工のBIM活用であるプレコンストラクションとデジタルファブリケーションに関与する機会があったのでその事例を紹介する。

5.1 設計モデルと施工モデルの詳細度（LOD）の違い

鉄骨加工業者の鉄骨モデルは製作図の詳細度（LOD400）であり、実施設計時の構造モデル（LOD200）では干渉がないと判断された配管が、施工段階ではブレースのガセットに配管が干渉していることが発覚、設計のLODについてもプロジェクトに応じた柔軟な対応が望まれる。

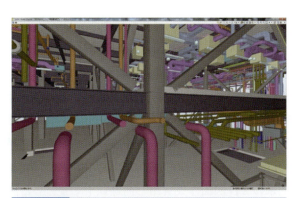

図2.2.8.13 実施設計時の構造モデル（LOD200）

図2.2.8.14 鉄骨加工業者の鉄骨モデル（LOD400）

5.2 プレコンストラクション

仕上げ、鉄骨、設備（衛生、空調、電気）のプレコンストラクションを実施。プログラムによる自動干渉チェックでは、目視チェックでは発見できなかった、精度の高い自動干渉チェックを行うことができた。自動干渉する場合は、干渉チェックの対象として部材や機器を選別し、適切なルールを適用することで、精度が高く、効率のよいチェックを行うことができる。

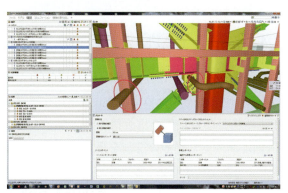

図2.2.8.15 干渉チェックの例

5.3 デジタルファブリケーション

このプロジェクトの鉄骨加工業者は、モデルから製作図、NC加工まで連動した、いわゆるデジタルファブリケーションの業務フローを確立していた。設備サブコンも、プレコンストラクションで確認・調整されたモデルから製作した配管・ダクトが調整や手戻りがなく現場にそのまま納まることにメリットがあると話していた。このように、工場で製作した製品や部材を現場で取付けする業種では、今後はデジタルファブリケーションが進むであろう。一方で、コンクリート・型枠・鉄筋の躯体工事などの現場での作業が主である施工に関しては、PC（プレキャストコンクリート）化が短期間に進むとは考えにくく、課題と考えている。

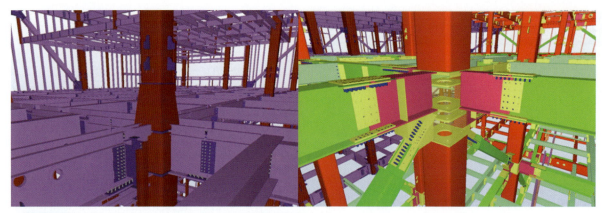
図2.2.8.16 施工BIMモデルと鉄骨加工モデル

6 維持管理

6.1 BIMとCAFMとの連携を進める

施設を長期間にわたり健全に利用することが求められている。そのためには施設の適切な運営・管理の基となる正確な施設情報が必要となる。CAFMシステムがその役割を果たしているが、正確な施設情報を収集し整理するために、多くの手間と時間を要しているのが現状である。BIMとCAFMを連携させることで、情報取集の手間と時間を削減し、早期にCAFMシステムを稼働させることができ、施設の運営・管理に資することができる。

図2.2.8.17 メニュー画面

7 課題と今後

7.1 費用対効果

BIMは費用がかかる、BIMは建設プロセス全体での効果はあるが費用対効果を評価することは困難であるといわれてきた。実施設計において、BIMを導入する初期の段階では、2Dで作成した図面に後追いでBIM入力を行っていた。そのために、図面作成以外のBIM入力費用のコストが二重に発生していた。これを回避するには、BIM本来のメリットであるモデルと図面の一元利用を活かした使い方をしなければいけない。最近は、BIMの環境が整備されてきたので、モデルと図面の一元利用を推進している。本来、設計情報を複数の図面に作成（入力）するよりも、モデルに一元で入力して管理する方が情報の整理がされて扱いやすいはずである。その結果として、従来の2D図面作成費用と同等以下で整合した図面を作成できるようになる。

7.2 データ連携の効果

建築モデルをサブコンへ渡す場合、大抵はIFCを利用することになるが、IFCのエクスポートにはBIMソフト自体にある約束事があったり、インポートする設備CADにも読み込みの癖があって容易に授受できない現状がある。数をこなせば、バグや手順の誤りは解消するとは思う。建築とサブコン、構造と鉄骨加工業者のデータ連携が

うまくいかない場合、現在は、設計モデルが施工で十分に活かされないで終わってしまったり、データ連携の確認や検証に時間を費やす状況が発生する。buildingSMART Japan が進めている国内での IFC 認証に期待するところは大きく、国内の各ベンダーの対応を強くお願いしたい。

7.3　今後

PC、モバイル、クラウド、BIM ソフトを始めとした ICT の進化は著しい。一方で、建設業の生産改革はそのスピードには追いついていけない現状がある。こうした状況の中、中堅以上の技術者においては、従来慣れ親しんだ業務から BIM 中心にした業務への変革を期待することも難しい。こうした状況下でどうやって BIM を進めていくかという課題を抱えている。

現実的な方法として二つの方法で進めている。一つは、プロジェクトを選定して、先進的な BIM 活用を進める。もう一つは、事例で紹介したコミュニケーションに対応したビュアーなどの展開により BIM のハードルを下げ、部門や年齢に関係なく広めることである。この二つを進めることで山の頂を高めると同時に裾野が広がり、富士山のような日本一の高さで美しい末広がりの安定した BIM の運用ができる日が来ることを願うものである。

事例09〔ゼネコン事例〕
設計から施工までの一貫BIM活用

㈱竹中工務店
森 元一

1 はじめに

ゼネコンは設計部門と施工部門を併せ持つ。この特徴を活かして、ゼネコンでは設計段階から、生産段階までBIMを建物情報としての有効活用が可能である。設計段階でつくったBIMモデルに情報を付加することで、生産段階で活用していく。

これまでのように、設計図は設計図、作業所で、ゼロから施工図をつくる、再び協力会社がゼロから製作図をつくるといったように、別々にデータをつくっていては、情報の齟齬が発生する可能性もあり、データ活用という点で無駄が発生していたと思われる。BIMをBuilding Information Modelingと訳すのであれば、そのInformationを有効に活用していくことが本来のBIM活用ということではないだろうか。

ある部署に大きな負担をかけないように、設計から施工までトータルにマネージメントされたBIMの構築ができるのが、ゼネコンの特徴であると考える。それぞれの部署が、次の部署のことを考えながら負担のない範囲でデータを構築する。川下側では、川上でつくったデータにさらに情報を付加しながらデータを構築することを目指すべきだと考えている（図2.2.9.1）。

BIM活用を有効に行うためには、これまでの2次元での仕事の進め方を根本的に改善して、いかにBuilding Informationをつくり込んでいくか（建物の情報を有効に構築していくか）を考えるべきである。

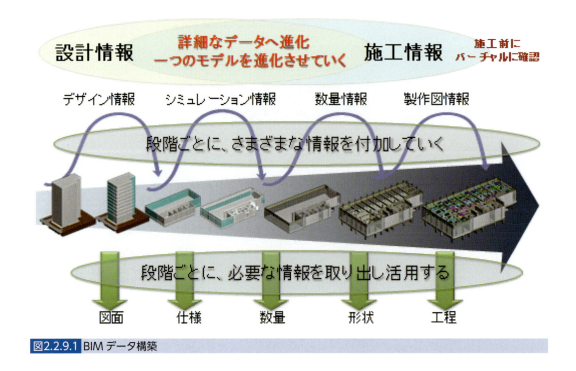

図2.2.9.1 BIMデータ構築

2 意匠設計でのBIM一貫活用

設計者がBIMを活用していく主目的は、より広い視野で設計を行える可能性があることである。BIMを用いたソフトコンストラクション（仮想での建設＝バーチャル竣工）により、建物を構築することで単体の建物ばかりではなく、周辺環境や社会とのコミュニケーションも構築できる有効なツールである（図2.2.9.2）。

図2.2.9.2 意匠設計での利用

意匠設計でつくった基本設計や基本計画のBIMデータを生産段階まで活用していく。竹中工務店東京本店では、設計部プロダクト部門を中心に、3Dモデルを設計段階から施工段階まで一気通貫に合理的につくり込むことを試みている。設計段階から生産情報を取り込みながらBIMデータをつくり込むことで、生産情報を設計部門に反映することができるし、施工図に設計部門の意図を確実に反映できる。そこで、Building Information（建物情報）という観点で、BIMモデルを設計から生産までを統括して管理する必要がある。

具体的には、設計で作成した3Dデータに施工図の情報を付加して施工用の図面を切り出す（図2.2.9.3）。別々に、設計図と施工図をつくるのではなく、設計図の平面詳細図に施工用の寸法をつけ加えて施工用平面詳細図をつくり込む。このためにフロントローディングを行いながら、設計段階から施工での活用を見据えて、データ構築をすることがBIMデータをつくり込む上で大変有効な手段となっている。

設計者が入力すべき情報と、施工側で入力すべき情報をプロダクト部門がコントロールしながらモデルを構築している。設計者に負担をかけない入力を行うことが大切である。例えば、小梁の情報などは、躯体図を作成する過程で生産側が入力するので、構造体を入力するタイミングをフロントローディングすることで、設計者がすべての構造体を入力する必要はなく、意匠的に検討する必要がある構造部分のみ設計者が自ら入力するといったように、モデリングの役割やタイミングを管理していくことが重要になる。

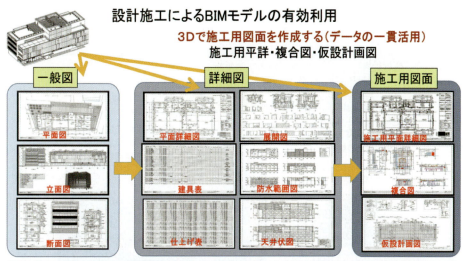

図2.2.9.3 設計図から施工図までのデータ活用

3　構造設計でのBIM一貫活用

　構造設計データ活用については、竹中工務店においては、BRAIN（構造解析ソフト）のデータを利用して、BIMモデルの作成を行っている。ゼロから構造体を入力するのではなく、構造計算の結果を活用してモデル構築を行う。

　構造計算データからつくられた3Dモデルに手を加え、構造図や工作図に活用していくことで有効なBuilding Information Modelingが構築される。

　BIMを採用すると、工数がかかり手間が増えるといわれているが、ICT技術を有効に活用して、データ構築を上手に利用することで（図2.2.9.4）、トータル工数は大幅に削減されていく。構造体を入力することは、単に構造の検討や、図面作成に有効なだけでなく、構造数量の把握にも活用され、契約や調達にも有効活用される。インフォメーションとして活用を積極的に行っていくべきである。

4　設備設計でのBIM一貫活用

　設備設計の本来の役割については、現状では、設備システムの構築であり、設備設計図はシステム図的要素を強く持っている。実際に3Dで入力することは、これまでの設備設計の本来の業務では必須業務とはなっていない。

　3Dモデルを入力することで負荷計算ができるなど、モデルを入力することの価値を上げていく必要がある。設備モデルを入力することで、負荷計算のシミュレーションができるなど設備関係のBIMソフトが進化していくことが期待される。

　竹中工務店東京本店の現状では、設計段階で設備モデルを入れるためには、三つのパターンを試みている。①設備協力会社の早期決定、②設備施工図協力会社の早期採用、③プロダクト部門（設備）での内作である。設備の主要部の納まりを早期に確認することは、納まりが悪く、設計の見直しといった状況を防ぐ有効な手段となる。

　今後は、設備性能だけではなく、利用者の使い勝手も考えた極細かい設計が必要になってくる（図2.2.9.5）。利用者目線の検討に対してBIM活用は大変有効で、今後進めていかなければならないことである。

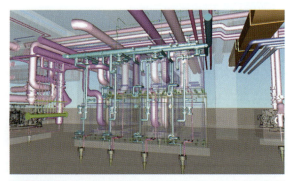

図2.2.9.5　設備BIMモデル

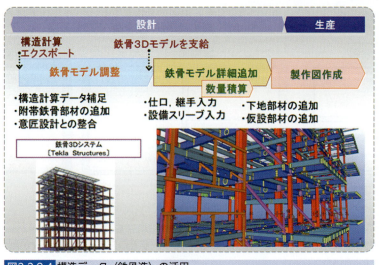

図2.2.9.4　構造データ（鉄骨造）の活用

5 生産設計でのBIM一貫活用

生産設計の段階でのBIMの活用については、BIMモデルを構築することで、納まり検討、整合性の確認、図面作成に加えて、数量の確認、施工図への活用、施工手順の確認、CAD・CAMへの活用と大きく広がっていく。図面のチェック方法など、これまでと違った手法に切り替えていく必要がある（図2.2.9.6）。

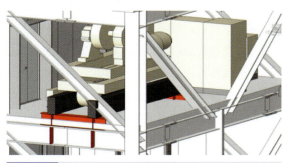

図2.2.9.6 BIMモデルを使った整合調整

また、BIMデータの有効活用のために、BIMデータ支給など含めて、協力会社との役割分担など、これまでの役割を変えていくことで生産方式を変えていく必要がある（図2.2.9.7）。

6 作業所でのBIM活用

作業所においては、BIMモデルを用いて、施工手順の確認や、施工範囲・施工数量把握に活用されている。内容の確認など建築主や設計者、職人たち、もしくは近隣住民や建物利用者とのコミュニケーションのツールとして有効な手段となっている（図2.2.9.8）。

施工手順打合せ

作業所での3Dを使った打合せ風景

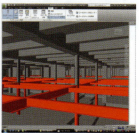
3D躯体での表示

図2.2.9.8 BIMモデルを使った打合せ状況

7 おわりに

BIMをその言葉どおり「建物情報の構築」と考えるならば、その情報を再利用しながら利用していくべきである。設計者ばかりの負担が増えるモデル構築ではなく、生産側のノウハウやパワーを取り込んでフロントローディングをする仕組みを構築していく必要がある。そのためには、今までの2次元で培ってきた仕組みの枠組みを大きく変えていかなければならないのではないだろうか。

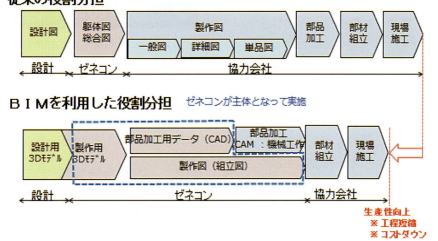

図2.2.9.7 BIMを使った新しい業務フロー

事例10〔ゼネコン事例〕
清水建設のBIM活用

清水建設㈱
神作 和生

1　設計施工におけるBIM活用の考え方

　清水建設では、施工連動による効果が見込める案件について、施工段階まで一貫して活用している。BIMは、現在建設業に求められている「生産性の向上」に資することは広く知られているが、それに留まらず、建築に関わる業態に少なからずイノベーションをもたらす。すなわち、従来のワークフローや関係者の役割が変わり、それを是認する意識改革が必要になるということである。そのため、設計施工一貫とした活用が、より取り組みやすく、効果的であると考える。

　ワークフローや、関係者の役割の変化の代表的な例として、施工図、製作図作成が挙げられる。従来、設計者が2次元で描いた設計図を参照しながら施工者が施工図を起こし、さらにメーカーがそれを参照して製作図を起こすというワークフローが行われてきた。つまり、同じ物を別の技術者が何度も一から描き直すということが行われてきたわけだが、時間的無駄だけでなく、描き直しによる錯誤というリスクも存在していた。

　これに対しBIMでは基本設計図から実施設計図、施工図、製作図まで同じモデルから一貫したデータ連動により作成されるため、効率的で錯誤もない。2次元では不可能だったこの新たなワークフローに取り組むべき理由は、BIMの属性情報を活かすことになるが、意匠モデルに構造や設備の情報を容易に取り込むことが可能になったことで、その信頼性が格段に向上したことが大きい（従来データ連動を阻害していた最大の要因は、意匠図の信頼性だった）。

　さらに、BIMでは干渉チェックソフトを使い、意匠、構造、設備の不整合をなくすことができる（これまでの実績によると、2次元で各分野間の整合を取りきることはほとんど不可能なことが分かっている）。これらによりBIMでは施工図連動が可能になるが、同時に設計のワークフローは基本設計に重点をおいた業務形態になる。実施設計時に整合調整したのでは効率が悪いからであり、そのため設計者の意識改革が必要となる。

　また、前述の施工図連動はモデルの持つ属性情報により、製作図まで連動することができる。代表的な例として、清水建設のグループ会社で開発したKAPシステムによる鉄骨製作図連動が挙げられる。KAPシステムはファブリケーター自身が開発したソフトであり、他の鉄骨専用ソフトとは比較にならない詳細モデル作成能力を持ち、NC加工機にも直接データを送ることができる。その他にも、様々な部材の製作図連動に取り組んでいる。

　次に清水建設におけるBIM活用を設計段階と施工段階に分けて紹介する。

2　設計段階での活用

　設計段階でのBIM活用の効果は、効率的かつ高度なシミュレーションと、整合調整や合意形成による手戻り防止である。それらは最適な設計段階で行わなければならない。各段階での活用の概略は以下のとおりである。

2.1　企画設計段階での活用

　建築全体のデザイン検証や、法規制のチェック等にBIMを活用し、初期の合意形成を行っている。クラウドの利用により、どんな規模の建築で

も数日でモデルを完成させることが可能である。

2.2　基本設計段階での活用

企画設計段階で作成したモデルを使った、温熱、気流、光環境、PAL等の高度なシミュレーションを行うほか、CGや高精細の3Dプリンター等を使ったデザイン検証など、効率的な設計検証とクライアントとの合意形成に活用している。

また、実施設計以降の手戻りを防止するため、主要部分の整合調整を干渉チェックソフトを使って実施するほか、この段階から施工者が参画し、揚重計画や山留め計画等の施工情報を、モデルに反映している。

2.3　実施設計段階での活用

設計者がディテールを詰め、施工図作成者がそれを参照しながらクラウドによりモデルに施工情報を追加する作業を行う（図2.2.10.1）。このとき重要なのが、設計と施工の合意形成であり、定期的に関係者が集まり、3Dモデルによる調整会議を行っている。

また、KAPを使った鉄骨等の製作図連動、施工レベルの設備図作成等を行い、工事着工前、もしくは施工初期段階に主要な施工図が完了することを目指している。

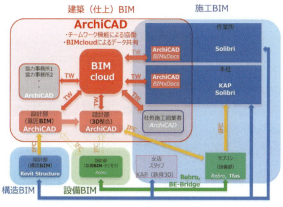

図2.2.10.1　クラウドを活用したデータ管理システムの概念図

次に、構造と設備の活用を紹介する。

2.4　構造設計のデータ連動

構造設計ではRevitによる構造BIMモデルを作成し、プレゼンテーション資料の作成や意匠・設備との納まり検討、構造設計図作成など、幅広く活用している。構造計算モデルは元々3Dモデルであり、BIMモデルとの親和性が高い。特にRevitは、ユーザーがパラメトリックに扱えるファミリ（要素）を配置して建物全体を構築することなど、構造計算モデルの作成と似ているため扱いやすい。

ほとんどの場合、構造計算モデルから変換したRevitモデルをベースに構造BIMモデルを作成している（図2.2.10.2）。構造計算モデルと構造BIMモデルの違いに対する修正が必要となるが、ゼロからモデルを作成するより作成手間が削減され、整合性が確保される。構造BIMモデルはRevitのまま、または変換されて、施工BIMモデルに引き継がれる。

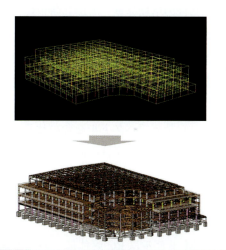

図2.2.10.2　構造計算モデルから構造BIMモデルへのデータ連携

2.5　KAPシステム等へのデータ連動

清水建設ではBIMに取り組む以前から、構造計算モデルを概算数量の把握に活用していた。一方、鉄骨に関しては、グループ会社が開発したKAPシステム（鉄骨ファブリケーター向けのツール）が数量把握や製作図作成に利用されていた。従来、発行された設計図を見ながら手作業で入力していたが、モデリングの効率と整合を確保するために、構造計算モデルから変換したデータを連動させ、さらに構造BIMモデルを変換したデータを連動するようになった。

設計段階では設計のBIMモデルを使って建築と設備の調整を行っているが、KAPシステムによって、さらに施工情報が盛り込まれた鉄骨BIMモデルが設備専門工事会社に提供される。KAPシステムは、当社設備設計が標準で活用しているRebroのほか、設備サブコンが多用しているCADWe'll Tfas、CADEWAにデータ提供することが可能なだけでなく、設備サブコンがスリーブ情報を記載したデータを取り込み、鉄骨にスリーブ孔を自動的に設ける機能も有している。加えてスリーブ補強が必要な箇所には自動的に補強金物が配置されるなど、優れた機能を豊富に備えている。

また、設備以外の専門工事会社とも連携して、エレベーター、鉄骨階段、ACWやPCaCWなどのメーカーともBIMによるデータ連動を進めており、不具合の早期発見と手戻り防止に役立てようとしている。

このようなデータ連動は、設計の早い段階からBIMを活用するフロントローディングであるほど効果が高まる。プロジェクト関係者がイメージを共有し、短時間でベクトルを合わせることにより、手戻りを防止し生産性の向上が図られる。

2.6 躯体図、PCa製作図へのデータ連動

構造BIMモデルはRC躯体についても連動する。Revitモデルのまま施工に引き継がれ、フカシなどのより詳細な情報が付加される。構造部材が引き継がれるため、配置、符号、形状は施工図の表示にもそのまま使われる。施工図では、引き継がれた部分と施工者が追加、修正した部分を色分けすれば、工事監理者の効率的なチェックにもつながる。また、工区分けによるコンクリート打設数量の把握も容易になる。

PCa部材のデータ連動については、構造BIMモデルは鉄筋はモデルになっていないが、構造計算モデルから引き継がれた鉄筋の情報が入っている。構造BIMモデルは施工に引き継がれ、仕上げ材との取り合いや埋込金物位置などを調整した施工BIMモデルになる。PCa工場ではこの施工モデルを利用し製作図を作成する。伏図・軸組図の案内図に加え、構造BIMモデルから引き継がれた鉄筋情報を使って鉄筋を自動生成し、板図（単品図）に活用される。BIMモデルが既にあるため、図面からの読み取りミスの防止、チェックを含めた作成手間の削減が図られる。

また、属性情報としての配筋情報は、当該階の符号ごとに1断面ずつ構造断面リストの形式で出力が可能なため、配筋検査ツールにもデータを提供できる。

2.7 設備設計のデータ連動

設備設計業務内では、建築BIMデータを、CFD・各種計算等に使用している。また、建築BIMデータを基に設備BIMデータを作成し、躯体への情報連動を主眼とした納まり検討や数量算出等で活用し、施工時の手戻り防止につなげている。

設計から施工までの各段階において、入力し検討する項目、内容を明確にしているが、各段階での入力・調整内容を以下のようにルール化した（図2.2.10.3）。

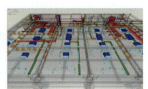

①基本設計初期段階　②基本設計段階

③実施設計段階　④施工初期段階

図2.2.10.3 設計段階別の入力調整内容

❶基本設計初期段階：平面図スペース確保のため、シャフト・機械室等を入力・検討。

❷基本設計段階：主要ルートの入力により断面図方向の検討を実施する。この段階で平面・断面の納まり検証がおおよそ完了する。

❸実施設計段階：基本設計段階で入力した内容以外の部分について入力する。

❹施工初期段階：建築施工情報（天井ブレース等）を盛込みデータ内容を追加し、施工性を含む詳細な検討を行う。

3　施工段階での活用

施工段階でBIMを活用する目的は、施工者や協力業者の労働環境の改善と、合理的な経済性に寄与することである。さらにビジュアル効果を使って運用まで考慮した納まり調整や、変更に対するコストも含めた即時の合意形成等、クライアントの満足を得る活用も重要である。

清水建設では施工初期段階には主要な施工図が完了していることを目指していると述べたが、これにより、検討不足や不整合に起因した変更に対する調整業務や手配替え等の労働時間、無駄な費用を削減できる。また、製作図連動によりメーカーの作図費用や打合せを削減することもできる。その他、BIMの活用として以下のものがある。

・数量算出による、手配、取極めの合理化
・クライアントによる変更のコストを含む合意形成（図2.2.10.4）
・モデル承認による施工図承認作業の合理化
・4D検討による工程、仮設の合理化（図2.2.10.5）

※要望に対する変更前と変更後のモデルを比較して提示し、合意形成を行う。
　同時に変更数量・コストを提示することもできる。

図2.2.10.4　クライアントとの合意形成の事例

図2.2.10.5　4D検討による工程・仮設計画の例

4　BIMによるイノベーションと課題

現在、建設業界で盛んに取り組まれ始めたBIM活用の最大の目的が、「生産性の向上」であることは論を俟たない。しかしながらBIMの普及と発展はそれに留まらないと前述した。BIMによる「生産性の向上」は生産そのものを変革することになる。様々な既成概念が変革を余儀なくされ、さらにそれには終わりがない。

例えば数量算出と製作図連動の課題がある。従来、数量と製作図には「責任数量」や「責任施工」という概念があった。数量や品質に対するゼネコン側のリスク回避の概念として定着しているが、BIMによってゼネコンが数量や製作図を指示するようになると、「責任」の所在はどこに帰することになるのかが課題となる。数量についていえば、確かにBIMによって部材の数量は正確に算出できるが、現実には施工誤差や施工環境等、コンピュータでは測り得ない事柄により不足が生じる懸念がある。実際に工事を行う協力業者はこのことを充分に予測できるので、指示数量に簡単には従わないだろう。

こうした仮想現実と現実とのインターフェースをどう捉え、どう扱うかが、BIMを活用する企業にとって重要なノウハウとなると同時に、設計者、ゼネコン、メーカー、協力業者という枠を超えた意識改革が必要な時代になる。これは小売業に例えていうならば、昔の商店街が大規模スーパーにとって替わり、さらにネットショップに替わっていくような、時代の転換点であるのかもしれない。

事例11〔ゼネコン事例〕
建築生産プロセスの改革に挑む

㈱大林組
中嶋 潤

　大林組は、直近の中期経営計画（2015〜2017年度版。2015年4月公表）に、「BIM等ICTの積極活用」を掲げるとともに、設計施工プロジェクトにおける設計から施工、維持管理までの一貫活用と、業務プロセスの改革を目標としてBIM推進に力を入れている。

1　生産性の向上について

　建設業界には、生産性の向上（または改善）という大きな命題がある。「2020年」に向けた建設需要の高まりの一方で、少子高齢化を背景に、就労人口の減少や建設需要の先細りが懸念され、2020年以降の建設業界を取り巻く社会情勢には、厳しい予測を立てざるを得ない。今こそ、来るべき時代に備えた生産性向上に取り組むときと認識するべきではないか。

2　設計情報の伝達手段

　BIMへの期待は、その作成ではなく利用にあるとされる[1]。
　ここでは、設計BIMモデルを「利用」した業務プロセスの改革に関する試みを紹介する。現在、専門工事会社との間で、設計BIMモデルを媒介としたデータ連携に取り組んでいる。
　本稿を進める前段として、建築がつくられるプロセスを「情報」の観点で整理する。発注者の要求条件は、設計情報（本稿での定義；意匠＋構造＋設備の総体である建築を記述する情報群。施工に必要な生産情報を含む）に変換され、プロセスの川上から川下へ、すなわち設計者から施工者、そして専門工事会社へ、様々な専門性を有した技術者の手を経て伝達されていくと捉えられる。

　建築がつくられるプロセスにおいて、設計情報を伝達する「手段」は、従来、主として2次元図面（設計図書等）であった。今回の取組みでは、設計BIMモデルをその手段としている。
　具体的には、設計情報の受け手である専門工事会社は、設計BIMモデルから、自社の業務に必要な情報（例：鉄骨部材の符号、断面、材質）を取得する。このとき、専門工事会社の技術者が図面を目で見て「読み取る」という行為を経ることはない（※現状、すべてではない。適用可能な範囲を検証中）。これにより、専門工事会社側の図面の読み取り間違いが回避され情報伝達の精度が高まることや、伝達されたことを確認するための図面作成の手間を軽減できることが期待される。一方で、設計監理及び施工管理側の専門工事会社が作成する図面に対する照合／承認行為が、ある範囲で合理化できると見込まれる（図2.2.11.1）。
　皮肉なことに、設計情報の伝達手段として一般

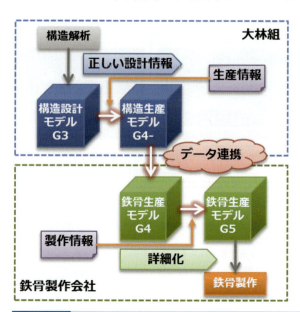

図2.2.11.1 BIMモデルによる設計情報の伝達例

的に認識されている図面が、一方で生産性を阻害する要因の一つとなっているとの声も聞かれる。図面承認という行為が、必要以上の図面の体裁調整を施工者や専門工事会社に強いているとの認識である。伝達手段としての図面を見直すことが、生産性の向上につながるとの着眼点がここにある。

現在、複数のプロジェクトにおいて、鉄骨製作会社及び金属加工会社との間でデータ連携に取り組んでいる最中であり、評価できる効果が出ている。

とはいえ依然として、従来の図面を主体とした慣行から脱却するための課題は未だ多く、抵抗感を持つ技術者が大多数であることは事実である。今後、さらに多くのプロジェクトに適用して実績を重ね、効果の定量的把握と、手法の検証、適用工種の拡大に挑む所存である。

3　「正しい」BIM モデルの重要性

設計 BIM モデルには、様々な設計情報が盛り込まれていることから、「BIM はデータベースである」といわれる。それらのデータを適切に取得することにより、設計情報の伝達が、高い精度で、効率よく行えることは先に述べた。

上記の「伝達」を成立させるには、当然のことではあるが、設計 BIM モデルが「正しい」ことを前提としなければならない。しかし残念なことに、この「正しい」BIM モデルを構築することに対する認識が一般には低いように感じられる。

極論ではあるが、BIM モデルから整合性の高い図面を作成することや、建築と設備間の干渉検査を行う上では、この「正しさ」をあまり意識されなくても一定の成果は得られる。なぜなら、これらの利用（図面化や干渉検査）は、相応に正しい形態情報のみで実行できるからである。

ここで言及している「正しさ」は、形態情報よりも属性情報に重きを置いている。

では、「正しい」属性情報をいかにして構築するか。前述した専門工事会社とのデータ連携において、いくつかの手法を定めた。具体的には、BIM モデルの該当する要素（例：構造梁）を属性情報（例：材質）によって色分けして識別する手法や、BIM モデルの属性情報を汎用性の高い Excel と連動させ管理・編集する手法である（図 2.2.11.2）。

ここで留意したいことは、大量のデジタルデータを適切に処理し、効率化を図る意識や情報処理スキルが要求されることである。ただし、建築技術者は一般に不得手とされる分野である。今後は、これらのマインド及びスキルの養成が、建築教育の現場にも求められるのではないだろうか。

4　「正しさ」のつくられ方

BIM モデルの「正しさ」というと、それは設計者の責に帰するものと捉えられる傾向が強いが、それは誤りであると考える。現在のように高

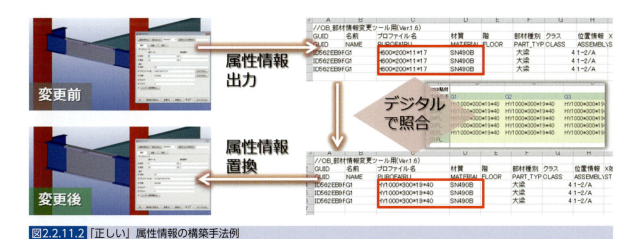

図 2.2.11.2　「正しい」属性情報の構築手法例

度に専門分化が進んだ建設業界においては、設計情報の「正しさ」を、設計者の職能のみで構築することは不可能である。

主題とは逸れるが、近年、公共工事において、デザインビルドやECI等の設計と施工が一体となる発注方式が登場しているのも同根ではないかと考えている。

5　フロントローディング

BIMの価値を高めるためには、フロントローディングとコラボレーションが必要とされる[1]。大林組では、「正しい」BIMモデルを合理的に構築する観点でこれらに取り組んでいる。

フロントローディングの取組みでは、従来、実施設計完了後にプロジェクトに参画していた生産設計担当者が、実施設計段階から設計チームに参画し、意匠、構造、設備間の設計情報の調整を担う「ハブ」として機能しつつ、実施設計図書を取りまとめるという業務プロセスを試行した。

ここでは当初、二つの効果を見込んだ。一つは、基本設計を担当した設計担当者と生産設計担当者が、設計BIMモデルを共有することで、設計意図を確実に伝達できることである。もう一つは、現場に配属予定の生産設計担当者が、様々な設計検討をBIMモデル上で設計担当者とともに行うことが可能となり、従来のプロセスに比べて設計情報の精度と密度が高まることである。

現在までに、複数のプロジェクトで試行したが、想定した効果が得られた一方で、課題も見えてきている。BIM利用の効果（＝価値）を最大化するという観点で、「正しい」BIMモデルをつくるための業務プロセスを試みたが、長年の業務慣行を超えられない要因（設計成果品、積算業務、調達等）があり、生産設計担当の前倒しでの乗り込みが十分に機能できない側面があったことは否めない。今後も、これらの知見を糧として、引き続き生産性向上につながる「正しい」BIMモデルを構築する取組みに挑戦し続けたいと考えている。

6　コラボレーション

次にコラボレーションについて述べる。従来、意匠、構造、設備各分野間の情報共有は、2次元図面を用いて行われてきたが、先のフロントローディングの取組みでは、分野間の情報共有もBIMモデルで行っている。定期開催する「コーディネーション会議」にて、意匠＋構造＋設備の統合モデルを大型スクリーンに投影し、設計各分野の担当者と生産設計担当者のほか、工事担当者も同席し、多くの「目」で各所の納まりや異種部材間の取合いを確認していく。この「みんなでBIMモデルを見る」ことは、設計情報を広く共有することと、様々な専門性に基づく知恵の抽出に大きな効果があるとともに、施工段階においても有用性が高い。例えば、ある工事事務所では、設備専門工事会社の担当者も交えた定期的な「BIM調整会」を実施している。

7　具体的な取組み

フロントローディングとコラボレーションに関連し、設備分野の取組みを紹介する。

設備設計業務は、従来から建築計画を基にしたシステム設計に重点が置かれている。そのため、意匠設計との調整が必要な機器プロットは作成しても、それらをつなぐ配管、配線の詳細検討にまで手が回らない。一方、設備工事では、専門工事会社が配管、配線、支持方法等の詳細検討を行い、施工図を作成して実際の工事を行う業務慣行があり、前出の詳細検討は設備設計者の職能を超えているともいえる。「正しい」設計情報を構築することは、設備設計者単独では困難な状況である。

こうした背景から、当PDセンターが設備設計者と専門工事会社間の「橋渡し」の役割を担い、「正しい」設計情報の構築を支援している。具体的には、設計段階から設備設計者と並走して施工の知見を加味したモデル化を行う。ただし、この段階では、配管の支持方法や部材等の詳細検討までは行えないため、一般的なクリアランス寸法を

見込んだ配管、配線ルートでモデル化するが、意匠、構造との調整では十分である（図2.2.11.3）。

このプロセスで構築される設備BIMモデルは、ある範囲において意匠及び構造との整合性が確保されており、「正しい」設計情報を有しているといえる。例えば、設備スペースのメンテナンスルートの確保という設計意図が反映されているのである。この設備BIMモデルを、設計情報の伝達手段として、着工時に設備専門工事会社へ支給し、施工検討／施工図作成に役立てていただいている。

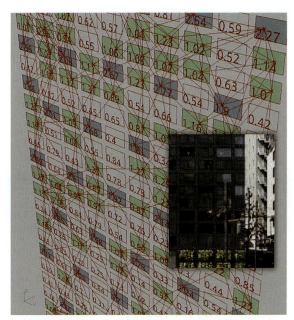

図2.2.11.4 コンピュテーショナルデザイン例

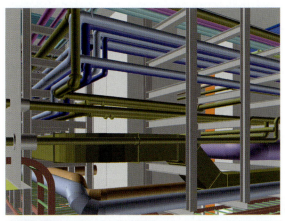

図2.2.11.3 設備モデリング例

8 考える道具、伝える道具として

「無から有を生み出す」設計の初期段階においては、代表的なBIMソフトは、設計者の「考える道具」としては不都合な面もある。そこで、様々なソフトウェアを適材適所で組み合わせ、設計の高度化に取り組んでいる。

例えば、事務所ビルのファサードデザインにおいて、開口部の配置を周辺環境との関係性から決定したプロジェクトがある。周辺環境の要素を変数とし、最適な開口部の配置と大きさをコンピュータ上に構築した論理回路で導き出し、決定した（図2.2.11.4、Rhinoceros + Grasshopper）。

昨今のICT技術の発展は、3次元の仮想体験を一般化した。設計段階では、発注者に対して、設計案の説明を行い、理解を深めていただくこと

が重要であり、「正しい」設計情報を構築する起点となる。そこで、「伝える道具」としてARやMR技術を用いたプレゼンテーション手法を採用し、スムーズな合意形成を図っている。例えば、改修工事では、現場に機器を持ち込み、発注者の方々に没入型ディスプレイを装着していただくことで、設計内容の理解を深めていただいた事例もある。

9 まとめ

BIM活用の効能として、生産性向上が取り沙汰されるが、多くの場合、整合性の高い図面の作成や干渉検査等「効率化」のみに着目しており、BIMの一面を捉えているにすぎない。BIMを基盤とした新たな業務プロセスでは、効率性を高めると同時に、創造性を高め（設計の高度化）、その相乗効果によって、建設産業全体の生産性を向上するべきと考える。

形態情報、属性情報ともに「正しい」BIMモデルこそが、生産性向上の基盤となる。大林組ではこれらの取組みを加速させていきたいと考えている。

（参考文献）
1) 日本建築学会「BIMプロジェクトの標準プロセスマップ version1.0」2015年2月17日

事例12〔ゼネコン事例〕
設計段階からのBIM情報連携事例

鹿島建設㈱
安井 好広

1　BIMデータ運用と情報管理

「BIMデータは一貫データとし、企画、基本設計、実施設計、施工、製作、維持管理とデータは引き継がれ、徐々に情報が付加されていくものである」という概念を鵜呑みにし、実ジョブでのBIM導入で頓挫する事例が多い。

BIMデータ（建物モデル）に情報を集中させる手法は、情報の管理・運用という観点から見ると、雑多に必要・不必要な情報が乱雑に絡み合い、情報の無管理状態に陥りやすい。事実、BIM先進国といわれている海外のBIMデータを見ても、設計段階で既に情報過多でデータが破たんしており、とても実用に耐え得るものではないケースが散見される。

反面、BIMデータを上手く活用できている設計事務所のデータを見せていただくと、企画、基本設計、実施設計、各フェーズにおいて属性情報とLODが最適化されており、情報も必要最小限に抑えられていることが分かる。

鹿島建設においても「フェーズごとのデータ最適化」、「目的に応じたマルチデータ化」、「情報の整理整頓」を意識することにより、施工BIM活用は一気に展開された。

今回は、BIM活用とは単純にツールを使えばよいというものではなく、情報管理と運用手法がカギであることを、ある生産施設建設工事での実例を交えて紹介する。

2　超フロントローディング

このプロジェクトは、延床17万m²、鉄骨数量約4万tという巨大なプロジェクトで、かつ、入手後、3カ月で実施設計を完了させ工事着工、着工後6カ月で本体鉄骨上棟、その2カ月後には生産機器の搬入という超短工期案件であった。

入手後直ちに、超フロントローディングを意識し、設計者と施工者の席を同じ部屋に置き、双方向の情報伝達がスムーズに行える体制を整えた。施工サイドからは、資材の調達、工程を意識した提案を積極的に発信、設計サイドは、顧客の生産部門からの情報を収集してもらい、常に最新の情報を一つの部屋で管理した。

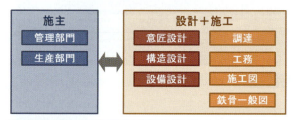

図2.2.12.1 超フロントローディング体制

構造架構は、構造設計者からのスケッチや口頭での情報から直ちに基準となる構造検討用モデルを構築し、掘削土量、コンクリート数量、鉄骨重量とピース数などの数量情報をBIMデータから抽出した。同時に、資材の手配、ファブの加工能力、運搬、揚重などの制約条件と突き合わせ、設計にフィードバック、顧客の生産部門への確認というサイクルを繰り返し、スパン割と構造断面の組み合わせパターンを複数種類作成しながら、最適な構造架構を最短で決定した。

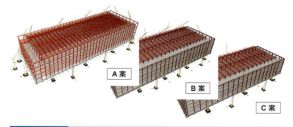

図2.2.12.2 最適な構造架構の決定

表2.2.12.1 建物モデルから算出した数量表

工種	部位	仕様	数量	単位	根拠
仮設	敷鉄板	外周及び杭施工時寄付き用(5*20)	4,058	枚	BIM
土	掘削土	1FL=GL+500【想定】	70,000	㎥	BIM
杭	杭	PHC杭（800φ,L=30m）	1,514	本	BIM
基礎	フーチング	コンクリート（Fc=27N/㎟）	23,712	㎥	BIM
	フーチング	鉄筋	2,300	t	歩掛
	1階土間	コンクリート【t=300mm想定】	18,765	㎡	BIM
	1階土間	鉄筋	1,880	t	歩掛
鉄骨	柱	□-1200*1200*36(計1,708P)	22,727	t	BIM
	大梁	BH-1400*600*25*36(計3,181P)	24,260	t	BIM
	小梁	SH-1000*350*19*32(計7,119P)	25,193	t	BIM
	(各節ピース数)	柱：378P、大梁：660P、小梁：1,216P	(×5節)	P	BIM
	トラス	H-400*400*13*21【想定】	1,925	t	BIM
	間柱	H-300*300*10*15【想定】	644	t	BIM
	耐風梁	H-588*300*12*20【想定】	1,347	t	BIM
	縦胴縁	□-100*100*3.2 @1200【想定】	415	t	BIM
	ブドウ棚	共通架台鋼材、FFU吊元鋼材	1,515	t	BIM
	デッキ	鉄筋付きファブデッキ	256,845	㎡	BIM
	デッキ	フラットデッキ	15,101	㎡	BIM
コンクリート	地上床	2～5F床コンクリート	30,728	㎥	BIM
	地上床	鉄筋	3,000	t	歩掛
	3F床	PC根太（B×D：250×300 @600）	4,380	t	BIM
屋根	RF	折板屋根（ダブル）	57,140	㎡	BIM
外装	外壁	イソバンドt=50想定	51,246	㎡	BIM
内装	外周間仕切	金属パネル	50,000	㎡	概算

この際、材料調達や工程検討作業に先立ち、BIMマネージャーが、構造検討モデルから出力すべき情報と、モデルに入力すべき情報の範囲と詳細度を整理し、モデリング戦略（≒LOD）を決めていたため、モデルの作成・編集にかかった労力はわずか数人工程度であったが、モデルの活用効果は大きいものであった。

その後、更なる調達情報の収集、意匠・構造・設備との大まかな調整、顧客製造部門との調整などを経て、約1カ月で確認申請の事前申請、その1カ月後には本申請というスピードで、入手から3カ月後で工事着工を迎えることができた。

3 専門工事会社とのデータ連携

この構造架構検討モデルはARCHICAD（意匠設計用BIMオーサリングツール：GRAPHISOFT社）を利用したのだが、実は、並行させて鉄骨専用CADによる鉄骨製作図データの作成も行っていた。

今回のような大規模工事に、ファブにて鉄骨一般図から単品図をまとめる従来の方法を適用すると、10社以上のファブから何度も繰り返される質疑応答や変更対応を取りまとめるだけで大変な作業になる。

今回は、REAL4（鉄骨専用CAD：データロジック）を採用し、当社にて、軸組図と、伏図、継手基準、溶接基準まで入力、その後、各ファブへ一般図データを提供するという形をとった。鉄骨一般図データを当社で取りまとめることで、設計者とのモデル上での質疑応答、合意もスムーズであった。

将来的には、BIM系鉄骨専用CADで一般図、単品図まで作成し、さらにはNC加工機へデータ連携したいという理想はあるが、一気に新システムに移行することは難しく、現状の生産ラインをストップさせず、既存システムとうまく連携を取りながら、BIM導入を段階的に実施する必要があるため、関係者間で詳細に打合せしながら、今回はこの方式、役割分担をベストと判断した。

おかげで、情報はシンプルに上流から下流へ一方通行で流れ、製作や建方において、手戻りも遅延もなく工事を進めることができた。

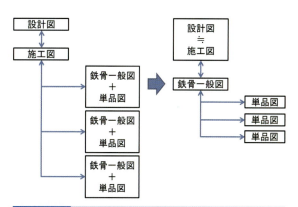

図2.2.12.3 上流から下流への情報の流れ

4 施工計画への利用

鹿島建設では、主要構造部材のID、サイズ、位置が正確に反映されたモデルを基本モデルと呼んでおり、この基本モデルは複製され、目的に応じて属性情報が付加される。本プロジェクトでは、この基本モデルから、施工計画モデル、施工図モデルへと活用され、さらに設備との総合調整にも発展させた。

これらすべてのモデルデータはGlobal BIM®（NTTコミュニケーションズのEnterprise CloudとGRAPHISOFT社のBIMcloud関連製品で構成されたクラウドシステム）上で、BIMマネー

ジャーにより一元管理されている。

まず、施工計画モデルのLODは、躯体の軸組図と伏図が書ける程度の情報で必要十分であり、仮囲い、クレーン、構台、足場、動線・資材ヤード等の情報を付加するとほぼ完成となる。しかし、仮設計画・検討において、モデリングに時間をかけずに、計画のチェック、検討に時間をより多く割きたい。そのために、当社では施工計画用オブジェクトを自社開発し、充実させている。

図2.2.12.4 施工計画用オブジェクト

これらの施工計画用オブジェクトを利用し、関係者で確認、問題点の洗い出し、改善、チェックのサイクルを素早く繰り返すことで、密度の濃い検討でありながら早期の計画立案に寄与できた。

さらに、外壁下地、ブドウ棚、生産機器に関連する附帯鉄骨がほぼ確定すると工区別の詳細な施工計画へとブレイクダウンを行う。ここまでのモデリング作業自体は、工務担当者1名×1カ月程度の作業量であった。また、バックアップ体制として、モデルデータはGlobal BIM®のクラウド上に置き、必要に応じて本社や施工図会社から確認、支援を行った。

ここで重要なのはオペレーターではなく、工事を担当する社員自身がモデリングに時間をかけることなく、詳細な検討を行えたことにある。

この施工計画と並行し、基本モデルはさらに複製され、施工図用に詳細情報が追加された。鹿島建設では、BIMデータから施工図化するノウハウを確立しており、従来の作図CADと同等あるいはそれ以下の労力で、掘削計画図や、躯体図、

図2.2.12.5 鉄骨建方計画

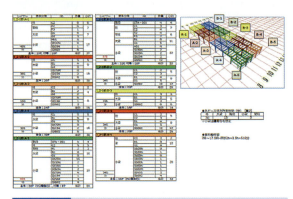

図2.2.12.6 工区割検討

図2.2.12.7 詳細な施工検討

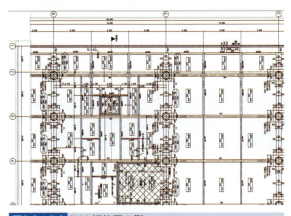

図2.2.12.8 BIM躯体図の例

平面詳細図、天井伏図、展開図等に至るまでARCHICAD単体で出力できる。

この建築データをIFCに変換し設備協力会社にも渡して、建築と設備の取り合い調整に活用された。このケースにおいても、建築側から早期に正確な情報を設備協力会社に提供することにより、設備BIMソフト上で、初期から精度の高い

設備施工図が検討・作成できるため、重ね合せ、干渉チェック、修正のサイクルを極端に減少させることが可能であった。

図2.2.12.9 設備との総合調整

5 情報管理としてのBIM

現状、BIMオーサリングツールの進化は著しく、実業務へのBIM適用においては、ツール単体の機能不足が問題になる場面はほとんど見られない。むしろ問題は活用する側にあり、モデル化する範囲や合理的なLODの設定、入力する属性情報の整理整頓、そして、それらを他の専用アプリケーションにどのように連携させるかというデータ管理・活用戦略が最も重要になる。

まず、基幹システムとしては、ツールありきの運用計画は避け、目的と手順を明確にした上で、システムの構築や運用計画を立てるべきである。アプリケーションについても、機能の優劣比較に意味はなく、何のために開発されたソフトなのか機能の目的を見極めた方がよい。

次に手順の改革である。ツールが変われば手順も変わる。従来どおりに生産設計と施工を並行して進める手法ではBIM活用の本来の効果を発揮できない。BIM活用効果は、超フロントローディング（欧米風にいうとIPD）によって最も効果を発揮するが、同時に未確定情報を従来よりもはるかに早い段階で決定させなければならず、施主や設計への負担も増大する。しかし、プロジェクト全体では必ず効率化が図れるので、今後は、関係者間の業務分担や範囲、手順や報酬の改革が必要であろう。

そして、最も重要な点は情報の管理である。情報は整理整頓（不必要なモノの排除と、取り出しやすいようにインデックスをつけ並べること）が重要であり、雑多な情報を入力したBIMデータは肥大化し、取り回しが難しくなり、必要な情報を探し出すにも時間がかかり、結局は生産性向上の妨げになる。

また、情報は一つのBIMデータに集約されるべきものではなく、内容と活用目的に応じて最適なデータ形式で収納され、必要に応じて最適な形式で取り出せるべきである。そして情報は、提供する側が責任を持ち、まず他者に与えることと引き換えに、自分にとって有用な情報を入手する手段である。したがって、我々には世間にあふれる膨大な情報から正しく必要な情報を見つけ出すスキルが必要となる。

この段階まで到達すれば、BIMの"M"は"Modeling"の範疇を超え、"Management"に広範囲化する。

BIMデータで調整や合意ができれば、コミュニケーションの効率化により不要な図面や文書の削減など、関係者間の負担は軽減される。また、図面は調整結果としての記録にすぎなくなり、情報さえ正確に伝わるのなら図面の体裁や役割も変わっていくであろう。承認行為も方法やその記録方法も変えなければならない。業界全体の協力でこのような思い切った意識改革、手順の改善を進めたい。

事例13〔設計事務所事例〕
Foster + Partners の取組み

フォスター・アンド・パートナーズ
長谷川 卓治

今日建築デザインの世界において、3D CADの重要性は、既に誰もが疑うことのない常識である。2000年代に入り、今までの3Dを使ったデザインプロセスは、さらに情報の次元を増やしたBIMというシステムに進化した。BIMというCADシステムは単なる製図用ツールという枠を越えて、建築設計、施工のあり方を変え、建設産業に携わる組織の増進を導くものである。

我々Foster + Partnersは社内のチームのみならず、外部のパートナーたちとBIMを通して協働するプロセスを推進してきた。ここでは、我々がどのようにBIMによる設計というものを捉えているか、組織形態の説明、いくつかの事例の紹介、そして将来への展望をもってお伝えしたいと思う。

1 過去の取組み

Foster + Partnersは過去20年にわたり自社のBIMによるデザインプロセスを進化させてきた。自分たちの手でプラグインアプリケーションを開発していた初期からBIMソフトウェアが進化した近年に至るまで、施工者、加工業者そして施主に3D BIMデータを提供することができるように、BIMソフトウェア技術を活用してきた。設計の段階で3Dモデルに情報を与え、ドキュメント化して管理すると同時に、建物の性能を最適化する詳細なモデル分析を行ってきたのである。そして近年では、3Dモデルが動かすデザインプロセスが我々の仕事の流れの中心となっている。例を挙げると、初期のBIMを使ったプロジェクトであるロンドン市庁舎プロジェクトでは、3Dモデルによる日射の解析を行い、また、施工の面では3D情報を加工業者と直接やり取りすることで、複雑な形態をしたガラスカーテンウォールの建設を実現した。

近年の例では、パナマ・トクメン空港のプロジェクトにおいて、社内のエンジニアリングチーム、さらには積算の専門家とBIMを介して協働し、正確なコストの試算を行った。また、カリフォルニアのApple本社のプロジェクトでは、BIMを使用した建設スケジュール管理と、施設オペレーションを実行している。

2 組織と人材

Foster + Partnersは高いスキルを持った人材を集め、プロジェクトを進めることを目指している。そして、彼らの能力をさらに高めるためにトレーニングプログラムに力を入れている。新しくFoster + Partnersに参加するスタッフは、CAD技術やプロジェクトにおけるワークフロー等、様々なトレーニングを受けるが、近年では他のスタッフとのコラボレーションやプロジェクトの情報のシェア、そして、職能を超えた連携という点を特に重視するようになった。

BIMに関しては特別なチームを設立し、設計者たちに対するトレーニングを含めた総合的なサポートを行っている。BIMマネジメントチームはBIMトレーナー、BIMスペシャリスト、そしてBIMコーディネーターによって構成され、すべてのプロジェクトの開始から完了までをサポートしている。BIMマネジメントチームは、基本的にはトップのマネージャーがリーダーシップをとることになるが、プロジェクトチームの様々なレベルで交流、協働して理解を深めていくのである。

BIMプロジェクトの場合、各プロジェクトチームにおいて、約10％の割合でBIMコーディネーターが配属され、彼らは建築、エンジニアリングを含めた範囲のサポートを受け持つのが理想である。BIMコーディネーターだけでなくプロジェクトチームのすべてのメンバーは社内でのBIM

トレーニングを受け、BIMの概念、ソフトウェアの使い方、そしてワークフローを学ぶ。それに加え、いつでもアクセス可能な社内イントラネットにBIMの使用ガイドを動画などで提供している。このような充実した環境によって、建築設計者、エンジニア各々がBIMによってプロジェクトを進めることが可能になるのである。

Foster + Partnersでは、建築設計のグループは六つに分類され、プロジェクトの種類、規模、場所に関わらず、それぞれのスタジオでアーキテクトとして設計業務を進めている。それをサポートする形で、様々なスペシャリストグループが存在する。アーキテクト（建築意匠設計）、構造設計、設備・環境設計、プロジェクトマネジメント、インテリアデザイン、ワークスペースデザイン、アーバンデザイン、工業デザイン、ランドスケープデザイナー、コンストラクションテクニカルアドバイザー、建築仕様選定、素材研究、広報・グラフィックデザイン、CGパース・ムービー製作、模型製作、3Dプリント製作、スペシャルモデリンググループ、先端技術研究など、専門性は多岐にわたる。そして、BIMマネジメントチームが各チームを代表してBIMによるワークフローをまとめる。

それぞれのチームが同じBIMモデルをシェアし、Foster + Partnersのスタンダードに沿って、情報をインプットそしてアウトプットしていくことで、データライブラリには、約50年にわたるFoster + Partnersの知識・経験が蓄積され、BIMマネジメントチームの手によって継続的に更新されていく。このように、ノーマンフォスターの思想とこれまでの経験によってつくり上げられたFosterスタンダードが、BIM時代を迎え、さらに有効に働いているのである。

3 コラボレーションとBIM規格

BIMプロジェクトを成功させるためには、社内の専門家のみならず、外部のコンサルタント、施工者、施主がBIMによって協働することが重要である。今日では様々なBIMの規格があるため、我々はBIMの国際規格もしくは施主が要求する規格など、その都度、異なる状況に対応する必要がある。そして我々Foster + Partnersは、基本的にアーキテクト・リードコンサルタントとしてプロジェクトチームを率いる立場に任命されることが主で、その場合、プロジェクトにおけるBIM規格や基準を決めるBIMマネジメントも請け負うこととなる。基準を決め、他のコンサルタントたちと働き方を共有することは、プロジェクトの最初に行われることで、最も重要なプロセスである。この重要な役割を我々の社内のBIMマネジメントチームが請け負い、それぞれのプロジェクトにおけるBIM情報を管理していく。

Foster + Partnersは以前から、Bentley社のMicroStationをメインのCADシステムとして採用してきたため、数々の大規模BIMプロジェクトにおいてもBentley社のAECOMSim BIM technologyを使用してきた。そして、近年ではメインのBIMシステムをAutodesk社のRevit Building Suiteに移行している。しかし、一つのソフトウェアの使用に限定するわけではない。例えばコンセプトデザインの段階では、その利便性から、Robert McNeel & Associates社によるRhinocerosやGrasshopper、Autodesk社のDynamo等の3Dモデリングソフトウェアを使用するケースも多い。他にも我々の社内の構造、設備エンジニアリングチームは、多様な解析アプリケーションを駆使して、初期の段階から詳細な分析を行い、デザインを進化させていく。また、デザインの整合性を確認するためにBentley NavigatorやAutodesk Naviswork、Trimble社のSolibri等のソフトウェアを使用している。

このようにデザインのプロセスにおいて多様なソフトを駆使していくのだが、BIMマネジメントチームはそれをサポートするために、主要なソフトウェアとファイル変換方法のガイドを提供している。Foster + Partnersはソフトウェアの種類に制限を設けるのではなく、それぞれのプロジェクトに有効利用し、デザインの質を向上させるツールとして使い分けることを重視している。

4 Foster + Partners にとってのBIMとは

　我々はBIMに対するアプローチとして、常に連結されたモデルによるデザインプロセス（多数の3Dモデルをリンクさせ、それぞれ参照させるシステム）を重視している。これには二つの理由があり、一つは大規模プロジェクトを大規模なチームで効率よく進めるためで、もう一つは多数のデザインオプションの組み合わせを素早くそして効果的に評価、分析するためである。

　一つのモデルを扱うプロジェクトチームの規模は可能な限り小さく保ち、ネットワークシステムや調整役を設けることで、チーム同士がコラボレーションしやすい環境を整えている。外部のコンサルタントと協働する場合は、Common Data Environment（CDE）、つまり共通に参照されるデータ環境において、相互に製作中のモデルを常にシェアし、デザインチェックのために定期的に正式なモデルを受け渡すようにする。そして、BIMモデルは、プロジェクトのライフサイクル全体で再利用されるもので、3Dモデルのジオメトリーや BIM情報が、チーム内でいつでも確かめられるようにする。設計から施工のプロセスの中で、モデルデータの所有権や説明責任は他の企業に渡すことができるようにし、それぞれのモデルは分割して各専門家が仕事を進められるようにすることが一般的である。

5 BIMプロジェクトの事例紹介

5.1 ハラメイン高速鉄道駅プロジェクト—サウジアラビア（2009〜）

　このプロジェクトは、サウジアラビア王国のメッカ、メディナ、ジェッダ、そして、キング・アブドラ・エコノミックシティ（KAEC）の四つの都市をつなぐ、主要なインフラストラクチャーの駅舎部分を設計するものである。四つの駅舎、すべて合わせると、ロンドンのトラファルガースクエアの30倍の面積を誇り、ユーロスターが終着するセントパンクラス駅の6倍もの乗客が年間利用することになる。Foster + Partnersはリードコンサルタント／アーキテクトに任命され、エンジニアリング会社のBuro Happold社とジョイントベンチャーチーム（JVチーム）を組み、プロジェクトに取り組んだ。

　それぞれの駅舎が80,000m^{2}程ある巨大なスケールのプロジェクトにもかかわらず、我々JVチームは短い期間で設計を完了することが求められた。デザインのコンセプトはアラビアの典型的アーチ形状の屋根と、ファサード、フロア、エスカレーター、エレベーター、ビルディングコア、ランドスケープ等、建物のすべての要素をモジュール化し、設計・施工のプロセスの効率を高めるとともに、四つの駅のデザインの質を等価にするというものである。モジュラー建築のデザイン的特性から、建物の各要素を分割してデザインを進めることが容易であるため、BIMを使うことが大きな利点となった。建物の各モジュールを担当するチームが各々3D BIMモデルを立ち上げ、それぞれ様々なデザインオプションを試していく。そして、各モデルは、一つのマスターモデルにリンクされ、3Dで各部の整合性を確かめられた後、平面図や断面図、立面図など2D情報を示した図面に書き出された。また、マスターモデルはエンジニアの解析や3Dプリントやパース製作などのベースとして活用された。

　灼熱の砂漠地帯という過酷な環境でのプロジェクトであったため、コンセプトデザインの段階から環境解析アプリケーションを多用した。例を挙げると、ファサードの太陽光と輻射熱の計算によるルーバー、日除けのデザインや自然光を取り入れる天窓のデザインなどである。当初設計チームが想像していたよりもさらに熱環境が厳しかったことを確認し、早い段階でデザインに反映することができた。

　全体の図面製作に関しては、当時のコンピュータのハードウェアやソフトウェアアプリケーションの性能、ネットワークのスピードなどが、複雑なデザインを2Dに書き出す際に問題になること

はあったが、BIMマネージャーが随時サポートすることにより、提出用の2D図面をBIMから打ち出し期限内にプロジェクトを完了することができた。Foster＋PartnersはメインのBIMソフトウェアにBentley社のBentley Architectureを使用し駅舎全体のモデルを製作した。特徴的な屋根モジュールの曲面は、Bentley社のパラメトリックモデリングソフトウェアのGenerative Componentなどを使用して実現されたものである。

5.2 トクメン空港ターミナル―パナマ（2011～）

トクメン空港拡張計画は、2022年までに既存の年間580万人のキャパシティを1,800万人に増強するために、新しい空港ターミナルを設立するものである。我々は、この新しいターミナルを設計する上で、パナマの特徴的なランドスケープを引用し、無機質になりがちな空港建築から脱却することを目指した。新しいターミナルの中心部にはパナマの熱帯雨林の植栽によって緑あふれる中庭をつくり、それを利用客が常に鑑賞できるようにした。そして、中庭のある中心部から東西にコンコースが伸び、空気力学的な曲線を持ったブロンズ色の屋根が覆う。丁寧に練られた平面計画は利用客の空港内の移動距離を限りなく短くしつつ、旅客機への搭乗ゲートの数を確保した。

このプロジェクトでは、エンジニアリングと建築が融合し、バランスの取れた環境対策を練ることが特に重要であった。自然光を確保するための天窓の位置とサイズ、強すぎる日差しを防ぐための庇の深さを、設備エンジニアの空調設備設計と、整合性を取りながら設計を進めた。また、構造エンジニアは高温の気候であることから、構造部の施工を短期間で完成させる必要があり、綿密な建設プロセスを構築しなければならなかった。

我々のこのプロジェクトに対するBIMの取組みは、Foster＋Partnersの建築、構造、設備チームとのコラボレーション、そして現地のエンジニアを含めた、複数の国から集まったプロジェクトチームとのコラボレーションを高いレベルで実現させるものであった。プロジェクトでは、複数の設計・解析用のアプリケーションを駆使し、チーム同士が緊密にコミュニケーションを取り、BIMによる図面の作成、積算、解析、CGパース製作、模型製作等を行った。チーム同士の連携で、前述したCommon Data Environment（CDE）を利用し、常にファイルを共有し設計を進めた。

このプロジェクトから得た教訓の一つは、オープンスタンダードのBIMシステムを使い、広範囲のデザイン、解析システムで共有可能なファイルへと対応させることである。Foster＋Partnersではソフトウェアの柔軟な使用を推進しているが、その際のソフトウェア間の相互運用のあり方に課題をもたらした。一方で、Foster＋Partnersの構造と設備のチームがフルタイムでプロジェクトに参加していたため、建築デザインチームとの関係が内部で緊密に行われ、細かいBIMファイルの調整、整合などが可能であった。

6　将来への展望

BIMはゆっくりと建築の産業の形を変え、デザイン、施工のプロセスにおけるコラボレーションの質を向上させている。

ここまでFoster＋PartnersのBIMによる設計について紹介してきたが、我々がBIMによって受けている恩恵は、様々な専門スタッフを揃えることができる巨大組織事務所ならではだと感じるかもしれない。しかし、一つの組織によるものだけでなく、業界全体における分散型の設計業務の形もあり得るだろう。現代の設計業務の形態は、一人の建築家、設計士がすべての業務をカバーするのではなく、様々な職能が集まり一つの建物をつくっていくように変化してきている。おそらく今後、様々な職能を持ったコンサルタントたちが部分的に設計業務を請け負う、ある種の設計の分業体制が進んでいくだろう。そのとき、BIMというシステムの規格や基準、働き方の共通認識が、国際的に確立されることが重要になるだろう。複雑化した建築デザインが求められる今、建物の質を向上させる新たなデザインプロセスが生まれることを期待している。

事例14〔設計事務所事例〕
BIMの活用パターン

ホプキンス・アーキテクツ
南雲 要輔

1　英国政府の目標

　かつて英国の建設業界は、断片化した各業種が対立して非効率な故に、顧客の要望を満足することが難しかったという反省から、1994年のレイサム卿[*1]と1998年のイーガン卿[*2]のレポートに基づき、政府と建設業界が改革を進めてきた。入札による価格競争よりも、透明で長期的なパートナーシップを構築し持続的に品質と効率を向上させることで、施工費を低減し工期を短縮し欠陥を減らし、顧客の要望に応えようとしてきた。公共工事が理想的な模範となるよう、政府が主導してきた。

　英国のGDPの7％を占める建設産業の約40％は公共工事であり、政府が建設業界の最大の顧客として、建設産業の効率化を図ることが英国経済の成長に必須だと考えられている。建設産業は、他の産業では既に3D環境で共同作業をすることでコストを削減し欠陥を減らしている企業もあることに比べて、デジタル技術の可能性を活かせていない。そこで政府は、無理なく建設業界全体がBIMを使い3D環境でデザインをコーディネートしながら協働していけるように、段階的な計画を用意した。2011年に発行した英国政府の建設戦略[*3]の中で、2012年の夏から主要な職種が3Dインフォメーション・モデルを設計施工工程に使用し始め、少なくとも2016年には共同作業による3D BIMの電子データを公共事業で用いること[*4]を指示した。

[*1] Sir Michael Latham, *Constructing the Team*, July 1994
[*2] Sir John Egan, *Rethinking Construction*, November 1998
[*3] Cabinet Office, *Government Construction Strategy*, May 2011
[*4] Maturity level 2, BS 1192-4:2014 Collaborative production of information

2　英国建築デザインの動向

　英国は、2050年までに1990年比80％の温室効果ガス排出量の削減を目標としている[*5]。2006年に英国建築基準法[*6]が改正されて、建物の断熱性能やCO$_2$排出量が規制された。公共建築を中心に環境性能評価手法BREEAMの運用や再生可能エネルギーの利用が義務づけられ、環境に配慮した計画が求められている。そのため、設計の初期段階からCO$_2$排出量を計算しながら、ガラス面積や外装の性能を決めるようになった。英国の気候条件では、敷地条件がよければ、機械換気・空調設備に頼らずに、自然換気により室内を冷却できるような建物形状をデザインすることでエネルギー消費量を抑え、使用するエネルギーを敷地内の再生可能エネルギーで賄えば、ほぼカーボンニュートラル、エネルギー的に自立可能な建築を新築することが可能になった。

　英国最高の建築賞、スターリング・プライズのここ4年の受賞作品はすべて既存改修・増築であり、我々の携わるプロジェクトも既存建築の改修・増築が多くなった。英国の社会、建築家の関心は、膨大に放置されている既存の都市と建築の改良へ向かっていると思える。これは、新築より大きな制約があるものの、過去の建築と向き合い未来へ向かう、文化の継承も含めたサスティナビリティへの志向である。重要な建築遺産を保存するだけではなく、新たな機能を付加することでよりよい建築体験を提供したり、建築を使用しながら機能・性能を改良したり、既存構造を残し補強

[*5] Climate Change Act 2008
[*6] The Building Regulations, Approved Document Part L, Conservation of Fuel and Power

し改修・増築して現代的な要求に対応できるように改良するなどの事例が増えている。そのため、既存建築の設計図書アーカイブや測量データの活用と繊細な施工計画が必要になっている。

3 BIM導入の経緯

ホプキンス・アーキテクツは、長年 MicroStation[*7]を CAD に使用してきた。当初は Mac[*8]を使用していたが、MicroStation が Mac 用のバージョン・アップを止めた時期に PC を CAD に使用し始め、プレゼンテーションなどには Mac を使用し併用を続けて現在に至っている。

公共工事での BIM 利用に先駆けて、米国の大学、ホテル、大手デベロッパーなどの建築主からの要求により Revit[*9]を使用して BIM を導入し、約2年後の現在2016年12月、約50％のプロジェクトで BIM を活用している。当初、BIM を導入するプロジェクトの担当者は、まず社外の BIM 講習を3日間受講し、試行錯誤しながらデザインを進めてきた。1年を経過した後、社内に経験者が増えてきたことから、社内で導入講習をすることになった。また、それぞれのプロジェクトのタイプにより様々な使い方、違ったパラメーターのタイプを使用しているため、週1日程進行中のプロジェクトで使用しているテクニックなどを紹介し合う会議を行い、BIM の知識と技術の共有に努めている。

設計契約は、今のところ BIM 特有の設計契約はなく、デザイン・アンド・ビルド[*10]で施工契約をする前提で設計契約をすることが多い。将来はフロントローディングを許容する設計工程や、契約条件が必要になると思われる。現在建築業界で使用されている、法律、契約書、建築家賠償責任保険が、現在のレベルの BIM 活用のために変更されるとは思われないが、BIM 活用によって現在の契約図書に不足していること、例えば BIM マネージャーの役割や、それぞれのコンサルタントの、特に仕様書の性能設定に対する役割と責任を契約に盛り込む必要が明らかになっていくであろう。

まだ、BIM を使用したプロジェクトが完成していないが、BIM が適切に運用されれば、施工や、建築主の建物運用にモデルが使用され、大きな効果があると思われる。

4 BIM活用状況

英国では、設計業務を王立英国建築家協会（RIBA）の作成した RIBA プラン・オブ・ワーク[*11]に沿って進めることが多い。0：重要な定義、1：ブリーフの準備、2：コンセプト・デザイン、3：デベロップド・デザイン、4：テクニカル・デザイン、5：施工、6：引渡し、7：使用まで設計フェーズが8段階に分かれていて、それぞれのフェーズの目的と任務が定義されている。RIBA は政府の意向を受けて、2012年5月に BIM オーバーレイ[*12]を発行し、プラン・オブ・ワークのそれぞれのフェーズでどのように BIM を使用していくか解説した。BIM を利用することで、よりエネルギー効率がよく、資本コストと運用費の両面で費用対効果がある設計が可能になると期待されている。リードデザイナー、建築家が、それぞれの設計フェーズごとに必要な入力内容と成果物を明瞭にして、そのために必要なデータの入力をそれぞれのコンサルタントができるように、デザインチームをコーディネートしていくことが要求されている。

ホプキンス・アーキテクツは多くの英国の設計事務所と同様に、社内に構造・設備設計部門がないため、外部のコンサルタントと協働している。通常、それぞれのコンサルタントが同じソフト

---

*7 Bentley MicroStation

*8 Apple Mac

*9 Autodesk Revit

*10 JCT (The Joint Contracts Tribunal) Design and Build Contract (DB)

---

*11 https://www.ribaplanofwork.com

*12 RIBA, *BIM Overlay to the RIBA Outline Plan of Work*, Edited by Dale Sinclair, May 2012

ウェアとバージョン、ホプキンス・アーキテクツの場合はRevitを使用してモデルを作成し統合することで協働する。例えば、現在進行中のプロジェクトのBIMモデルは、建築、構造、設備、既存建築を含む測量の四つに分けられ、それぞれのコンサルタントが独自にモデリングしている。

それらのコンサルタントに加えて、建築主はBIMコーディネーターと契約し、モデルの工程や精度の管理を行う。BIMコーディネーターは、BIMモデルのプロセスや作業範囲を設定したドキュメントを発行し、ワークショップを開催して指示を伝達したり、必要に応じてデザイン会議に参加しBIMが建築主の意図どおりに作成されているか管理する。それぞれのコンサルタントがBIMリーダーを1名選出し、お互いの連絡・調整を行いBIMワークショップに参加している。施工会社や下請専門業者が施工契約前に設計作業に参画する場合や、施工契約後のBIMモデルの受け渡しはBIMコーディネーターが契約内容に応じて行う。

BIMモデルの作業範囲や精度に対しては、BIMコーディネーターが発行するモデル・エレメント・テーブル（MET）やモデル・プロダクション・デリバリー・テーブルに基づき、各コンサルタントがその責任を負う。METには、モデルの部材ごとに、それぞれの設計フェーズで要求されるモデルの精度LOD（Level of Development）と作成するコンサルタント名が明記される。モデルの精度は、通常、米国のBIMフォーラム・ドキュメント[*13]に基づいている。BIMの活用に当たり、設計の初期段階からデザインチームでのコーディネーションが必要になってきている。BIMを開始する時点で、使用するソフトウェア、発行する際のデータのフォーマット、モデルの単位、縮尺、プロジェクトの原点と測量点の経度・緯度、グリッドの真北からの角度などが協議され、その定義がBIMコーディネーターによって書面化されてそれぞれのコンサルタントへ発行される。

実際のモデルの作成は、設計チームが直接行っている。例えば、大きな物件で8人程のチームの場合、担当役員1人を除く全チームメンバーが直接Revitを使用し、役員はレビュー・ソフトウェアとして、Autodesk社のNavisworksを必要に応じて使用して作業内容を確認する。モデリング、2Dの図面化、仕様の入力などをチームメンバー全員が同時に行えるので、MicroStationで設計するよりもかなり効率がよい。大きな物件の場合、外装と内装にモデルを分けることでデータの量を抑え、なるべくコンピュータが重く遅くならないようにしている。社内で作成している建築のモデルに、他のコンサルタントの構造・設備・測量モデルを参照しながら設計を進めている。それぞれのコンサルタントは、大きなデザインの変更があったときや、それぞれの設計フェーズの終了準備に入った時点でモデルを発行し、モデルに問題がないか、クラッシュ・ディテクションなどの調整をする。

大きな物件では設計の途中からBIMを導入することも多く、その場合はMicroStationで既に作成した2D/3D CADデータをRevitに参照して活用している。既に描かれた標準詳細図などが利用できるときは、Revitに参照しオーバーレイすることで3Dモデリングすることなく図面としてフォーマットして発行し、柔軟に対応している。BIMでの設計が進むに従って、自然に2D/3D CADデータがBIMモデルに置き換わっていく。

既存建築改修の場合、既存建築図面を基に、使用する部分を担当するコンサルタント、例えば既存構造部分は構造設計事務所が入力する。米国の大学のプロジェクトでは、測量コンサルタントが既存建築を測量してモデリングをしたものを、エグゼクティブ・アーキテクトが建築モデルとして洗練させ、我々はそのモデルに新たなデザインを付加することで設計作業を行っている。

---

*13 Level of Development Specification 2013 published by AIA via BIM Forum

5 他のソフトウェアのデータ利用

　ホプキンス・アーキテクツはBIM導入3年目で、まだ半数のプロジェクトで2D/3Dソフトウェア、MicroStationを使用していて多くのスタッフが精通していることから、時間の制約があるときはMicroStationで作図した2Dドローイングや3DモデルをRevitに参照して、効率よくモデリングを行っている。例えば、MicroStationで複数の曲線を組み合わせた複雑なジオメトリーを正確に製図して、それをRevitで参照しながらモデリングすることで、建物形状、外装の割り付けと外観・内観の検討を同時に行っている。

　既存の都市、建築との関係や景観を考慮した設計を行うために、3Dレーザー・スキャニング、ポイント・クラウド・ソフトウェアを利用している。正確な測量を迅速にモデルに取り込むことができる。例えば、ポイント・クラウドのデータを基に測量コンサルタントが周辺環境をモデリングし、我々の作成したプロジェクトのモデルに参照することで日影の分析を行う。今後、PCの性能

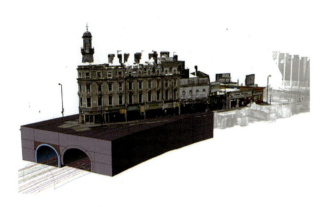
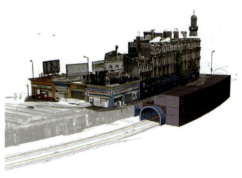
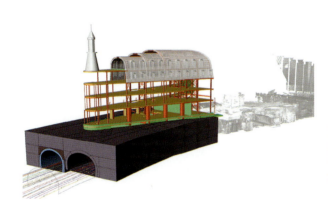
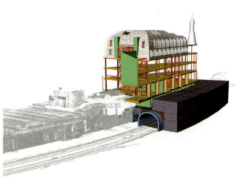
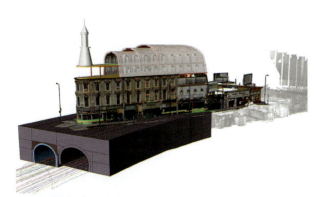

図2.2.14.1　3Dレーザー・スキャニング、ポイント・クラウド・ソフトウェアの既存建築データを利用して、詳細な測量を行う以前に、既存のトンネル上に建つ構造物の改築計画のスタディを行った事例。(資料：RAMBOLL)

がよくなるに従い、3Dレーザー・スキャニングのデータを活用しやすくなり、測量を3Dデータとして使用しながら既存都市・建築の改修・増築デザインがより迅速に正確に行えるようになるだろう。

6　インテグレーテッドBIM（iBIM）

一つの3Dモデルを共同で作業する現在のBIMのレベルの次は、モデルにパフォーマンスを入力し共有することで、より効率的な運用を可能にする段階に入る。今まではビルディング・フィジックス・エンジニアが、独自の3Dモデルを作成し、独自のソフトウェアを使用して設計中のCO_2排出量の計算を行っていた。今後は、BIMモデルを共有して、モデルの作成の手間を省いたり、設計者がパフォーマンスの入力されたモデルを使って室内の温熱環境を評価しながらの空間デザインがしやすくなる。環境性能の分析、積算・見積期間を短縮し、より資源を有効に活用できる施工計画や建物保全計画を設計と平行して行えるようになる。

設計者と施工者、その後の運用者との間で、BIMモデルを介したより緻密なコミュニケーションを可能にするためには、一つのモデルでより多くのコンサルタントが同時に働けるように、それぞれの業務範囲、責任の所在、著作権などの法的な整備が必要になる。施工者や、設計責任のあるサブコンが、性能設定された工事区分の設計にデザイン・フェーズから関わることも増える。古い慣習や因習にとらわれずに、新しい世代の共同的な建築の設計と施工のプロセスを生み出さねばならない。

BIMは、共同作業により処理能力と費用対効果の高いデザインプロセスを可能にし、建築のライフサイクル全体で建築主へよりよいサービスを提供できる。設計者にとっては、環境に配慮したデザインを効率よくできるようになり、既存の都市・建築の3Dデータを使ってより正確な検討ができるようになる。BIMの活用によって、都市・建築のデザインは新たな地平を開くことになるだろう。

事例15〔積算事務所事例〕
積算へのBIMの応用と課題について

㈱日積サーベイ

生島 宣幸

1　はじめに

　ここ数年、大手・中堅の建設会社や大手設計事務所などのBIM対応積算に関与してきたが、ほとんどの会社で当初は3D-CAD（BIMツール）から算出される数量を何らかの手法で活用する動きが見られた。しかし、後述する様々な理由で運用は壁に当たり頓挫している事例がほとんどである。一部の会社では、社内で3D-CADに与える設計情報に約束事を設けて、概算まで利用されている会社もあるが、極めて少数でその利用範囲も限られたものとなっている。

　コストマネジメントシステムとしての概算から実施詳細積算、現場での設計変更対応、他のBIM対応システムとの連携（例：施工図CAD）などを考えた場合、BIMに対応した積算専用システムとの連携は設計情報の有効活用の可能性を大きく広げることとなる。

　まだまだ実務での利用は少ない、3D-CADとの連携積算ではあるが、積算専用システムの内容や連携積算の有効性と合わせて現状の課題などについて述べてみたい。

2　積算専用システムの
　　必要性について

　3D-CADから算出される数量は、設計データの入力方法に約束事を設ければ、概算であれば一定程度利用できる。しかし、様々な理由から実施詳細積算では使用できない。「餅は餅屋」というべきか、以下にBIM連携に対応した積算専用システムの必要性について述べる。

　最初から少し細かい話ではあるが、図2.2.15.1はCADデータの与え方によって様々な数量が算出される一例である。各室内の床や天井の仕上面積を壁の内法で計測するのか、壁の芯で計測するのか、また、柱型の出型面積が積算基準により0.5m²を超える場合は差し引くのか、差し引かないのか……等々、これらはほんの一例で、同様な事例は各所に発生する。

　このように3D-CADから算出される数量は、CADデータの与え方によりかなりの数量差が発生する。これらの誤差は、場合によっては概算であったとしても許容範囲を超える誤差が発生する可能性がある。

　また、算出数量の責任の所在や算出根拠を第三者に分かりやすく数量調書や内訳書などを伴い提示することと合わせて、現状の3D-CADの数量算出機能では対応に限界がある。

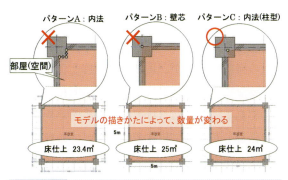

図2.2.15.1　0.5m²以下の柱型の画面

3　BIM連携積算システムに
　　必要な要素

❶3D-CADとの連携積算において、作業時間が短縮できること。
　（連携度合により短縮時間に差異はあるが……）
❷連携積算が一定の範囲で今までと同様な作業手

順で可能なこと。
（ただし、積算担当の区分や時間配分は変化する→配置担当や材料登録担当など）
❸連携積算で数量算出後に数量調書や内訳書まで一貫して作成できること。
（連携積算部分も、手計算で作成したものと同様な計算式が生成できること）
❹積算者が算出数量に責任が持てることと合わせて算出根拠が明確なこと。
（算出根拠のトレーサビリティがあること）
❺BIM連携ができない場合でも、従来の積算システムと同等以上の効率化と正確性の維持が可能なシステムであること。
❻BIM連携が基本設計段階でも活用でき、概算ツールとしても十分利用できること。
（コストマネジメントツールとして極めて有効）
❼BIM連携において、過度に設計側に負担をかけないこと。
（設計側と一定の約束事は必要だが、連携後の追加や修正が柔軟に対応できること）
❽連携積算部分と従来からある表計算方式の積算手法が併用できること。
（すべての範囲において配置処理などによる連携積算は不可能）

　以上は、BIM対応の積算システムに必要な最低限の機能であるが、正確性の維持と合わせて最も重要なことは、算出数量の責任の所在に関することである。これは3D-CADと連携できた内容に関係なく基本的に積算者側ですべての責任を負えることが必須である。合わせて、算出数量の説明責任の観点からも、後々に誰でも利用できる数量調書や階別集計表などの各種帳票が作成できることも必要である。
　例えば、実務においては現場での設計変更でも利用できる数量調書の作成（出力帳票）ができることなども極めて重要である。
　また、積算担当者から見た場合、積算業務が3D-CADと連動後は、これまでの作業手法と劇的に変化することなく、業務の効率化や可視化が進むことが、スムーズに実務で利用できる重要な要素となる。

4　BIM連携積算のメリット

❶3D-CADとの連携度合にもよるが、確実に積算時間が短縮できる。
❷算出数量に個人差が出にくい。
❸設計情報の有効活用が図れる。
（積算業務で質疑などを経過した躯体データを施工図CADなどへ引き継ぐことができるetc.）
❹可視化により積算精度の向上が期待できる。
（配置方式での積算により、目視で連携結果や入力内容が確認できるため、大きなミスやケアレスミスが出にくい）
❺設計段階に即した多段階の概算が可能になる。
（コストマネジメントツールとして極めて有効）

　以上は、メリットのほんの一部である。また、設計者には直接的に関係のないことだが、積算業務で大きな割合を占める数量算出部分で電卓をたたいた作業やスケールを利用した作業は、BIM連携積算では激減する。これは、積算業務のスタイルまで変えることとなる。
　したがって、連携積算により日々反復作業で地道にコツコツと積み上げる部分が、かなりの範囲で合理化できるため、なかなか定着しにくい積算技術者の育成や、特に若手に興味を持ってもらい、優秀な人材の獲得や若手積算技術者の育成にもつながる可能性が高い。さらに、連携積算で生まれる余剰時間を、コスト検証やVE案の検討など他のコスト関連業務に有効利用することも可能となる。

5 BIM連携積算の課題点

5.1 BIM連携によくある三つの誤解

〈設計情報の未入力・誤入力・代用入力[*1]について〉

❶× BIMモデルに未入力の情報も自動的に補完される。

↓

○ BIMモデルに未入力の情報は追加修正する必要がある。

❷× BIMモデルに入力した情報が適切か自動的に判断し修正される。

↓

○ BIMモデルに入力した情報はそのまま連携される。

❸× BIMモデルが外見上だけでも表現できていれば、設計意図に沿って連携される。

↓

○ 代用入力は連携後に予期せぬ結果を招く。

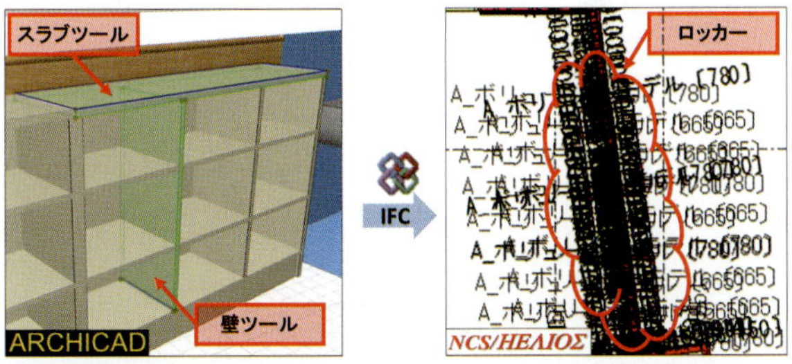

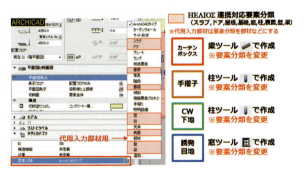

図2.2.15.2 代用入力部分のヘリオス変換後

図2.2.15.3 代用入力の回避方法

代用入力は、連携後、積算システム以外の他のシステムと連携する際も、同様な不具合が発生する可能性が高い。なお、ARCHICADの場合は、一手間かけなければならないが「要素分類」に本来の要素を与えることによって、代用入力の問題は回避できる。

5.2 BIM連携積算がうまくいかない要因

〈BIM連携積算は魔法の杖ではない〉

❶ BIM連携積算[*2]に最初から否定的。

（ジェネレーションギャップも含めて、既存の算出手法しか信用できない or 容認しない）

❷ 最初から自動で100％に近い結果を求めすぎる。

❸ 使えるところから順次活用していく柔軟な考え方に欠ける。

（概算から使用してみるなどの発想に乏しい、逆に使えない部分のみ先に問題視する）

❹ 連携がうまくいかない理由を設計データのせいにする。

（一定程度の設計側の協力は不可欠だが……）

❺ 各部門と横断的に話ができるBIMマネージャー的な担当者がいない。

（たとえBIM担当者がいても、上司を含めた周りの人の理解と協力が不可欠）

❻ ソフトの機能ばかりに頼って、ワンクリックで積算ができると思い込んでいる。

上記のうち、❷と❸について補足すると、ヘリオス[*3]は意匠・構造を一体化させた配置方式による積算システムであるので、一部の内容（寸法線や間仕切情報）だけでも連携できれば大きな省力化につながる。

[*1] 代用入力：ある部材をモデリングする際に、別部材の作成ツールを用いること。
（例）梁ツールでカーテンボックスを作成することなど

[*2] BIM連携できない場合の配置入力の作業時間（寸法線・間仕切・部屋名・各室仕上情報・建具）は、仕上数量積算時間の概ね50％以上を占める。

[*3] ヘリオス＝ＨＥΛＩΟΣ＝㈱日積サーベイが開発した、BIM対応建築積算システム

6 おわりに

　下記の例（図2.2.15.4-6）は、実務で行った案件だが、平面計画を見ると扇状の形状であったり円形の部分があったりで、従来の手法で正確に数量を算出するには、かなりの手間がかかる。しかし、BIM連携ではこのような形状も全く意識することなく正確な数量が自動で算出可能となるのでかなりの効率化が図れる。

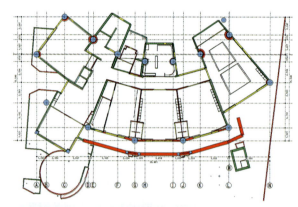

図2.2.15.4 ヘリオス連携後配置＝平面図

図2.2.15.5 ARCHICAD 3D表示

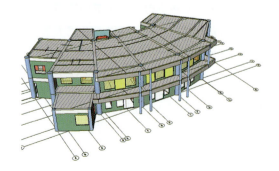

図2.2.15.6 ヘリオス3D表示

　特に、基本設計段階などですべてのデータが入力されていなくとも、間仕切や開口部が相応に決まっていれば各室の各部位面積は算出できる。これらの数量を基に、坪単価ではなく各設計段階に即した実数量を基にフロントローディングのコストマネジメントが可能になる。また、大きな変更がない限り、その都度データの追加や修正をしていけるので、概算精度の密度を上げていくことも可能で、場合によっては実施詳細積算まで切れ目なく運用していくこともできる。

　3D-CADは、設計業務の自由度が増し有効なBIMツールだが、見方を変えれば様々な形で建築生産全般に設計情報を有効活用するためのデータベースともいえる。例えば、各BIMツールにおいて多重入力を回避するだけでも相当なメリットがある。

　最後になるが、BIM連携積算を今後ますます進展させていくためには、コストマネジメントツールとしての運用や3D-CADからの連動効率を向上させることと合わせて、積算連携のために設計者に作業負荷が増すことを回避していくことが極めて重要である。

（使用した各実例は下記による）
施主：社会福祉法人阪神共同福祉会
建物名：浜保育園
設計：一級建築士事務所　㈱BIMLABO

事例16〔コストマネジメント事例〕

英国におけるQS（コストマネジメント専門家）のBIM活用

㈱サトウファシリティーズコンサルタンツ

佐藤 隆良

RICS（Royal Institution of Chartered Surveyors）とは、土地、不動産、建設分野の調査や評価を行うサーベイヤーの専門家組織である。このRICSの中でもサーベイヤーの代表的な専門分野の一つとしてQS（Quantity Surveyor）があり、古くから建築積算やコスト関連技術を発展させ、今日まで業務展開を図っている。また、一般にQSの提供するコストマネジメント業務は、設計から建設、さらには施設運用に至るまで幅広い業務範囲を包括しており、日本語の積算という概念よりも幅広い。

本稿は、英国におけるQuantity Surveyor（QS＝コストマネジメント専門家）の設計時のコストプランニング業務におけるBIMの利用状況に焦点をあてて紹介する。

1 英国政府によるBIM活用戦略

英国政府は、2011年5月に発行した「政府建設戦略」報告書において「2016年までに、規模を問わずすべての公共建設物に関わるドキュメント、データをBIMで管理する」という目標を設定した。それによりBIMに対する英国業界内での関心が一段と高まった。同報告書では、「政府は公共施設の発注者としての立場から、オープンで共有可能な施設情報の運用を通し、コスト、バリューと炭素削減において大幅な改善を促進させる」と発表している。

この英国政府の戦略は、すべての公共施設の調達にBIM適用を義務づけることで、建物情報の可視化を向上させ関係者間のコミュニケーションを改善させることも狙う。さらにまた、建物の設計・建設・運用に至るまでのライフサイクルのすべての段階でデータの再利用をより効率的に進め、建設及び運用コストの20％を削減することも目標としている。

2 BIMの活用メリット

BIMは、施設を建設するために必要な情報を提供する。情報はモデルから直接、もしくはデータベースへのリンクを介し簡単に得ることができる。

BIMモデルの対象とする建築情報は、位置や寸法、重量、仕様書、コスト、工程スケジュール、そしてそれらの相互関連情報などであり、これらの情報を上手に活用することで、設計段階における最適プランの判断や調達内容の明確化に役立てることができる。また、すべての関係者が中央情報システムを利用することにより、建設段階でのリスクの軽減にもつながる。さらに、建設情報以外にも、BIMはプロジェクト参加者間の協同作業やコーディネーション（調整）目的でも大きな効果を生み出す。

一般にBIM活用のメリットを要約すると、下表のようになる。

表2.2.16.1 BIM活用のメリット

対象	メリット	その効果
プロジェクト当事者	建物イメージ伝達の正確性	コミュニケーション向上
協同作業	作業管理フローに沿った一つのプラットフォーム	明確性と一貫性
調達	正確なデータの共有	工程スケジュールの遵守 リスク負担の軽減
設計計画内容	視覚性の向上	最適解の検討
コスト算出	モデルにリンクしたコスト算出	自動化対応
建物運用管理	運用内容のコード化	運用上の情報

3 コスト算出のための BIM活用

では、QSにとっての主要業務であるコストプラン作業（目標予算や条件に合うよう建設コストを算定すること）におけるBIM導入メリットは何かというと、コストプラン作成の精度とスピードの向上が挙げられる。

BIMとその関連データベースから直接、完全に自動化されたコストプランを作成することは理論的には可能ではあるが、現況ではまだそこまでには至っていない。現在の環境「BIMレベル2[*1]」では、各分野の専門家（設計者、QS、エンジニア）が各自の専門的BIMモデルを作成し、それを一つのBIMモデルに統合するというプロセスを経ている。

QSがBIMからコスト算出する方法は、下記の二つがある。

表2.2.16.2 BIMからのコスト算出手法

1 既存モデル[*2]による 分析とコスト算出	2 新規モデル作成による データの生成とコスト算出
メリット	メリット
QS機能を自動化するため既存の情報を利用	要求されるデータや詳細レベルを管理可能
既存の作業の延長	工程スケジュールやコストモデリングを管理可能
QSの業務への習熟度も高く、取り込みやすい	オブジェクト情報とコストとの統一化が可能
デメリット	デメリット
オブジェクトの信用性	重複作業になる
モデルの理解しやすさ	複数の解釈があり得る
変更処理の妥当性	維持のための追加費用や管理コストが必要

前者の"既存モデルによる分析とコスト算出"は、QSにとって導入しやすく、BIM導入を狙うQSの大部分が採用している。この方法は、基本的にプロジェクトチームによって作成された既存モデルを利用して、数量を取得するやり方である。この利用頻度が高い理由として、後者の"新規モデル作成によるデータの生成とコスト算出"は、QS自身がコスト算出のため個別のプロジェクトごとにモデル作成を行う必要があり、このために要する時間と手間に極めて無駄が多い点にある。さらに、前者は、既存モデルから即時に詳細数量を取得することができるので、数量算出のために費やす新規モデル作成時間を大きく節約できる点もQSにとっての利点である。

また、既存モデルから数量を入手することで、QSにとってルーチンワークである数量算出作業に費やす時間が極力抑えられ、結果として設計段階でのコストプランニングに費やす時間の確保につながる。例えば、算出コストの分析・調整のほか、コスト配分や代替計画案の検討、あるいは設計VEの実施など、より付加価値の高いコストマネジメント業務の拡充につながる。

コスト専門家であるQSがコストプランの積極的な推進を図るためのツールとしてBIMの活用領域を広げることは、設計者そしてクライアントにとってもより投資効果の高い建築設計を実現することにつながる。

因みに、大多数のQSはBIMの利用により事業コスト算出プロセスすべてを自動化できるとは考えていない。信頼できるコスト報告書の作成には、BIMモデルの利用が必要だとしても、最終的にはQSが培った経験やノウハウが不可欠だとする声が強い。コスト予測は「技術」であり、経験豊富なQS専門家による十分な吟味の伴わない完全自動化されたコスト算出プロセスは、信頼性から見ればかなり懐疑的だと見ている。

4 標準化とコード体系

BIMにより生成される情報と品質を確かなものとするためには、BIMが標準規格及び情報体系に基づいて生成されていなければならない。英国において標準化とコード体系に関連してくる主要なスタンダード（標準規格）として、以下の二

[*1] BIMレベル2：設計、施工など各分野で別々のBIMツールが使用され、それらが媒介となるミドルウェアを通して統合される環境

[*2] 既存モデル：プロジェクトチームによって作成されたBIMモデル

つが挙げられる。

- BS1192—英国標準規格であり、データがいかに体系化され、利用されるべきかが記されている。
- PAS1192-2—情報共有規格であり一般公開されている。建設プロジェクトの調達に使われるモデルのための標準規格や、情報共有の観点からの技術コンプライアンスの定義やプロセスについて記されている。

これらは、情報が各作業段階で再利用されることを考慮し、適切な方法で作成されるべきであり、またチーム全員が共通のプロセスと情報体系に則って作業を進めるべきということを指摘している。

また、情報をいかにコード化するかについて、建築業界内で体系化されたいくつかの情報分類システムがある。モデルがオーサリングソフトウェア（編集ソフトウェア）に組み込まれたシステムにより構造化されてしまっていることがあるが、そうした場合は汎用性がなく、使用されにくい。

欧米で一般的に採用されている主たる建設情報分類システムは下表となる。

表2.2.16.3 建設情報分類システム

情報分類システム	システムの内容とその活用
Uniclass	標準分類システム。Uniclass2015ではBIMレベル2適用のために必要な分類方法についても記載してある
NRM1, 2 and 3	建設工事、そしてメンテナンス工事のコストマネジメントのための標準積算基準と階層情報システム
CESMM	土木工事のBQ書作成のための標準積算基準
SMM'7	建築工事のBQ書作成のための標準積算基準
BCIS	RICSのBuilding Cost Information Serviceで、建築コストを部位別に分類した標準コスト分析書式
NBS BIM Toolkit	NBSの工事のデジタルプランと新しく統一された分類システムを提供している
Master Format	米国・カナダで使われている標準仕様書
Uni Format	米国・カナダで使われている仕様書、コスト見積り、そしてコスト分析のための分類システム

英国ではBIMはUniclass分類をベースに開発されてきた。したがって、モデルはQSが期待していたコストプランニングに使われている分類システムとは必ずしも一致していない。とはいえ、異なる分類システム間の相互参照を行うことは十分可能であり、設計チームとプロジェクト開始時に、異なるモデル間でもやりとり可能とするための分類体系の取決めをしておくことが求められる。

5 プロセスとプロトコル

数量が適切に処理され、かつその内容が誤解を生まないようにするために、BIMモデルは一貫性を以って作成される必要がある。BIMモデルからのコスト算出の問題点として下記の点が挙げられる。

- 間違ってモデル化された部位
- 部位名が正しく名づけられていない
- 部位の不適切な使い方
- 部位の落とし

これらの問題点に対処するため、誰もが同じアウトプットを描いて作業を進められるようプロジェクトスタート時にプロセスとプロトコルについての取決めをしておくことが必要となる。

PAS1192では、数多くの標準プロセスを網羅しており、「BIMレベル2」に対応できるような情報交換の基準が定められている。このプロセスを実際のプロジェクトに適用するためには、以下のようないくつかのドキュメントがある。

表2.2.16.4 BIM導入プロセスの参考ドキュメント

参考ドキュメント	目的
Employer's Information Requirements (EIR)	発注者にとってどんな情報や書式が必要か、また、同時にBIMを使ってプロジェクトを進めるにあたって発注者にとって必要な要求項目を記したもの
BIMプロトコル	BIMの採用に関して一般に必要とされる追加契約書や契約内容、そして権利と義務の追加条項
BIM実施プラン	上記のEIRとBIMプロトコルの要求内容をいかに実施するか、またBIMを使ってプロジェクトをいかに実施するかについて供給者側が作成する

以下の表は、BIMを利用したプロジェクトにおいて、前記のドキュメントのどれを参照したらよいかを示している。

表2.2.16.5 各フェーズにおけるドキュメント参照先

要素	質問	参照先
BIMの利用計画	いかに達成するか	EIR
BIM設計チームへの要件	チームで何が成せるか	BIM実施プラン—設計チーム
BIM実施計画—設計	いかにチームが実施するか	BIM実施プラン—設計チーム
BIM建設会社への要件	建設会社への必要条件	BIM実施プラン—建設会社
全体情報配信計画	いかに情報を配信するか	BIM実施プラン—建設会社
建築情報配信計画	いかに建築情報を配信するか	BIM実施プラン—建設会社

前記ドキュメントの中で大事な要素は、詳細レベル（Level Of Detail）と情報レベル（Level Of Information）の作成と、またそれらの情報量と内容が設計の進捗度に応じてどう増えていくか、あるいは各専門分野間でどのように変わっていくかを理解することにある。詳細レベル（LOD）はモデル要素の形状に関わり、情報レベル（LOI）はモデル要素の属性値に関係する。

また、QSが数量を算出する際、追加のプロセス、つまり数量算出の補助的作業が必要になることがよくある。詳細レベルについての情報や建築や設備に使用される多くの構成材の定義については、NBS BIM Toolkit[*3]で入手可能である。

すべての当事者に事前にBIMの成果物についての計画を伝えておくことが重要であり、QSはコスト算出段階でデータの拾い落としを防ぐ意味からも、設計の各段階で必要な設計情報を設計チームに伝えておく必要がある。

これらの作業はRIBA Plan of Work Stages[*4]

[*3] NBS BIM Toolkit：「BIMレベル2」プロジェクトのための情報や定義を提供するツール（https://toolkit.thenbs.com/）

[*4] RIBA Plan of Work Stages：英国王立建築家協会発行の設計・建設段階における各専門家の提供業務の模範を記載したもの（https://www.ribaplanofwork.com/Default.aspx）

にあるように、プロジェクト各段階の各当事者の作業内容、並びに発注者の要求条件（各段階の作業計画）に則したものである必要がある。また同時にBIMプロトコルに則ったモデル作成やプロジェクト調達計画にも配慮する必要がある。

BIMの大きな特徴として、様々なニーズに活用できるように情報が体系化されていることが挙げられる。プロセスは当然重要な要素であるが、基準に則ることもまた重要であり、これらがきちんと整備されていなければ、情報を十分に活用することは不可能となる。

また、契約上の観点から、BIMプロトコルは発注者やプロジェクトのチームメンバーに対して、モデル化の際に作成される情報の利用について権利と義務を定義している。

6 数量算出とNRM（New Rules of Measurement）

2014年にRICSは「BIMがいかにNRM1（New Rules of Measurement[*5]）をサポートするか」というドキュメントを発表している。それによると「QSがBIMを効果的に使用するためには、プロジェクトチームがコスト積算やコストプランニングでどのようなものが必要かを理解することが必要不可欠だ」とある。

実際にBIMを使用する状況において、情報体系の相互参照により異なる情報システムの利用課題を克服することができても、現実には不適切や使用不可能なデータの存在は避けられない。

BIMを使ったコストプランによる最終目標は、プロジェクト参加者への注意喚起により、算出情報が問題なく使えるデータレベルに達することにある。データの互換性に起因するデータ欠如の問題は依然としてある。また、設計がデータ取得時に完了していないこともあり、設計の補完や追加修正は依然として必要になることもある。そうし

[*5] NRM1：英国建築積算基準の第1巻（コストプランの計測基準）

たことに対処するため、BIMモデルに対しての
チェック段階を設け、数量の正確さや拾い落とし
の有無の確認をその都度行うべきだといえる。

7 BIMの活用と今後のQS業務

　英国政府は、2019年までにすべての公共調達契
約は「BIM レベル3[*6]」に達していることを望
んでいる。これは中央集積型のデータベースに保
管された単一の共有プロジェクトモデルを使用す
ることを意味する。さらに、3D仮想モデルを
ベースに時間経過の概念を取り入れた4Dの段
階、そして、コスト管理を取り入れた5Dの段階
も見据えられている。

　多くのQSがBIM革命に巻き込まれるのは5D
の段階にあると考えている。情報共有を意図しな
い2次元図面からの数量拾い、そこからの脱却は
コスト算出ルールを使用する英国建設業界におい
ては当然の成り行きである。必然的にQSは
BIM革命において、最も低い「BIM レベル0」
からの参加を余儀なくされている。

　この先、技術力の進歩がQSの提供する業務の
今後の可能性を高めると同時に、それを後押しす
るのは周囲の理解や設計チームの専門ノウハウで
ある。BIMは、一貫性のある再利用可能な情報
を提供してくれる。それにより、よりよい建物が
可能となる。これはライフサイクルを通しての建
物の価値向上を意味するだけでなく、ビジネスの
成功にもつながる。

　QSは、本業である計測、分析、評価等の技術
を活かし、今後のBIMの普及により利用可能に
なる豊富なデータを活用することにより、新しく
付加価値の高い業務を生み出す潜在性を有してい
る。例えば、コストプランニングは分かりやすい
スタートであるが、将来的にはモデル情報の幅広
い利用により、効率性の向上、専門的アドバイス
の提供、情報交換の改善、付加価値の創造などコ
ストマネジメントにおける様々な価値を創造でき
るであろう。また、モデルの利用は、発注調達に
おいてより高い精度と分かりやすさにもつなが
る。QSはBIMの可能性を示す重要な役割とな
り得る。

[*6] BIM レベル3：完全に統合されたBIMを使用。サーバ上
　　 の管理されたモデルが使用され、モデルに対する同時発
　　 生的な作業も可能な環境

事例17〔設計事務所事例〕
ゲーリー・パートナーズにおける設計行為

法政大学デザイン工学部 講師
佐藤 類

　一般的に建築事務所の設計行為とは多種多様であるが、建築家フランク・ゲーリーの事務所「ゲーリー・パートナーズ」の取組みを筆者の体験に基づき以下に紹介する。

　ゲーリーの建物は彫刻的な形態で知られているが、その複雑な形態を成立させる設計プロセスとチーム編成には独自の理論が存在する。

　コンピュータによるデジタル・デザインが普及している現代、建築界においてもコンピュテーショナル・デザインが認知されつつあるが、「ゲーリー・パートナーズ」の設計プロセスでは、コンピュータは設計意図を現実的に実現させるための道具の一つである。完成した建物は可能な限りコンピュータによる痕跡を残さないことが意図され、デザインの検討や施主に対する説明には模型が重要な役割を果たす。

　ゲーリーのデザインは彼自身の感覚的な表現を拠り所としているため、設計はコンセプトとそれを伝えるスケッチから始まる。デザイナーと呼ばれるプロジェクト担当者は、コンセプトとプログラムから模型を用いて設計意図を具体化していく。模型と平面図を行き来しながら設計を進め、方向性が固まると、3次元デジタイザーにより模型をデジタル・データ化する。

　その後、自社の3次元CADソフト「デジタル・プロジェクト」を用いて、取り込んだデータを基に整合性を図りながら3次元モデルを作成する。「デジタル・プロジェクト」ではデザイン・サーフェスと呼ばれる建物の仕上げ面の形状や、外装材・カーテンウォールの割り付けなどを検討し、詳細は切り出された線分に基づいてCADソフトの中で2次元的に処理される。さらに、3次元モデルで最適化された形状に基づき、再度模型を作成し検討を行う。

　「ゲーリー・パートナーズ」における設計プロセスは、図面・模型・3次元モデルが同時進行しながら相互に情報を共有してプロジェクトを収束させていく。しかし、決められた工程の中ですべての矛盾をなくすことは極めて難しい。

　上記のように3次元モデルは結果として入力するのではなく、検討段階で図面・模型と同等の立場で扱われる。設計フェーズの中期からは、構造・設備のコンサルタントとの合意形成に利用される。また、施主との契約によっては、参加するコンサルタントも含めて3次元モデルを設計図書の一部として提出する。

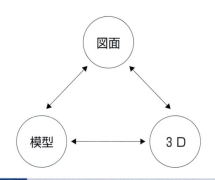

図2.2.17.1 ゲーリー・パートナーズにおける設計プロセス

　次に、事務所の構成とチーム編成について述べる。米国ロサンゼルスに位置する事務所は、巨大な倉庫を改修した天井高のある空間で、設計に携わる100名程のスタッフが働いている。そこでは模型とコンピュータの技術者が肩を並べて作業する。業務によってはストレスを抱えることもある

が、隣り合っているためデジタルとフィジカルの作業はリアルタイムに連動し、フィードバックは早い。

事務所内はプロジェクトごとにスペースが割り当てられ、設計フェーズにより体制は変化する。プロジェクト開始時は、デザイナーと呼ばれるデザイン担当者とプロジェクトを統括するプロジェクト・マネージャーから構成される。通常チームは2人を基に編成されるが、それぞれ別の役割が与えられている。デザイナーは、ゲーリーと直接対話をしながらプロジェクト全体のデザイン監修を行い、プロジェクト・マネージャーは、契約・コスト管理・工程管理・品質管理などの業務を行う。デザイナーのグループは建築の枠組みを越えてデザインを追求し、プロジェクト・マネージャーのグループは実利的な側面で設計をまとめる。二つのグループは異なる視点で設計に携わり、衝突を繰り返しながらプロジェクトを完成させる。

次に各グループ・メンバーの選考基準を述べる。通常、学校を卒業後すぐに就職した者は模型制作から始め、図面作成・3次元モデル作成に至るまで経験年数に応じて様々な業務を教育される。将来的には、その中からデザイナーが選出される。一般に建築事務所における模型制作は、その職務に特化したスタッフもしくは学生のアルバイトが行うが、「ゲーリー・パートナーズ」では模型とデザインが密接な関係にあるため、デザイナー自らが作業する。そのため、デザイナー志望のスタッフにはデザイン力と模型の技術力が要求される。

一方、既に実務経験のある者は図面作成から始まり、経歴に応じて異なる役職が与えられる。他の事務所での経験が評価され、プロジェクト・マネージャーのグループに所属する可能性が高い。

原則として、この二つのグループによってプロジェクト・チームは組み立てられるが、場合によっては「ゲーリー・テクノロジー」からスタッフが参画する。「ゲーリー・テクノロジー」とは、「デジタル・プロジェクト」を扱うBIMのコンサルタントであり、建築学だけでなくコンピュータ・サイエンスを学んだ者も所属しており、複雑な形態のパラメトリック・モデリングやスクリプトに精通している。設立当初は「ゲーリー・パートナーズ」のために3次元モデル作成の補助を行っていたが、後にBIMコンサルタントとして北京オリンピックの競技場（鳥の巣）の設計に大きく貢献した。最近では、ゲーリーの設計したパリのルイ・ヴィトン財団美術館で、米国AIAのBIMアワードを受賞した。「ゲーリー・テクノロジー」の業務範囲は、曲面パネルの割り付けにおける最適化、または反復する要素の自動化など3次元モデルに特化した設計である。前述した二つのグループに「ゲーリー・テクノロジー」が加わることで、より高度な検討が短時間で可能となる。

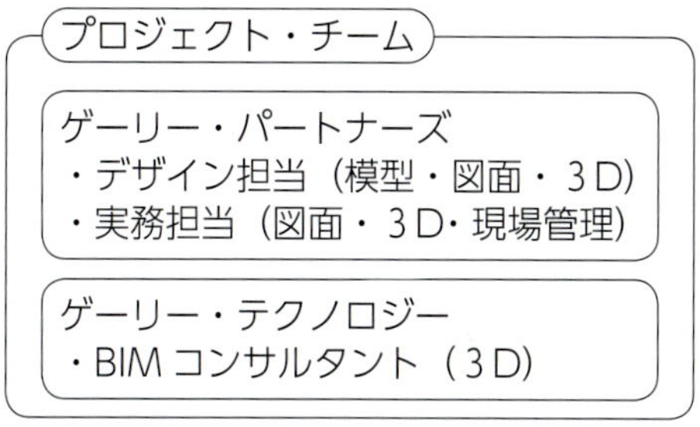

```
┌─ プロジェクト・チーム ──────────┐
│ ┌────────────────────────┐ │
│ │ ゲーリー・パートナーズ      │ │
│ │ ・デザイン担当（模型・図面・3D）│ │
│ │ ・実務担当（図面・3D・現場管理）│ │
│ └────────────────────────┘ │
│ ┌────────────────────────┐ │
│ │ ゲーリー・テクノロジー      │ │
│ │ ・BIMコンサルタント（3D）   │ │
│ └────────────────────────┘ │
└──────────────────────────┘
```

図2.2.17.2 プロジェクトにおけるチーム編成

このように「ゲーリー・パートナーズ」における設計行為とは、フランク・ゲーリーがプロジェクト当初に思い描いた構想を建物として実現させることを目指し、様々な技術を導入して多角的な視点で設計を行うことである。

第3節 BIM とコミッショニング

BIM を用いた環境シミュレーション／企画・設計フェーズのコミッショニング

東京工業大学　助教
川島 範久

1 コミッショニング

1.1 定量的な建築プロセスに向けて

　近年ますます深刻化する環境問題を背景に、建築分野でも建物の省エネルギー化や環境性能の向上は必須の課題である。環境配慮技術は近年多く出揃ってきており、現在求められているのは、これらを適切に組み合わせた設計を行い、本来の効果を発揮できるようにユーザーが適切に運用することである。そのためには、設計初期から適切な目標設定を行い、環境シミュレーションを始めとする定量的検証に基づいて設計を進めることが肝要である。また、竣工後も意図どおりの効果を発揮しているかを定量的に把握し、様々にチューニングしながら運用することが必要である。以上のような、企画から運用といったライフサイクルにわたる定量的な検証プロセスは「コミッショニング」と呼ばれている。コミッショニングは建築設備に対する竣工後の性能検証から始まったが、近年では企画・設計フェーズにおけるコミッショニングの重要性が叫ばれるようになり、その対象も建築全体へと広がっている。

　一方、急速な発達を続ける BIM は、建物の企画から設計・施工・運用を経てリニューアルや撤去に至る一連の情報を一元的に蓄積・管理することができるため、コミッショニングでの活用が大きく期待されている。特に環境シミュレーションに関しては、現在多くのソフトウェアで BIM との連携・統合が進められており、先に述べた企画・設計フェーズにおいても中心的役割を果たす。

　そこで本稿では、コミッショニングにおける BIM の活用、特に企画・設計フェーズでの環境シミュレーションと BIM の活用について、現状の問題と今後の可能性を論じる。

1.2 コミッショニングとは

　コミッショニングとは、性能検証責任者（CA：Commissioning Authority）をリーダーとするチームをつくり、設計者、施工者、専門家等と協働しながら進められる建築物の性能検証プロセス

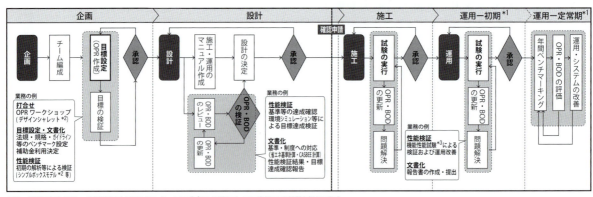

図注　ASHRAE Guideline 0-2013に示されるコミッショニングプロセス図をベースに筆者による解釈を加えて作成。
*1　ASHRAE Guideline 0-2013における Ongoing Commissioning Process が行われる段階を「運用一定常期」、それ以前を「運用一初期」とした。
*2　LEED v4 BD+C で推奨される項目　　*3　SHASE G0006-2004で定義される試験

図2.3.1 ASHRAE Guideline 等に示されるコミッショニングプロセス

である。コミッショニングでは、まず企画フェーズで発注者要求を取りまとめ、プロジェクト目標や性能数値目標、コスト等を記した企画・設計要件書（OPR：Owner's Project Requirement）が作成される。以降のフェーズではOPRを満たすような設計・施工・運用を行うことが求められ、材料や機器の選定、性能確認のための計算などを記した設計根拠書（BOD：Basis of Design）がフェーズごとに作成される。すなわちプロジェクト初期から明確な目標を設定し、目標を満たすような設計・施工・運用を行い、それを定量的に検証することがコミッショニングの骨子である（図2.3.1）。

コミッショニングを行う利点としては、確実な発注者要求の達成や生産性の向上に加えて、省エネルギーの達成、環境負荷削減、快適性向上といった環境的側面や、それに伴う省コストなどが挙げられる。米国における研究[1]では、コミッショニングコストの回収年数が既存で1.1年、新築で4.2年であること等が報告されている（図2.3.2）。BIMをコスト分析に活用することで、更なる費用対効果の向上も期待されている。

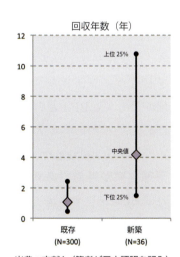

出典：文献1（筆者が日本語訳を記入）

図2.3.2 コミッショニングコスト回収年数

1.3 コミッショニングの発展と日本の現状

コミッショニングは元々空調設備に対する竣工後の試運転調整から始まり、1960年代の英国・米国に起源を持つ。しかし、確実な性能達成のためには竣工後からでは遅く、企画フェーズから目標を立てライフサイクルを通して性能検証を行うことの重要性が説かれるようになった。さらに近年では、建築設備のみならず建築エレメントを含んだ建築全体で性能検証を行うこと（＝トータルビル・コミッショニング）の重要性が叫ばれている。建築全体に対する性能検証を考える場合、建築設備のみならず、庇やファサードシステムといった建築デザイン領域の要素に対する配慮も求められることとなり、建築設計者の関与も大きくなる。

日本では、コミッショニングというとまだまだ竣工後の建築設備に対する性能検証と思われがちであり、企画フェーズからのトータルビル・コミッショニングの実施例は少ない。しかし、国際的なコミッショニング指針であるASHRAE Guideline 0-2013[2]はトータルビルの観点に立ち、企画フェーズからのコミッショニングプロセスを詳細に定めている。米国の環境性能評価制度LEED[3]では、ASHRAE Guideline等に沿った企画フェーズからのコミッショニングを行うことが認証取得のための必須条件となっており、米国ではコミッショニングをビジネスとするコンサルティング会社が増えているという[4]。LEEDでは設計初期からの環境シミュレーションの実施を推奨しており（シンプルな箱型モデルによってエネルギー消費量等の解析を行うことが加点対象とされている）、プロジェクト初期（企画・設計フェーズ）からの性能検証を重要視していることが窺える。

一方日本においては、空気調和・衛生工学会による「建築設備の性能検証過程指針（SHASE G0006-2004）」[5]が企画フェーズからのコミッショニング行為を定めているものの、その主な対象は建築設備に留まる。また、環境性能評価制度CASBEE[6]や東京都のトップレベル事業所（優良特定地球温暖化対策事業所）認定[7]では運用フェーズのコミッショニングのみが加点対象とされており、企画フェーズからのコミッショニングを評価する仕組みとはなっていない。このように、企画フェーズからのトータルビル・コミッショニングへの社

会的・経済的インセンティブが不足していることも、日本でこれらへの重要性の認識が高まらない要因の一つであろう。

1.4 コミッショニングでのBIM活用

コミッショニングでのBIMの活用は、コミッショニングの「プロセス管理での活用」と、環境シミュレーション等の「個々の専門業務での活用」の大きく二つに分けることができるだろう。

コミッショニングでは、プロセスの進行に合わせて大量の図面や資料が作成され、メンバー間で常に大量の情報が交換される。ここでプロセス管理のために、作業履歴を残し、作成された文書、作業の期限と遅延・完了…といった諸情報を管理するツールが必要となる。建築設備コミッショニング協会のWEBページ[8]で公開されているMQCツールなどはその代表例である。しかし、これらは必ずしもBIMとの連携を意図するものではなく、今後BIMモデルの持つ建物情報を利用することで、コミッショニング業務の更なる効率化と情報管理の一元化が期待できる。実際、建築設備の領域では、BIMモデルをコミッショニングプロセスで活用するためのIFCデータモデルの構築などの試みが既に進められている[9]。

一方、個々の専門業務に関しては、環境シミュレーションでのBIMの活用、コスト分析でのBIM活用、BIMと連携したファシリティ・マネジメントなどが代表例として挙げられる。本稿では特に環境シミュレーションについて、次項から詳しく取り上げる。

2 環境シミュレーション

2.1 コミッショニングと環境シミュレーション

コミッショニングにおいて定量的な検証を行う際の必須のツールが環境シミュレーションであり、各フェーズの検証内容に合わせて活用し、設計根拠を定量的に示していくことが求められている。環境シミュレーションは、竣工後の運用改善などでも参照されるものであり、活躍の場は必ずしも企画・設計フェーズに限られないが、今回は企画・設計フェーズでの活用の観点から、BIMとの関連について述べることとする。

2.2 環境シミュレーションの発展とBIMとの統合

環境シミュレーションは元々熱負荷・エネルギー解析から始まったが、評価の関心が伝熱、気流、光・視環境といった室内快適性に関わる環境要素にも集まるようになり、活用の場も研究やエンジニアリングから建築設計の現場にまで拡大された。現在ではCFD解析や光解析を始めとする多様なソフトウェアが登場しており、設備設計のみならず、自然換気や昼光利用の検討といったパッシブデザインの領域でも活用されている。優れたユーザーインターフェースを持つものも現れ、エンジニアからデザイナーといった様々なユーザーを対象としたソフトウェアが登場している。近年はチームで協働する際の機能拡充が求められるようになり、BIMとのデータ連携が進められるとともに、BIMへの機能統合が模索されている。

また、近年ではプログラミングを利用して3Dモデリングを行うヴィジュアルプログラミングツールの発展が著しく、BIMとの連携も図られている。3D-CADソフトウェアのRhinocerosはプラグインであるGrasshopper[10]によりパラメトリックな形態生成が可能であり、IFC形式のデータを用いてBIMソフトウェアと3Dモデルのやり取りができる。一方、Autodesk社によるDynamo[11]はRevitのプラグインとして働き、直接BIMモデル上でパラメトリックな形態生成をすることができる（図2.3.3）。これらを環境シミュレーションと組み合わせることで、パラメトリックな環境解析や、環境解析と連動した形態生成を行うことも可能となりつつある。

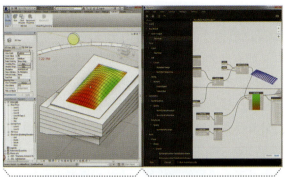

解析結果の表示　　　　プログラミング画面
（Revit モデル上）　　　（コンポーネントの接続）

出典：http://auworkshop.autodesk.com/library/bim-curriculum-advanced-compdesign/unit-6-environmental-representation
（筆者が補助説明を記入）

図2.3.3 Dynamo によるプログラミングと日射の解析

2.3 BIMを活用する利点

　熱負荷・エネルギー解析、CFD解析、光解析といった環境シミュレーションを行う際、データの入力や解析条件の設定、解析モデルの作成は多大な労力を要する。BIMは建物のライフサイクルにわたって意匠・構造・設備の各分野の情報を統合して保持するため、BIMモデルからのデータの参照・引用によりこれまで手作業で行っていた煩雑な入力作業が自動化され、環境シミュレーションの作業効率が大幅に改善されることが期待されている。

　空調設備設計者へのアンケート[12]から、設備設計に割く全労力のうち、14％が基本設計時の空調システム検討、11％が実施設計時の空調計算に当たるとされており、解析作業の効率化によってこれらの業務負担の大幅な改善が見込まれる。設備設計に限らず建築設計の領域においても、同様の効果が期待できる。

　また、以上のような業務効率化のみならず、BIMの活用により企画フェーズからの情報共有がなされることで、設計プロセスのフロントローディングが期待されている。図2.3.4は矢川ら[13]による環境シミュレーションを行う際のデータ連携の概念図である。ライフサイクルを通してBIMモデルを保持・更新し、そのデータを基に企画フェーズから各種解析が行われる様子を表している。

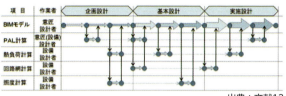

出典：文献13

図2.3.4 設計工程における BIM データ連携の概念図

2.4 熱負荷・エネルギー解析

　熱負荷・エネルギー解析（以下、「熱負荷解析」）は、室を一つの質点と見なし、伝熱計算を行うことによって室温や熱負荷、エネルギー消費量の算出を行うものであり、PMVやSET*といった温熱快適性指標の解析も可能である。外皮性能の検討から空調システムの検討まで幅広い用途で活用されている。現在国際的に広く使われているEnergyPlus[14]は米国エネルギー省よりオープンソースとして無償公開されており、EnergyPlusを解析エンジンとして組み込んだサードパーティ製のソフトウェアも多く登場している。

　熱負荷解析で使用される建物モデルでは室ごとに「ゾーン」を設定し、ゾーンを構成する各面の熱的物性や方位、ゾーン同士の隣接関係を設定することで伝熱計算が行われる（図2.3.5）。さらに解析には、在室スケジュールや機器使用スケジュール、気象データといった情報の入力も必要となる。従来はこれらをすべて手作業で入力していたが、近年では解析に必要なデータ（ジオメトリ情報に限らない）をBIMモデルから取得して解析ソフトウェアに書き出すためのSIMMODELというデータモデルの研究も進められている[15]。Autodesk社によるGreen Building Studio[16]はDOE2.2を解析エンジンとし、クラウド上で熱負荷解析を行うWEBサービスであり、Revitなどから gbXML で書き出したモデルのエネルギーシミュレーションを行うことができる。

　このようなBIMと熱負荷解析のデータ互換性はBaharらにより図2.3.6のようにまとめられており[17]、BIMと環境シミュレーションの連携が進められていることが分かる。また、最近ではRevitやSketchUpなどのプラグインとして働く

解析ソフトウェア Sefaira[18] により、EnergyPlus を解析エンジンとした解析結果のリアルタイムフィードバック（モデル変更に追従して自動的に解析結果が更新され、表示されること）が可能となってきている。

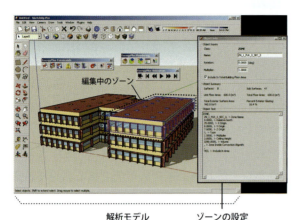

出典：http://energyplus.software.informer.com/screenshot/299680（筆者が補助説明を記入）

図2.3.5 熱負荷・エネルギー解析のモデリング

出典：文献17（筆者が補助説明を記入）

図2.3.6 熱負荷・エネルギー解析と BIM のデータ連携（インターフェース、プラグイン等を含む）

2.5 CFD 解析

CFD 解析は流体力学に基づき気流や熱の流れを計算するため、風速・風向といった気流性状のほかに、気温や表面温度など、多様な解析を行うことが可能である。建物内の自然換気の検討、都市規模の風の道やビル風の検討といったことから、設備設計における空調機器の配置検討まで、活用の場は広い。

CFD 解析では解析領域内をメッシュ分割し、コンピュータによる反復計算を用いてメッシュごとの近似解を求めるため、建物の3Dモデルに加えてメッシュの密度や配置、反復計算回数といった計算条件の設定も必要となる。さらに解析内容によって、外気条件（風向・風速、外気温など）、マテリアルの熱的物性値、人体や機器の発熱量、空調機器の吹出し・吸込温度や風速といった情報の入力も必要であり（図2.3.7）、こうした解析モデル作成の労力は CFD 解析の作業量の約半分を占めるともいわれる。

現在、BIM モデルから必要なデータを取り出し、計算条件などを追加して CFD 解析用のデータを書き出すアドインソフト等が開発されており、モデルの微細な凹凸を自動的に簡略化する機能を持つものもある[19]。また、空気調和・衛生工学会では、従来手入力となっていた空調機器情報や境界条件などを BIM モデルから抽出し、CFD パーツとして CFD の解析空間内に配置する研究が進められている[20]。

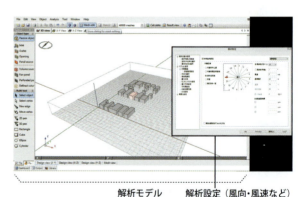

出典：CFD 解析ソフト Flow Designer のスクリーンショットより

図2.3.7 CFD 解析のモデリング

2.6 光解析

光解析は、建物の3Dモデルに加えマテリアルの光学的物性や気象データ、解析日時等を入力することにより、照度、輝度、グレア、日射量などの算出を行うことができる。

米国エネルギー省よりオープンソースとして無償配布されている Radiance[21] は、EnergyPlus と

同様に多くのサードパーティ製ソフトウェアの解析エンジンとして組み込まれており、国際的に広く用いられている。Rhinoceros のプラグインとして働く DIVA for Rhino[22] は Radiance を解析エンジンとする光解析ソフトウェアであり、Rhinoceros 上でマテリアル情報や計算条件を設定して光解析を行うとともに、Grasshopper による形態操作と連動した解析も可能である（図2.3.8）。こうした3D-CAD を介した BIM 連携に加え、BIM モデルから光解析に必要な情報を取り出し、Radiance で解析を行う Revit プラグインの開発[23]なども進められている。また、先に述べた Sefaira では、昼光率や DA（Daylight Autonomy）等の解析結果を BIM モデル内にリアルタイムフィードバックすることができる。

合性を保った解析が可能となる。また、DIVA for Rhino では光解析の結果からシェードと人工照明の制御スケジュールを自動生成し、EnergyPlus での熱負荷解析に用いることができる（ただし、シングルゾーンの場合に限る）。光解析モデルの各ジオメトリを面オブジェクトに変換することで熱負荷解析用のモデルを自動生成することも可能であり、光解析と熱負荷解析の連動が図られている（図2.3.9）。そして、Sefaira もエネルギーの解析と自然光の解析を同一モデルで同時に行うことができる（図2.3.10）。

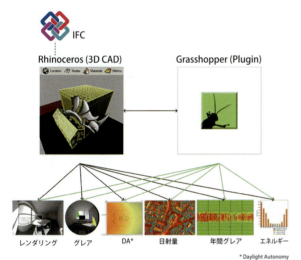

出典：http://diva4rhino.com/profiles/blogs/diva-workshop-training-april-3rd-at-rhino-day-2014-in-guadalajara
（筆者が日本語訳及び補助説明を記入）

図2.3.8 DIVA for Rhino による光解析

2.7 異種解析間の連動

近年は単独の環境シミュレーションを BIM と連携させるだけでなく、異種の解析間で解析結果や解析モデルを連動する試みも行われるようになってきている。

例えば、先に述べた CFD パーツ化の試みでは、熱負荷解析によって決定される吹出し・吸込み口の境界条件を BIM から取り出したデータに付加して CFD 解析に引き渡すことで、両者の整

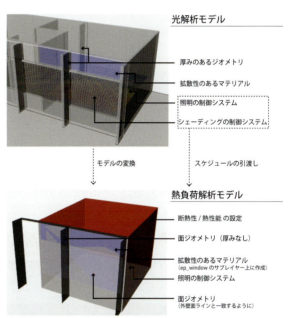

出典：http://diva4rhino.com/user-guide/simulation-types/thermal-analysis （筆者が日本語訳及び補助説明を記入）

図2.3.9 光解析モデルから熱負荷・エネルギー解析モデルへ

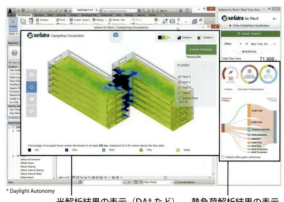

出典：https://vimeo.com/131210596（筆者が補助説明を記入）

図2.3.10 Sefaira による光解析と熱負荷解析（Revit 上）

2.8 制度対応のための解析／基準達成の検証

環境シミュレーションは解析結果をフィードバックして設計改善に役立てられるほか、法律や制度等で定められる性能基準の達成を示すツールとして利用されることもある。

米国では、ASHRAE Standard 90.1[24]やIECC[25]が建築物のエネルギー基準やその算出モデルを示し、各州のエネルギー基準で引用されているほか、カリフォルニアの Title 24[26]を始めとする州独自の厳しいエネルギー基準も存在する。現在、こうした環境政策に定められる計算モデルに従ってエネルギー解析を行い、その基準の達成／非達成を示す機能を持つソフトウェアが現れており、認証を受けたソフトウェアによる解析結果は基準達成を示す申請資料として活用することができる[27]。今後、こうした制度対応の分野でもBIMと環境シミュレーションの連動が期待されている。

なお、日本の省エネ基準は、2017年3月までは法的拘束力はなかったものの、2020年に向けて段階的に適合義務化していくロードマップが国により示されており、2017年4月より一部の建物で適合義務が始まっている。基準達成の確認は、WEB上で無償公開されている「WEB プログラム（図2.3.11）」[28]か、熱負荷解析ソフトウェアBEST[29]のいずれかで行う。特にWEBプログラムは計算の簡易化を目的とした独自のプログラムであり、BIMとの連携を意図するものではない。日本の場合はこのようにツールが限定的であり、今後、実務で広く使われているソフトウェアの使用が認められていくことが望まれる。

また、先に述べたLEEDやCASBEEといった環境性能評価制度では、BIMによる評価の自動化を模索する流れも見られる。現在、LEEDの5項目の解析（昼光利用、眺望、水消費等／LEED 2009に対応）や、CASBEEの12項目の解析（外皮、昼光利用、自然換気、エネルギー等／CASBEE-新築（簡易版）2010年版に対応）をRevit上で行うプラグイン[30][31]が公開されている。いずれも最新版への対応はないが、今後、環境性能評価制度の認証取得・ランク取得が一般的となっていく中で、こうしたツールの更なる整備が望まれる。

出典：WEBプログラム起動時のスクリーンショットより

図2.3.11 WEBプログラムのインターフェース（非住宅）

3 今後の課題

以上、定量的な建築プロセスを可能とするコミッショニング／環境シミュレーションとBIMの関わりを述べてきた。それでは、これらに今後求められることとはどのようなことだろうか。

3.1 シミュレーションとBIMの統合

環境シミュレーションとBIMのデータ連携の整備は進められているものの、まだまだ改善の余地は多いといえる。

環境シミュレーションにデータを引き渡す場合、環境シミュレーションを行う際に必要なデータは解析の種類によって異なり、解析の種類に合わせたジオメトリの変換や簡易化が必要となる。これに対し、Revitではマテリアル情報の書き出しやジオメトリの簡易化などを自動で行う機能が搭載されており、単一のBIMモデルから光解析や熱負荷解析などを一貫して行うことができる環境が整いつつある。しかし解析ソフトウェアによっては、BIMモデルからプラグイン等を使って個別にデータを出力した上で、解析ソフトウェア上でジオメトリを修正し、各種物性値やスケ

ジュール等の追加情報を入力するというワークフローが必要となる場合もまだ多い。単一のBIMモデルから複数の環境シミュレーションを行うシームレスなワークフローを広く実現するためには、各解析で必要となるデータ属性が明確に定義され、こうしたデータを内包するBIMモデルがプロジェクトチーム全体で共有されていくことが望ましいだろう。現在、設備情報のIFC定義が進められているが、こうしたデータ標準化が環境シミュレーションの領域でも進められることが望まれる。

また、BIMから各解析モデルを自動で生成できるようになったとしても、このデータの流れは解析用にモデルを書き出す一方向的なものである。解析結果がチーム内で共有され、設計改善に役立てられるためには、設計変更と同時に各解析が行われ、リアルタイムでBIMモデル内に解析結果が投影されるシステムとなることが望ましい。

現在、Sefairaを用いることで、Revit上で光解析・熱負荷解析のリアルタイムフィードバックを行うことが可能となってきているが、将来的には種々の環境シミュレーションがBIMソフトウェアに統合され、多方面からの検討を同時に行える環境が整うことが期待される。このためにはBIMと各環境シミュレーションとのシステムレベルでの連携が必要となり、解析ソフトウェアにもより高い処理能力が求められる。

3.2　シミュレーション環境の整備

以上のような環境シミュレーションとBIMの統合が可能になったとしても、そもそもの環境シミュレーションを行う基本的な環境が整備されていなければ、これらは広く活用されるに至らないだろう。現在特に整備が必要なのは、気象データと都市の3Dデータである。

環境シミュレーションを行うには、気象データが不可欠である。現地の正確な気象データなしには、正確な解析結果は得られない。国際的に広く用いられている気象データのフォーマットはepwであり、先に述べたEnergyPlus（熱負荷解析）やRadiance（光解析）などもepwフォーマットの気象データを入力することで解析を行う。米国エネルギー省のWEBサイト[32]では、世界2,100地点を超える気象データがepw形式で無償公開されている（図2.3.12）が、日本国内のデータは7地点に留まる。こうした地点数の不足に対して、Meteonorm[33]というソフトウェアでは、周辺の気象データを計算補完することで現地の気象データを擬似的に作り出し、epw形式で書き出すことができる（使用は有償）。しかし、気象はその場所・その地形に特有なことも多く、計算補完による対応にも限界がある。

一方、国内では気象庁の観測データを基に作成された拡張アメダス気象データ[34]が代表的である。独自のデータフォーマットを持ち、全国842地点の標準年気象データにより構成され、有償配布されている。地点数は十分であるものの、epwフォーマットでの公開がされておらず、国際的に使われている優れた解析ソフトウェアを使う際の障壁となっている。

また、近年ではシミュレーションにより生成される仮想の気象データも登場している。Autodesk社では、広域の気象シミュレーションから得られたバーチャルな気象データ[35]を作成しており、世界33,115地点分のデータベースを有している。Revitでは日本の気象データとしてこれらのデータを使用しているが、更なる妥当性の検討が必要であろう。将来的には、日本各地の標準年気象データが国際的なフォーマットで無償公開されるとともに、BIMソフトウェアからも容易にアクセスできるようになることが望ましい。

環境解析において、どの程度周辺をモデリングするかで、得られる結果は変わってくる。特に都市スケールでのCFD解析などでは、広域にわたる3Dモデルの作成が必要である。近年はヒートアイランドへの関心の高まりなどから都市スケールで屋外環境を解析する例も増えてきており、都市の3Dデータがより一層必要とされる状況となってきている。現在ニューヨーク市などの3D

データが無償公開されている[36]が、日本でもこれらがデータベースとして整備され、常にアップデートされていくのが望ましい。

出典：WEBサイト（文献32）のスクリーンショットより

図2.3.12 epw形式で無償配布される世界中の気象データ

3.3 基準の整備／制度の整備

　以上のような環境が整い環境シミュレーションが広く行われるようになったとしても、明確な評価基準がなくてはそれを適切に設計へフィードバックすることはできない。プロジェクト初期から性能目標が設定され定量的な検証が行われていくためには、具体的にどこまで取り組む価値があるのかを示す評価基準とその評価指標が明確に示される必要がある。

　現在多くのガイドラインが出揃いつつあるが、特にパッシブデザインに関して明確な基準が不足しており、自然換気一つをとってもどの程度の性能を目指せばよいかは設計者の判断に任せられているといってよい。こうした評価基準の整備が進むとともにデータベース化され、BIMソフトウェアから容易にアクセスできるようになることが望まれる。

　また、法制度の整備も必要となるだろう。現在義務化が進められている省エネ基準は、機器使用のスケジュールを始めとする計算条件自体も規定されており、それに即した計算を行うことで基準達成が認められる。つまり、実際に想定されるエネルギー消費量と異なる標準化された値が算出されることとなり、設計へのフィードバックが難しくなるとともに解析モデルを二重に作成する手間も生み出す。今後は実際の建物の使われ方を想定したエネルギー解析の結果も認められるとともに、BIMを利用した基準達成の申請が認められるようになっていくことが望まれるだろう。さらに、これらが広く設計者に使われていくためには、仕様規定の充実とそれと連動したBIMライブラリーの構築も必要とされるだろう。環境政策が示す基準を達成する仕様や納まりなどが、その性能情報とセットでモデル化され、BIMライブラリーとして共有されれば、環境性能が高い建築の実現・普及につながり得る。そのようなシステムの構築には、行政・学者・民間実務者の協力が必要となるだろう。

　以上のように、環境シミュレーションやコミッショニングに広くBIMが活用されていくためには、シミュレーションとBIMの統合に加え、シミュレーション環境の整備、さらには評価基準の整備や法制度の整備といったソフト面での対応も必要とされており、これらが一体となって進められていくことが強く求められる。こうした環境が整ったとき、BIMは単なる業務効率化のためのみならず、建築の品質向上に大きく貢献するツールとなるだろう。

（参考文献）
1) Evan Mills : Building Commissioning -A Golden Opportunity for Reducing Energy Costs and Greenhouse Gas Emissions-, California Energy Commission Public Interest Energy Research (PIER), 2009. 7
2) ASHRAE : ASHRAE Guideline 0-2013 The Commissioning Process, 2013. 1
3) U.S. Green Building Council (USGBC) : LEED v4 for Building Design and Construction, 2015. 10
4) 菅健太郎：LEEDの概要および最新動向について──（建築環境評価システムおよび省エネルギー性能評価システムの最新動向）、建築設備士、第47巻、第5号、pp. 2-5、2015. 5

5) 空気調和・衛生工学会 コミッショニング委員会：SHASE G0006-2004 建築設備の性能検証過程指針、2004.3

6) 日本サステナブル建築協会：CASBEE —建築（新築）評価マニュアル、建築環境・省エネルギー機構、2014.5

7) 東京都環境局：総量削減義務と排出量取引制度における優良特定地球温暖化対策事業所の認定ガイドライン（第一区分事業所・第二計画期間版）、2016.4

8) 建築設備コミッショニング協会：コミッショニングツールライブラリ、http://www.bsca.or.jp/tools-library/

9) 山羽 基、安藤 拓馬：コミッショニングのための設備システムのデータモデルに関する研究、中部大学工学部紀要、第50巻、pp.54-59、2015.3

10) Scott Davidson：Grasshopper algorithmic modeling for Rhino, http://www.grasshopper3d.com/

11) Autodesk：Open source graphical programming for design, http://dynamobim.org/

12) 樋山恭助、刁芸婷、加藤信介：BIM 普及による空調設備設計プロセスへの影響の分析 —空調設備設計技術者を対象としたアンケートによる BIM に対する意識調査—、空気調和・衛生工学会論文集、No.169、pp.39-48、2011.4

13) 矢川 明弘、東山 恒一、三浦 大作：IFC を利用した BIM-省エネ・設備計算連携システムの開発、日本建築学会学術講演梗概集、pp.1225-1226、2012.9

14) U. S. Department of Energy：EnergyPlus, https://energyplus.net/

15) O'Donnell James：SimModel: A domain data model for whole building energy simulation, SimBuild 2011, Sydney, Australia, 2011.11

16) Autodesk：Green Building Studio, Building Performance Analysis Raised to the Power of the Cloud, https://gbs.autodesk.com/GBS/

17) Bahar Yudi Nugraha, Pere Christian, Landrieu Jérémie, Nicolle Christophe：A thermal simulation tool for building and its interoperability through the Building Information Modeling (BIM) platform, Buildings, Vol. 3, No. 2, pp.380-398, 2013

18) Trimble：Sefaira Architecture, http://sefaira.com/sefaira-architecture/

19) 深田 賢、三國 恒文：BIM を活用した設備計画・設計（2）CFD 解析、空気調和・衛生工学、第86巻、第5号、pp.421-425、2012.5

20) 河野良坪 他：建築環境 CAE ツールにおける BIM 連携化と CFD パーツ化に関する研究開発、空気調和・衛生工学会論文集、第174号、pp.15-21、2011.9

21) Berkeley Lab：Radiance Synthetic Imaging System, http://radsite.lbl.gov/radiance/

22) Jef Niemasz：DIVA FOR RHINO Environmental Analysis for Buildings, http://diva4rhino.com/

23) Kota Sandeep, Haberl Jeff S., Clayton Mark J., Yan Wei：Building Information Modeling (BIM)-based daylighting simulation and analysis, Energy Build., vol. 8, pp.391-403, 2014.10

24) ASHRAE Standard 90.1-2007, ASHRAE Standard 90.1-2010, ASHRAE Standard 90.1-2013：Energy Standard for Buildings Except Low-Rise Residential Buildings, ASHRAE ※州によって採用しているバージョンは異なる

25) 2006 IECC, 2009 IECC, 2012 IECC, 2015 IECC：International Energy Conservation Code, International Code Council ※州によって採用しているバージョンは異なる

26) California Energy Commission：Title 24, Building Energy Efficiency Program, http://www.energy.ca.gov/title24/

27) California Energy Commission：2016 Building Energy Efficiency Standards Approved Computer Compliance Programs, http://www.energy.ca.gov/title24/2016standards/2016_computer_prog_list.html

28) 国立研究開発法人建築研究所：エネルギー消費性能計算プログラム（非住宅版）、http://building.app.lowenergy.jp/

29) 建築環境・省エネルギー機構：The BEST PROGRAM, http://ibec.or.jp/best/

30) Sheppard Scott：Revit Credit Manager for LEED extended to January 31, 2016, Autodesk, http://labs.blogs.com/its_alive_in_the_lab/2015/11/revit-credit-manager-for-leed-extended-to-january-31-2016.html, 2015.5

31) Autodesk：Autodesk Revit Extension for CASBEE, http://www.autodesk.co.jp/adsk/servlet/item?siteID=1169823&id=15808964

32) U. S. Department of Energy：Weather Data, https://energyplus.net/weather

33) Meteotest：Features, Meteonorm, http://www.meteonorm.com/en/features

34) 日本建築学会編：拡張アメダス気象データ、2005

35) Stuart Malkin, Meteorologist – Software Development Manager – Autodesk, Inc.：Weather Data for Building Energy Analysis, https://sustainabilityworkshop.autodesk.com/sites/default/files/core-page-files/weather_data_greenbuildingstudio_adsk_white_paper.pdf, 2008

36) Leonhard Obermeyer Center, TUM Center of Digital Methods for the Built Environment：Virtual 3D Model of New York City in CityGML LOD1 available as Open Data, https://www.loc.tum.de/news/79-virtual-3d-model-of-new-york-city-in-citygml-lod1-available-as-open-data

第4節 国際不動産面積測定基準（IPMS）オフィス版

RICSジャパン
小嶋 肇

1 はじめに

不動産・建設・インフラ分野、いわゆるビルト・エンバイロンメント（Built Environment）における面積などの測定方法は各国、各地域によって大きく異なることは紛れもない事実である。

IPMSの策定とその普及を目的として設立された国際不動産面積測定基準連合（IPMSC）によれば、それら異なった方法によって測定された面積の比較では最大で24％の差異が観測されている。例えば、ある地域では共用部（エレベーターシャフト、エレベーターロビー、廊下など）を面積に加える慣行があり、また他の地域では屋外の駐車場やプールなどが面積に加算されている事例も報告されている。このような状況下では不動産のユーザー、投資家、開発業者などが、面積を正確に把握することは困難である。

そこで、2013年5月に世界銀行の呼びかけによりビルト・エンバイロンメントの分野でグローバルな資格や基準の策定や認定に取り組んでいるロイヤル・チャータード・サーベイヤーズ協会（Royal Institution of Chartered Surveyors、またはRICS）を中心とした連合体（Coalition）IPMSCが結成され各種国際不動産面積測定基準の策定に着手した。

ここで特筆しておくべき点は、IPMSは世界47の測定方法の調査に基づく、あくまでも原則主義に基づく考え方であり、また各国、各地域特有の測定方法に代わるものではない。IPMSはユーザーの利便性を考慮に策定されており、当面はそれぞれの異なった測定方法との共存を前提としている。さらにIPMSCの取組みは継続的なものであり今回完成した第1版も定期的な見直しが行われるものである。

IPMSCのメンバーには米国不動産における主要業界団体であるBOMA（ビルディング・オーナーズ・マネージャーズ・アソシエーション）やAI（アプレイザル・インスティチュート）、また日本からは（公社）日本不動産鑑定士協会連合会、（一社）日本ビルヂング協会、特定非営利活動法人日本不動産カンセラー協会が名前を連ねており、現在世界中で70以上の関係団体がこの連合体に加盟している。

国際不動産面積測定基準の策定に当たっては、まずIPMSCによって日本を含む世界11カ国より18名の専門家が基準策定委員会（Standard Setting Committee）委員として任命され、それらのメンバーによって草案が作成された。その草案は一般からの意見公募期間を経て2014年11月に最終版が策定され、2016年4月には日本語訳が完了した。今回策定が完了したIPMSはオフィスが対象となっているが、現在、IPMSの住宅版やホテル、リテール、物流などの、測定基準の策定も進行している。さらには、不動産開発や建設の分野においては、International Construction Measurement Standardsも着手され今後あらゆるタイプの不動産における測定基準の標準化が実現する見込みである。

2 統一測定基準の必要性

それでは不動産の面積を共通の基準で測定することは、なぜ必要なのであろうか。

それは、まず第一に不動産に対する社会全般の信頼性の向上である。一般的に不動産業界に対する印象は不透明感やそれによる信頼性の希薄性が

挙げられるが、その中でも面積の正しい理解には改善の余地があるといえる。IPMSの普及はそれらの懸念を払拭し不動産業界及びそれに携わるプロフェッショナルの質の向上に寄与するものと期待されている。

　第二にグローバルに不動産を所有、使用、そして投資対象としている企業にとって、世界に跨る不動産のポートフォリオの面積を把握することは管理上必要不可欠であるが、測定方法が異なった現状では一貫性のあるポートフォリオの管理は不可能である。例えば、ある地域における面積には共用部分のみならず、当該面積に付随すると考えられる面積が含まれている場合があるという点は前述のとおりである。一方で他の地域では利用可能な面積、あるいは俗にいわれる絨毯が敷ける面積を指す場合があり正確な面積の把握は不可能である。

　第三にポートフォリオの管理上では各地域ごとの総面積の把握やそれに基づく各種費用や収益の単価の比較が頻繁に行われるが、異なった測定方法に基づく単価の算出は全く意味をなさない。昨今話題となっている環境問題においても、各国のCO_2の総量や一定面積当たりの排出量の算出を必要としていることはいうまでもないが、一定面積当たり数量は総面積、すなわち分母によって大きく異なることから一貫性のある面積の測定が必須となる。

　第四に一貫した測定基準は市場の透明性においても重要な要素といえる。まず、不動産のユーザーにとって各地、各国における利用可能な面積は従業員の採用や不動産コスト算出における重要な経営指標であり、また部門間の1人当たりの実質面積の把握は従業員の不公平感の是正にも必要である。投資家にとって正確な面積を把握することは同じように重要である。まず、対象となる物件の総面積を確定することによって、対象不動産の管理上の信頼のおける総コストや単価を算出することが可能となり、それらはポートフォリオの既存の不動産の比較対象の分析をも可能とさせる。一方、測定方法が不透明かつ一貫性が不足する状況下では、投資家の投資欲や価格査定にも影響があると考えられ、また一貫した測定方法は賃貸借契約に絡む面積の認識の違いによる紛争を未然に防ぐことも想定される。

　最後に、面積の一貫した測定方法が必要不可欠となることは前述のとおりであるが、このことは国際会計基準（IFRS）が普及するとともに面積の測定に留まらず一貫した資産評価にも大きな影響があるといえる。国際会計基準を推進するIFRS財団は2014年に公正価値について、RICSを中心に設立された資産の国際評価基準の策定組織IVSCとの連携を決定し、世界規模の資産の統一した評価基準の策定が進められている。IVSCは International Valuation Standards（IVS）を策定し、その基礎となる面積の測定方法にはIPMSが採用されている。

3　IPMSの普及

　IPMSが完成してまだ日が浅いが政府関係ではいち早く英国、ニュージーランド、ドバイ、バーレーンが官公庁あるいは国全体としての導入を発表している。またグローバルに事業を展開している企業、不動産会社、投資ファンドでも日々導入が広まっている。

4　IPMSの概要

　実際のIPMS説明書は三部構成となっており、一部と二部はIPMSの目的、原則定義などが論じられているが、ここでは主に第三部の基準の考え方とIPMSを理解するのに必要な定義を中心に紹介したい。IPMSはそれぞれの想定できる状況に応じてIPMS1、IPMS2、IPMS3の三段階に分類されている。

4.1　IPMS1の用途

　まずIPMS1の用途は、外壁を含むビルの面積の測定に使用されるものとされ、国や地域によってはビルの計画立案または開発提案の概算コスト算定に用いられると定義されている。

4.2 IPMS 1の定義

IPMS 1は外壁の外周まで測定されたビルの各階面積の合計で、各階ごとに表示される。IPMS 1の定義はどの種類のビルでも同じである。すなわち世界共通ではないが多くの国や地域ではグロス面積や総外壁面積として知られている。

4.3 IPMS 1の構成要素

❶含まれるもの

地下階の外壁面積は、1階の外壁を真下に下ろして面積を測定するか、または、地下階の面積がビルの土地専有面積と異なる場合は、外壁の厚さを見積もった上で測定する。

❷測定には含まれるが、別に表示されるもの

バルコニー、屋根付き通路、一般に開放されている屋上テラスは含まれる。それらは外周面まで測定され、面積は別表示される。

❸含まれないもの

IPMS 1の測定には以下の面積は含まれない。
・光井、上層階の吹き抜け
・外部非常階段等、構造体の一部でない外部階段
・1階の中庭とデッキ、ビル外の駐車場、備品置場、冷却装置、ゴミ置場、他の1階の完全には囲まれていない場所は、IPMS 1には含まれないが、測定して別に表示される場合がある。

4.4 IPMS 2—オフィスの用途

IPMS 2—オフィスは、内法面積を測定し、オフィスビルの面積を用途別に分類するためのものである。面積の有効使用や評価のためのデータを提供するために、アセットマネージャー、仲介業者、経費コンサルタント、ファシリティマネージャー、入居者、所有者、プロパティマネージャー、リサーチャー、鑑定士等によって使用され得る。

IPMS 2—オフィスの構成要素面積は、ユーザーやサービス提供者が、異なる市場慣習からのデータを用いて、直接の面積比較をすることを可能にする。

4.5 IPMS 2—オフィスの定義

IPMS 2—オフィス：主要内法表面まで測定されたオフィスビルの各階面積の合計でビルの各階

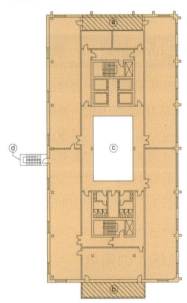

a) 屋根付き通路　　c) 光井、上層階の吹き抜け
b) バルコニー　　　d) 外部階段（構造体でないもの）
ハッチエリアは別に記載しなければならない。

図2.4.1 IPMS 1—上層階

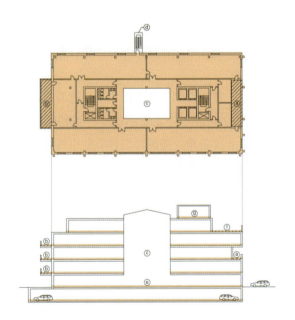

a) 屋根付き通路　　　e) 1階のアトリウム
b) バルコニー　　　　f) ルーフテラス
c) 光井、上層階の吹き抜け　　g) エレベーター機械室
d) 外部階段（構造体でないもの）
ハッチエリアは別に記載しなければならない。

図2.4.2 IPMS 1—平面図及び断面図

ごとに構成要素別に集計されたもの。世界共通ではないが、多くの市場では「総内法面積」として知られている。

4.6 IPMS2の構成要素

❶含まれるもの

IPMS2―オフィスは、内部の壁、柱、直接または間接的に使用可能な異なるビル間での内部通路等のすべての面積を含む。アトリウムのような内部空間は、最も低い階のものだけ含まれる。

❷測定には含まれるが、別に表示されるもの

バルコニー、屋根のあるギャラリー、一般に開放されている屋上テラスは含まれる。それらは内壁面まで測定され、面積は別表示される。

❸含まれないもの

IPMS2―オフィスには下記の面積は含まれない。
・光井、上層階の吹き抜け
・ビルの構造体でない1階の中庭とデッキ、ビル外の駐車場、備品置場、冷却装置、ゴミ置場、他の1階の完全には囲まれていない場所は、IPMS2―オフィスには含まれないが、測定して別に表示される場合がある。

❹主要内法表面

主要内法表面は、内周を形成する各垂直断面の仕上面の内、50％以上を占める内側の仕上面である。垂直断面とは、柱の存在を無視して、内装仕上面を垂直に切った場合の当該仕上面である。

垂直断面において、50％を超える仕上面がないか、または主要内法表面が垂直でないとの理由で、主要内法表面が存在しない場合は、測定は壁と床の接合部までなされる。その際、幅木、ケーブル管、空調ユニット、配管等は無視する。

垂直断面の主要内法表面を決定する際には、以下のガイドラインを使用しなければならない。
・幅木と飾り部分は壁の一部とは見なされない。
・柱の存在は無視する。

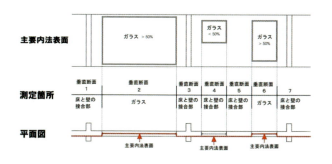

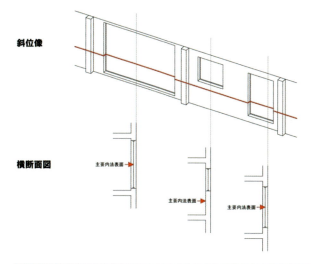

図2.4.3 主要内法表面

表2.4.1 構成要素面積

構成要素面積 A	垂直貫通部分
	垂直貫通部分の例として、階段、エレベーターシャフト、ダクトがある。ただし、0.25m²以下の貫通部は無視する。
構成要素面積 B	構造体
	これは、主要内法表面の内部にあるすべての構造壁と柱により構成される。
構成要素面積 C	機械室
	機械室の例には、空調・電気機械室、エレベーター機械室、メンテナンス室が含まれる。
構成要素面積 D	衛生エリア
	衛生エリアの例には、トイレ、清掃用品置場、シャワールーム、更衣室が含まれる。
構成要素面積 E	廊下
	これはすべての廊下により構成される。
構成要素面積 F	利便施設
	利便施設の例には、カフェテリア、保育所、フィットネスセンター、礼拝室が含まれる。
構成要素面積 G	オフィス専有部
	この場所はオフィス目的で、人が使用したり、家具や備品が置かれたりする。
構成要素面積 H	その他
	その他の例として、バルコニー、屋根付き通路、ビル内の駐車場及び倉庫が含まれる。

- 窓枠及び中枠は窓の一部と見なす。
- 空調ユニット、ダクト用の隔壁、コーニスは無視する。

IPMS 2―オフィスは表2.4.1の八つの構成要素面積の合計である。

ある構成要素面積が多目的に使用される場合は、主な用途に従って記載されなければならない。構成要素面積は、単一入居者が排他的に使用する部分と複数の入居者が共用する部分に分類される場合がある。ビルの階数は各国の慣習に従って記載する。その際、メインエントランスを記載し、他の階はそこから順番に記載する。構成要素面積Hの中で、直接オフィスに関係のない場所は参考として記載される。面積は測定されるが、他の方法によっても記載される場合がある。例えば地下駐車場は、駐車台数も記載される場合がある。

❺限定使用場所

基準内セクション2.3で定義された限定使用場所は、IPMS 2―オフィスの総面積には含まれるが、IPMSで報告された場所の中で、別に特定され、測定され、表示されなければならない。

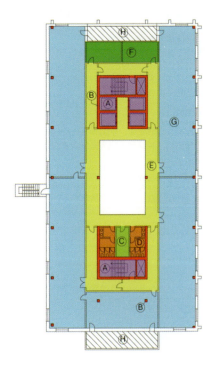

図2.4.4 IPMS 2―オフィス―構成要素面積

4.7　IPMS 3―オフィスの用途

IPMS 3―オフィスは排他的に使用されている床面積を測定するものである。仲介業者、入居者、アセットマネージャー、ファシリティマネージャー、プロパティマネージャー、リサーチャー、鑑定士等によって使用される。

IPMS 3―オフィスは、IPMS 1、IPMS 2―オフィスと直接的に関係があるわけではなく、IPMS 2―オフィスの構成要素面積でもない。オフィスビルにはビル全体に対し、一つのIPMS 3―オフィスがある場合もあるし、多くのIPMS 3―オフィスが分かれて存在する場合もある。

4.8　IPMS 3―オフィスの定義

IPMS 3―オフィス：入居者が排他的に使用できる面積で、標準施設、共用廊下を除く。各ビルにつき、入居者ごと、または階ごとに計算される。標準施設は、建物の共用施設を提供する部分で、通常は経年変化するものではない。例えば、階段、エスカレーター、エレベーター及び機械室、トイレ、清掃用品置場、電気・空調機械室、消防用避難場所、メンテナンスルームが含まれる。

4.9　IPMS 3―オフィスの構成要素

❶含まれるもの

入居者の排他的な使用場所内のすべての内壁及び柱は、IPMS 3―オフィスに含まれる。床面積は主要内法表面までとされ、隣接テナントとの共用壁がある場合は、共用壁の壁心までとされる。

❷測定には含まれるが、別に表示されるもの

排他的に使用されている、バルコニー、屋根付き通路、屋上テラスは内法表面まで測定され、面積は別表示される。

❸含まれないもの

上記に記載した標準施設。標準施設は階によっ

表2.4.2 IPMS 2—オフィスの一覧表の見本

階	－2	－1	0	1	2	3	4	合計
構成要素面積　A—垂直貫通部分								
例—階段、エレベーターシャフト、ダクト	0	0	0	0	0	0	0	0
構成要素面積　B—構造体								
例—構造壁、柱	0	0	0	0	0	0	0	0
＊限定使用場所	0	0	0	0	0	0	0	0
IPMS 計	0	0	0	0	0	0	0	0
構成要素面積　C—機械室								
例—空調・電気機械室、エレベーター機械室、メンテナンス室	0	0	0	0	0	0	0	0
＊限定使用場所	0	0	0	0	0	0	0	0
IPMS 計	0	0	0	0	0	0	0	0
構成要素面積　D—衛生エリア								
例—トイレ、清掃用品置場、シャワー室、更衣室	0	0	0	0	0	0	0	0
＊限定使用場所	0	0	0	0	0	0	0	0
IPMS 計	0	0	0	0	0	0	0	0
構成要素面積　E—廊下								
例—すべての廊下	0	0	0	0	0	0	0	0
＊限定使用場所	0	0	0	0	0	0	0	0
IPMS 計	0	0	0	0	0	0	0	0
構成要素面積　F—利便施設								
例—カフェテリア、保育所、フィットネスセンター、礼拝室	0	0	0	0	0	0	0	0
＊限定使用場所	0	0	0	0	0	0	0	0
IPMS 計	0	0	0	0	0	0	0	0
構成要素面積　G—オフィス								
オフィス専有部	0	0	0	0	0	0	0	0
＊限定使用場所	0	0	0	0	0	0	0	0
IPMS 計	0	0	0	0	0	0	0	0
構成要素面積　H—その他								
例—バルコニー、屋根付き通路、ビル内の駐車場及び倉庫＊＊	0	0	0	0	0	0	0	0
＊限定使用場所	0	0	0	0	0	0	0	0
IPMS 計	0	0	0	0	0	0	0	0

IPMS 2—オフィス　合計								
構成要素面積　計（限定使用場所を除く）	0	0	0	0	0	0	0	0
＊限定使用場所計	0	0	0	0	0	0	0	0
IPMS 2—オフィス　合計	0	0	0	0	0	0	0	0

IPMS 2—オフィス以外の場所	
ビル外の駐車場	0
ビルの構造部分でない、デッキや中庭	0
その他（例—備品置場、冷却装置、ゴミ置場）	0

＊限定使用の内容は個別に記載されなければならない。
＊＊構成要素面積Hの個々の使用範囲は、個別に記載されなければならない。

て異なるし、ビルの入居状況によっても異なる。単一入居者のビルの場合は、標準施設の範囲を決定するために、階ごとに複数の入居者がいると仮定する必要がある。一つの階に複数の入居者がいる場合は、面積は個々に測定され、共用廊下は除外される。

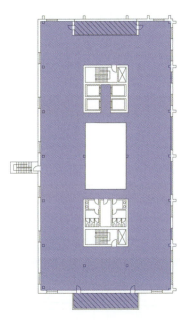

ハッチエリアは別に記載しなければならない。
図2.4.5 IPMS 3－オフィス－上層階、単一入居者

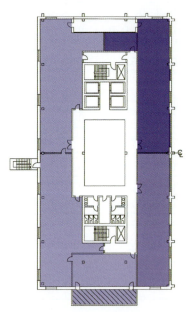

ハッチエリアは別に記載しなければならない。
図2.4.6 IPMS 3－オフィス－上層階、複数入居者

5　IPMSで使用される用語の主な定義

❶ビル
土地と建物からなる不動産の一部を構成する独立した構造体。

❷連合
公益を追求する非営利団体からなるIPMSの評議員で構成される組織。

❸構成要素
ビルの床面積を分類する際の主な要素の一つ。

❹構成要素面積
各構成要素に属する床面積。

❺床面積
ビルの各階における、通常は、水平で、常設の、荷重を支える構造体の面積。

❻主要内法表面
内周を形成する、各垂直断面の50％以上を占める内法の仕上面。

❼IPMS
国際不動産面積測定基準オフィス版。

❽IPMSC
国際不動産面積測定基準連合。

❾IPMS 1
外装材の外周まで測定するビルの各階面積の合計で、各階ごとに報告される。

❿IPMS 2－オフィス
主要内法表面まで測定するオフィスビルの各階面積の合計で、ビルの各階ごとに構成要素別に報告される。

⓫ IPMS 3—オフィス

入居者が排他的に使用できる面積で、標準施設を除く。個々のビルにつき、入居者ごと、または階ごとに計算される。

⓬ 不動産

開発行為によって建設された土地と建物からなる実体を持った資産。

⓭ 不動産業界

ユーザー、サービス提供者、第三者で構成される。

⓮ サービス提供者

ユーザーに対して不動産サービスを提供するあらゆるもの。鑑定士、測量士、ファシリティマネージャー、プロパティマネージャー、アセットマネージャー、仲介業者、面積測定専門家、コストコンサルタント、インテリアデザイナー、建築士を含むが、これらに限られない。

⓯ 面積測定専門家

IPMS に沿ってビルの面積を測定する経験または訓練を積んだ有資格のサービス提供者。

⓰ 標準施設

建物の共用施設を提供する部分で、通常は経年変化するものではない。例えば、階段、エスカレーター、エレベーター及び機械室、トイレ、清掃用品置場、電気・空調機械室、消防用避難場所、メンテナンスルームが含まれる。

⓱ 第三者

不動産の面積測定に利害関係のあるユーザーまたはサービス提供者以外のあらゆるもの。政府、銀行、不動産融資者、データアナリスト、リサーチャーを含むがこれに限られない。

⓲ ユーザー

所有者兼入居者、デベロッパー、投資家、買主、売主、大家またはテナント。

⓳ 鑑定士

鑑定または評価において適切な専門的資格を持ったサービス提供者。

⓴ 垂直断面

柱の存在を無視して、内装仕上面を垂直に切った場合の当該仕上面。

6 RICS とは

Royal Institution of Chartered Surveyors（RICS）は1868年に、英国を始めとする産業革命による社会のパラダイムシフトを背景に当時の不動産を中心とする資産のサーベイヤーズ達が集まり、その後の資産評価のあり方を研究し対応すべく設立された機関である。1881年には英王室より勅許を受けそれ以降は Royal の称号の使用が許可されている。

RICS は現在世界に118,000人の正会員と約60,000の準会員及び学生会員を有しており、いわゆる不動産、建設、インフラを含む Built Environment の分野で17の領域において基準の設定、教育、資格の付与、社会全般における資格及び協会の認知、そして会員の資質の向上に努めている。RICS で認定された資格は世界的に高い評価と認知されている。

詳しくは、http://www.rics.orgを参照されたい。

第3章
ライフサイクルにわたるBIMの課題

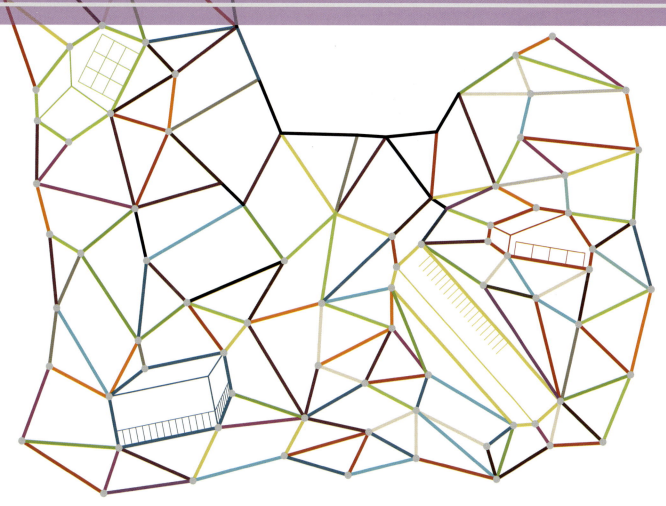

第1節 設計から施工への BIMデータ連携の課題

(一社) 日本建設業連合会
福士 正洋

1 過去を振り返る

BIMは図3.1.1に示すように、建物のライフサイクル（企画・設計・施工・維持管理）において、複数企業間のコラボレーション・コミュニケーションツールとして、一貫利用することで最も効果が上がるといわれてきたが、果たして我が国ではBIMデータ連携、一貫利用は進展しているのだろうか？

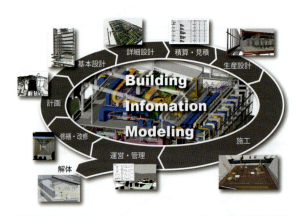

図3.1.1 Lifecycle　BIMの概念図

2次元CADの導入・普及が始まった頃も、設計から施工へとデータ連携が進展し、受け取り側のデータ再入力の手間が減るのではという淡い期待感があったが、実態としてそれほど進展はしなかった。その理由は、ネイティブファイル間の連携であらかじめレイヤー・フォント・線種などをそれぞれの企業間・部門間でルールを決めても、そのとおりデータが作成されていなかったり、データ連携の中間ファイルとして利用が進んだDXFファイルでの再現性が不十分であったり、また、寸法の一部が書き込み寸法のため、受け取ったデータが正しいかのチェックに時間がかかり、使えるのは通り芯くらいなどという笑えない事例もあったと聞いている。このような技術・運用面のデータ連携阻害要因の解決が進まないうちに、異なる企業間・部門間ではデータを受け取って連携するよりも、一から作成した方が早くて正確なデータが作成できるといった状況になっていったのではないだろうか。

設計から施工へのBIMデータ連携はどうだろうか。2次元CADと同じ轍を踏むのだろうか？

2 設計～施工へのBIMデータ連携

設計・施工分離方式、設計・施工一括方式、デザインビルド方式、ECI方式、IPD方式などプロジェクトの発注方式が多様化してきている現在、設計から施工へのBIMデータ連携は重要な課題となっている。

2.1 海外のBIM先進国では

発注者によるプログラミング（ブリーフィング）作成の段階で、BIM利用プロジェクトの場合は、その開始に先立ち、担当者間のスムーズな情報共有や情報伝達を実現するために、担当者間の役割分担や責任範囲、作業範囲、情報交換する手段などを事前に決めておく必要がある。海外のBIM先進国では、これらのことをまとめた「BIM実施計画書：BEP（BIM Execution Plan）を作成することが普及し、BIMデータの詳細度やBIMデータ作成責任者、BIMによる業務プロセスな

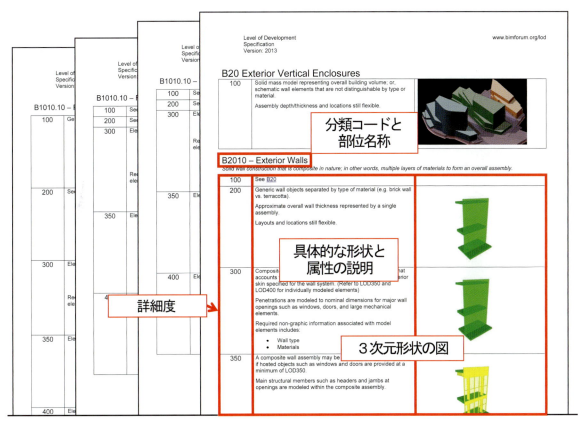

図3.1.2 Level of Development Specification

どを定め運用し始めている。

特にデータ連携の際に重要となるBIMの詳細度は、部位・部材ごとの「3次元形状情報」と「属性情報」を、プロジェクト開始前に、あらかじめ建築生産プロセスのマイルストーンごとに、だれが、どこまで詳細に各情報を入力するかを明確に決めておく必要がある。基本設計や実施設計が完了した段階の、個々の部位・部材の詳細度を決めておくことで、受け取り側はBIMモデルの詳細度の程度を知り、ある程度チェックすることが可能だ。

米国のBIMForumは、2013年8月に「Level of Development Specification」を公表し、各マイルストーンで入力すべき標準的な3次元形状及び属性情報を部位ごとに詳細に規定している。図3.1.2にその一部を抜粋した。部位の分類が米国標準の「Uniformat」体系となっており、日本の実情に合わない上、日本では仕様書や施工要領書に記載する内容まで、属性情報として扱う部分もあり、そのままでは日本で利用することはできないが、BIMモデルの詳細度を表現する手法として参考になる。

2.2　日本の現状

日本では、国土交通省が2014年3月に公表した「官庁営繕事業におけるBIMモデルの作成及び利用に関するガイドライン」の第2編BIMガイドライン（設計業務編）第2章「BIMに関する実施方法など」の章で「BIMに関する実施方法（BIMソフトウェア、解析ソフトの名称・バージョンなどを含む）、実施内容、実施体制などについて業務計画書（設計業務共通仕様書第3章3.5に示す「業務計画書」をいう。）に記載するものとする。」と定めているが、具体的なひな形や記載例は提示されていない。

日本でも、海外のBIM実施計画書を参考に国内の実情に沿った標準的な「BIM実施計画書」の作成と普及・展開が必要だ。

この中には、BIMデータの品質やBIMモデルを作成した際の留意事項（BIMモデルの範囲、正確に入力されている部分と不確定部分の明示、モデルチェックの方法とチェック結果など）を伝達する「BIMモデル説明書（連絡書）」などの項目も必要だ。

2.3 コラボレーションとコミュニケーション

設計から施工へのBIMデータ連携は、単なるデータの受け渡しという発想ではなく、BIMモデルを利用した企業間・部門間のコラボレーション・コミュニケーションによるプロジェクト全体の品質向上と各プロセスの効率化と捉えていく必要がある。そのためには、BIMの情報共有環境の整備が必要であることはもちろん、前項で記述したように、事前の計画・準備、それに基づく正しいBIMモデルの作成が最も重要なポイントとなる。

受け取ったBIMモデルが正しくなければ、その連携利用は進まない。特に提供側のBIMモデルと図面に食い違いがある場合は致命的で、受け取ったBIMモデルは単なる参考資料扱いになり、施工側で再度BIMモデルを作成するという、2次元CADと同じ轍を踏むことになる。

2.4 BIMデータ品質保証の必要性

BIMデータ連携提供側（設計事務所など）がBIMモデルと発行図面の正しさを担保し、受け取り側（ゼネコンなど）がBIMモデルの正しさを簡単にチェックできる仕組みがあればBIMデータ連携は格段に進展するだろう。将来に向けてBIMデータ連携を品質保証の側面からも考えていくことが重要だ。

現状でも企業が図面を発行する際には、社内基準に則っているかなどの品質チェックを経てから発行しているのと同様に、2次元データよりデータ量が多く、複雑なBIMデータを扱う際には、BIMデータの品質チェックとその証跡（例えば干渉チェック結果など）を残すことが必要となってくるだろう。

BIMモデルのチェックソフトもいくつかあるが、BIMモデルの正しさを担保する手法やBIMモデルの正しさを簡単にチェックする手法がまだ確立されていないのが実情だ。

3 専門工事会社とのBIM連携

3.1 BIMモデル合意

日建連・BIM専門部会では、施工段階におけるBIM活用の増大を目指して活動しており、2014年11月に「施工BIMのスタイル　施工段階における元請と専門工事会社の連携の手引き2014」を発行した。

これは、施工段階でBIMを活用するには、専門工事会社との連携が必須であり、また施工段階からでもBIMモデルを活用するメリットは十分にあると考えたからである。また、施工段階のBIMを推進するための手引きが必要との認識がゼネコン・専門工事会社双方にあったからだ。

手引きの主な内容は、施工BIMの考え方、施工BIMのメリット、工事別の施工BIMの紹介、実際の実施事例などを網羅している。

なかでも、鉄骨製作図承認前のチェック業務の効率化を目指した、鉄骨ファブとゼネコン間の「BIMモデル合意」という施工BIMの新たな運用方法を提案しているところがポイントだ。

「BIMモデル合意」では、各種専門工事会社が作成したBIMモデルを元請が統合し、これを見ながら干渉確認や施工性の検討などを行い課題を解決する。これにより、打合せ用2次元図面の削減や無理のない納まりにつながるなど施工BIMのメリットを享受することができる。承認には2次元図面を用いるが合意形成までをBIMモデルで行う方法を示している。図3.1.3にBIMモデル合意の一般的な手順を示す。

「BIMモデル合意」では、施工図・製作図作成

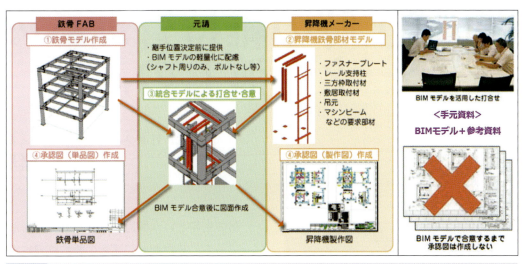

図3.1.3 BIMモデル合意の一般的手順

の前にBIMモデルの作成に着手する。BIMモデルの作成期間は増加するが、合意された内容を反映するので施工図・製作図作成の手戻りがなく図面作成期間を短縮できる。

3.2 新しい流れ

ゼネコンの設計・施工一括方式で、鉄骨製作図の作成時期の前倒しを図るため、従来、鉄骨ファブが作成していた鉄骨BIMモデルをゼネコンが作成し、鉄骨とスリーブ等の設備との取り合いの調整期間を短縮し、かつ鉄骨ファブの業者選定を待たずに鉄骨製作図の作成に着手するような試みが始まっている。これは、責任・コスト・リスクが鉄骨ファブから、ゼネコン側に移行するという新しい建築生産プロセスだ。今後、他の業種にも広まっていく可能性がある。

4 まとめ

設計から施工へのBIMデータ連携の課題や専門工事会社とのBIM連携について概要を述べた。日本ではプロジェクト開始前に「BIM実施計画書」を事前に作成し、それに基づいて実施されたプロジェクトがほとんどない状況であるが、早い時期に成功事例が公開されることを期待している。

今後は、自社・自部門だけの効率化・最適化にBIMを利用するのではなく、プロジェクトに関わるステークホルダー全員のメリット、特に発注者メリットを追求していかないと広く普及していかないだろう。

(参考文献)
1) "Level of Development Specification," BIMForum USA, 2013
2) 国土交通省「官庁営繕事業におけるBIMモデルの作成及び利用に関するガイドライン」2014年3月
3) (一社)日本建設業連合会「施工BIMのスタイル 施工段階における元請と専門工事会社の連携の手引き2014」2014.11

第2節 竣工時の維持管理への データ引渡しの課題

(公社)日本ファシリティマネジメント協会
猪里 孝司

1 はじめに

BIMの特徴の一つとして、建築のライフサイクルにわたって利用することを指向している点が挙げられる。設計、施工を通じて作成、更新された建物情報が維持管理でも利用できるので、維持管理のために新たにデータを作成する必要がなく、初期データ作成のための工数が軽減されると考えられている。

日本ファシリティマネジメント協会(JFMA)は、BIMを活用するために、2012年9月にBIM・FM研究部会を発足させた。この研究部会はJFMA版「BIM・FMガイドライン」の策定と新たなビジネスモデルの構築を目標に活動している。

2 BIM活用ガイドブック

JFMAは2015年4月に『ファシリティマネジャーのためのBIM活用ガイドブック』を発行した。建物の維持管理に携わる方々に、BIMに対する理解を深めてもらい、BIMが維持管理に役立つことを知ってもらうことを目的としたものである。

建物を作り出す過程(設計段階・施工段階)では、BIMが一般化しつつあるが、維持管理段階での利用は緒についたところである。欧米では、BIMとファシリティマネジメント(FM)を連携させ、ライフサイクルコストを削減させたり、建物の維持管理を合理化させる取組みが紹介されている。

BIMの推進者は、設計者や施工者など主として建物の生産に携わる人たちであり、BIMも建物の生産という側面から語られることがほとんどである。そのため、建物の維持管理に携わる方々には、対岸の火事のように受け取られていることが多い。この状況を改善しFMとBIMを近づけるために、建物の生産に関わる人たちと維持管理に携わる人たちが、共通の言語、理解でFMでのBIM活用について議論する必要があると考え、ガイドブックを作成した。

図3.2.1 『ファシリティマネジャーのためのBIM活用ガイドブック』

このガイドブックでは、FMとBIMとの関係、FMでBIMを活用することのメリットや可能性について、国内外の事例を交えて分かりやすく説明している。ファシリティマネジャーにとってのBIM入門書といえるものである。維持管理段階でのBIM活用は、ライフサイクルコストの低減に留まらず、建物利用者への情報提供や新たなビジネスモデルの構築の可能性など、維持管理の高

度化につながることを示している。

3 データ引渡しの課題

BIMは維持管理に有効である。維持管理には情報が必要不可欠であり、BIMモデルには維持管理で利用できる情報が数多く含まれている。しかし建物の生産段階で作成されたBIMモデルが、そのまま維持管理で利用できるわけではない。維持管理でBIMを活用するためには、どのような情報が求められているかを理解した上で、以下のようなことを引渡し側と受取り側で合意しておく必要がある。

- BIMモデルに含まれている項目
- BIMモデルの詳細度
- BIMモデル作成に必要な維持管理者が提供すべき情報
- データ引渡しの時期

これらの合意のベースとなるひな形が必要であると考えている。現在はひな形がなく、データ引渡しの標準がない状態といえる。JFMAのBIM・FM研究部会では、ひな形となる「FMでのBIM活用ガイドライン」を作成中である。

4 維持管理で必要な情報

建物の維持管理には様々な業務があり、必要とする情報も一様ではない。多岐にわたる業務の中でBIMモデルによる情報が活用できる分野を考えてみた。それぞれでどのような情報がBIMモデルから提供できるかは、まだまとまっていないが、BIMモデル作成に携わっている方々にはある程度想像がつくと思う。

❶区画、面積の管理

専用部分と共用部分の区分け、賃貸面積の管理、利用用途による区分、セキュリティ、工事区分、防火区画など空間を様々な観点から管理するための利用。

❷突発的な故障への対応

故障原因の究明、影響範囲の確認、修理計画の策定など、従来複数の図面やリストを参照する必要があったものをBIMモデルを利用することで迅速に行うための利用。

❸履歴の管理

台帳で管理されている工事や修繕の記録と3次元的な位置情報を連携させ統合的に管理することで、管理を効率化、高度化するための利用。

❹情報管理のインデックス

図面、マニュアル、台帳、機器の運転状況など建物に関する様々な情報とBIMモデルによる3次元の形状及び位置の情報とを連携させることで、管理を効率化、高度化するための利用。

❺台帳の元データとしての利用

台帳の初期データをBIMモデルから提供することで早期に運用を開始するための利用。

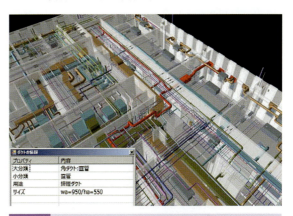

図3.2.2 維持管理で利用しているBIMモデル

建物の維持管理は図面と台帳で行われている。図面はCADやPDFによってデジタル化され、台帳もデータベース等によりデジタル化されている。実は維持管理に必要なデータは既にデジタル化されている。問題は、それぞれが独立していてほとんど連携が取られていないことである。BIMを活用することで、既存のデジタル化された情報も含めて連携させることができる。

第3節　BIMの著作権

㈱CIラボ（元日建設計）　　弁護士
榊原 克巳／大森 文彦

1　はじめに

　図面作成を主とした2次元CAD（以下、「CAD」）が使われ出したときからCADデータの著作権はどう考えるのかという議論があった。先行するステップで作成されたCADデータを後のステップに流通させ活用できるのではないかという考えから、その場合の権利や注意事項はどうなっているのかということである。

　これに対し、（一社）日本建築学会では内部委員会で検討した成果を「建築における電子データ流通のためのガイドライン」（以下、「流通ガイドライン」）としてまとめ、2001年12月に公表している。その中で、電子データを流通させる際にはデータ受け渡しの契約書を交わし、データの利用目的の範囲、範囲外の使用制限、第三者の利用、原著作権の所在、納品データの扱いなどを決めるように提案している。

　一方でBIMの利用の初期からCADデータとは違った考えが必要ではないかという指摘がされてきた。CADデータは図面を表す線や文字の組み合わせでデータが成り立っているのに対し、BIMデータは電子的な建物構成部材（柱、壁、建具など；オブジェクトと呼ぶ）を組み合わせて、電子的に目的の建物を表すようにモデル化されており、そのデータを使用目的に合わせて編集加工することも容易である。そのため、CADデータに比べてBIMデータは建物モデルとして設計から施工や維持管理までその利用範囲が広いと考えられる。そこでBIMデータに対する権利がどうなっているのか関心がある関係者も多い。

　しかしながら、この点に関して重点的に検討した委員会は今のところはない。本稿では、2001年公表の日本建築学会の流通ガイドライン成果を参考にしつつ、BIMによる変化の有無を考える。まずは、建築の著作権に関し、かなり誤解している向きもあるように思われるため、その点を概説する。

2　建築の著作権の特殊性

　著作権法（以下、「法」）では、第2条第1項第1号に著作物は「思想又は感情を創作的に表現したものであつて、文芸、学術、美術又は音楽の範囲に属するものをいう」。また同項第2号に著作者とは「著作物を創作する者をいう。」とある。さらに、第10条に著作物の例示がされ、第5号に「建築の著作物」、第6号に「地図又は学術的な性質を有する図面、図表、模型その他の図形の著作物」とある。このため、建物と設計図は著作物にあたる可能性があるが、この芸術性や創作性の有無が問題になる。

　権利に関しては、法第2章第3節に書かれており、著作者は、著作者人格権と著作権（財産権）を持つ。人格権には公表権、氏名表示権、同一性保持権があり、この権利は著作者限りである。一方の著作権には種々の権利（公表権及び複製権、展示権、貸与権、譲渡権など利用権、法第21条から第27条）があり、他者にその権利の譲渡をすることや使用許諾を与えることができる。設計図に基づく建物の建築は、複製権の許諾にあたるとされる。

　こうしたことから建築にはすべて著作権が生じ、その権利を主張できると解する向きもあろうが、実際には建築の著作権は、小説、美術品、音楽、映画などの権利に比べてその権利範囲が狭い

とされ一定の制限がある。

まず、法第20条第1項では、「著作者は、その著作物及びその題号の同一性を保持する権利を有し、その意に反してこれらの変更、切除その他の改変を受けないものとする。」とされ保護されているかに思えるが、同条第2項で「前項の規定は、次の各号のいずれかに該当する改変については、適用しない。」とあり、同項第2号で「建築物の増築、改築、修繕又は模様替えによる改変」となっており、著作者以外の別の設計者による増改築などに際しての変更は同一性保持の適用外とされている。

この場合であっても通常は、元の図面に対し直接的で大規模な改築や修正をかけるような場合は原設計者の許諾を得ることが必要であろう。ただ、同条第2項第4号で「前三号に掲げるもののほか、著作物の性質並びにその利用の目的及び態様に照らしやむを得ないと認められる改変」とあるので、改変の規模や内容によっては許諾の必要はなくなる。

また、一般に世間でよく見かけるような住宅やビルの建物には著作権が生じないとされる。確かに隣の家やビルと似ているからということで著作権云々を主張することは難しいであろう。

3　BIMデータの作成関与者

BIMデータの作成は、目的建物の企画段階、計画、設計、施工、維持管理までの各段階で行われる可能性がある。例えば、設計はCADで図面作成がされBIMで行われない場合もある。普通、BIMデータ作成には、企画から設計までは設計者（施工会社の設計者も含む）が関与し、施工は施工会社や専門工事会社が関与し、維持管理用のデータは設計者か施工者、または維持管理者が関与すると思われる。各段階で各々BIMデータを作成する場合、先の段階で作成したBIMデータを後の段階で活用するということもある。最近はBIMデータが建物を表すという性質上、設計段階から施工会社が施工方法などの知識を携えて設計者とともにBIMデータ作成に関与するという事例も増えてきた。また基本設計と実施設計の設計者が違う場合もある。

さらに、BIMデータ作成のソフト（「オーサリングソフト」と呼ばれる）の操作が面倒ということで、データ作成を専門的に行う会社もあり、設計者、施工者、維持管理者のそれぞれの作業を必要に応じ依頼を受けてサポートしている。またBIMデータの中には建物の既成の製品を製作する会社が作成したオブジェクト（部品データ）や、公開されているライブラリーと呼ばれるオブジェクトがあり、これを作成している者もいる。

ここで、法第2条第1項第11号には、「二次的著作物　著作物を翻訳し、編曲し、若しくは変形し、又は脚色し、映画化し、その他翻案することにより創作した著作物をいう。」、同第12号には「共同著作物　二人以上の者が共同して創作した著作物であって、その各人の寄与を分離して個別的に利用することができないものをいう。」という言葉が定義されており、このことからBIMデータ作成サポート者もその作業内容によっては著作権に関与していると考えられる場合もあり得る。

以上のようなことからBIMデータ作成の関与者にどんな権利があり、権利があるとしたらどう保護するのかが問題である。

4　BIMデータの流れ

諸処で作成されるBIMデータであるが、プロジェクトの関係者が自社内でデータを作成し使用し、納品する成果品としては紙の図面のみという場合を除いて、BIMデータのことを建築主（または建物所有者）が知らないことは稀であろう。建築主の依頼でプロジェクトが始まり、その際の依頼または業務受注者から建築主への提案によりBIMデータはつくられる。したがって、作成されたBIMデータは建築主が中心となって流通すると考えるのが自然であろう。

図3.3.1に参考として載せた（一社）日本建築

学会作成のCADデータ流通模式図も建築主を中心とした流れを意識しており、この模式はBIMになっても同じであると考えられる。図の白抜きの矢印ABCは主要なデータの流れである。

A：設計者→建築主：建物の建築（新築）、増築、改築、修繕、模様替え、建物運営、維持管理、広報など

B：建築主→施工者：建設工事、施工図作成、竣工図（完成図）作成など
　施工者→建築主：増築、改築、修繕、模様替え、建物運営、維持管理、広報など

C：建築主→維持管理サービス会社：施設運用、維持管理、データの更新など

5　BIMデータの著作権

BIMデータはソフトウェアを介して画面上への表示、または紙の図面を出力できる。そこで建築設計を受注した設計者がBIMデータに対しても原著作権を持つのは問題がない。一方、先に述べたような他のBIMデータ作成関与者に関しては、著作権の概説で述べたように芸術性や創作性のある行為を関与した者が行ったかどうかにより判断されることになる。

その点から見ると、設計者に施工会社が入り込んで設計を行った場合は共同著作物にあたる可能性が出てくる。紙図面かBIMデータによるかを問わず、設計者による設計の終了後に、施工会社がBIMデータを作成する場合は、原設計があることを前提としているため著作権が生じる可能性があったとしても二次的著作物になろう。

維持管理者が作成するBIMデータの建物に関しては著作権が生じないと思われる。そこに付加される属性データに関しては芸術性・創作性からみて著作権という考え方に馴染まない。また、データ入力支援会社などによるソフトウェアの使い方に関する工夫に対しても芸術性、創作性というのは難しいと考えられる。

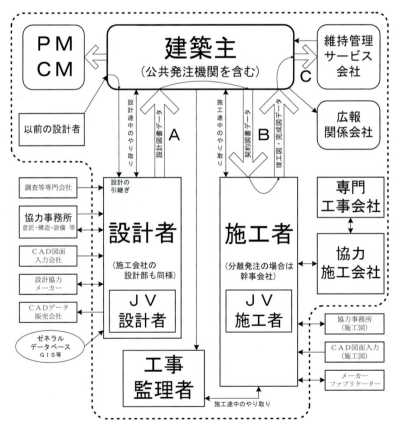

出典：（一社）日本建築学会「建築における電子データ流通のためのガイドライン」2001年12月発行

図3.3.1　建築主を中心とした電子データ流通の模式図

さらにBIMデータの中にライブラリーという他者が事前に作成し公表している部品データを組み込むことがある。この部品データに著作権が部分的に生じるかという議論も考えられる。

重要なのは設計者が主体を持って最後まで創作性のある設計を行い、その結果がBIMデータに反映されている場合はともかく、そうでない場合は他の関与者に著作権が生じる可能性も捨てきれず、BIMに関する権利関係の議論がすんでいない現状ではその判断が難しい場合があり得る。

6　契約の必要性

先の著作権の議論の別の見方は、BIMデータの利用に関して、建物の使用期間中において収入を得る可能性を逃したくないと考える関与者が何らかの権利、例えば著作権を主張したいということと見ることもできる。また、ある人が作成したBIMデータを他の人が修正しようとしてもデータの構成法が分かりにくいこともままあるようで、作成者がデータに対する権利を主張したいということにさらにつながることも想定できる。

ただ、権利の主張をする者はそれに対する責任も同時に負うという事実も忘れてはいけない。BIMデータに内在する建物に関しデータに起因する瑕疵問題が起きた場合、誰が責任を取るかということである。BIMデータの作成に設計者と同時に施工者が関与するという傾向は、そうした事態を避けたいとも考えられる。

BIMデータを他の会社に渡す場合、自分の手元にあるデータと先方が保持するデータが同じであることの担保も考える必要がある。何らかの問題があった場合、元のデータが修正された結果で起きた問題かどうかを見極めるためである。現状ではデータを渡す際の原本データをメールやインターネットなどを介して電子的に渡すことが多いと思われるが、こうすると双方でデータの正しさが分からなくなる可能性がある。そこで面倒でも、ある時点の成果としてはBIMデータをCD-RやDVD-Rなどの修正ができない媒体にコピーしたものを双方が保持することも重要であろう。

こうしたことを考えると、建物の建築主またはある時点での所有者（オーナー）が、BIMを使った業務を依頼する場合、そこでつくられるBIMデータに関しての関係者間での最低限の決め事、先に述べたような事項のうちで、例えば建築主やオーナーが設計者、施工者などとデータを利用する範囲やデータ修正の可否、及びその期間、瑕疵に関することなどの契約をすることが肝要であろう。この内容を通常の業務委託契約の中に含む、または別途に契約をして双方が了解するということである。先に紹介した日本建築学会の流通ガイドラインの考え方をBIMに拡張したといえる。

もし、業務を委託された会社が別の会社にBIMデータ作成や作成支援を依頼した場合、依頼された会社が権利を主張しないような契約、また建築主やオーナーが不利益を被らないような契約を結ぶことも重要である。

ライブラリーデータに関しては、通常はインターネット上のサーバーと呼ばれる場所にデータが保持されていることが多い。そのライブラリーを使いたいと考える設計者、施工者などがサーバーの管理者と、ライブラリーデータを許容された範囲で使用すること、変更はしないこと、必要に応じてライブラリーデータの作成者の明示等をするなどの項目を別途契約または管理者からの許諾を受けることになろう。

いずれにしてもBIMデータの活用、その利用範囲、それに伴い権利などに関してはまだ議論が十分とはいえないため、当面の問題が起きないと思われる範囲で本稿を記述した。

第4節 BIMライブラリーコンソーシアムの活動

(一財) 建築保全センター
寺本 英治

　2015年10月30日に産業界の様々な期待を受けてBIMライブラリーコンソーシアムが設立された。これは専門紙で大きく取り上げられ、専門の方の関心は高い。しかし一方では、BIMとは何か、またそれがどう役立つのかという声、さらにBIMは建設生産プロセスを大きく変革するといいながら、その変革は実現していない等のご意見もあろうと思う。

　しかしBIMは、2020年の東京オリンピックの新設会場建設に活用が義務づけされており、建設産業は今後大きく変わるだろうといわれている。特に2020年以降は海外プロジェクトへの進出、海外への製品輸出を本格的に行わざるを得ないと予測されており、海外ではBIM活用は絶対条件となりつつある。

　以下に、新しく設立されたBIMライブラリーコンソーシアム（略称「BLC」）について紹介する。

1 設立趣旨

　設立趣意書に示す設立趣旨は次のとおりである。
「この数年、建築物の企画・設計・施工でのBIM活用が急速に進んでいますが、BIMは本来建物のライフサイクル全般に活用できるものであり、建築物に長寿命化や省エネルギー等が求められる現在、運用・維持管理（FM）への活用も試みられています。このため形状情報とともに、建築材料・設備機器等の耐久性、エネルギー使用等の情報を集約し、誰もが容易に利用できるBIMライブラリーを構築することが喫緊の課題となっています。

　一方、海外のBIM先進国では、積極的なBIM活用により建設生産性と品質の向上などを目標とし、BIMはプロジェクト受注の必須条件となりつつあり、さらに統一したBIMライブラリー構築への取組みも始まっています。

　しかし我が国では、本来建設産業界全体で共有すべきBIMライブラリーが、現在はBIM利用者が個別に作成しなくてはならないため、業務効率の大幅な低下を招いております。

　この状況を打開すべく、関係者が一体となってコンソーシアムを設立し、C-CADECのStem等の成果を建築分野全体に広く活用・拡張する等して、早期にライブラリーを構築、提供することを目指すべきだと考えます。これはBIMの利用推進、利用効果向上にも寄与するものです。（略）幅広い関係者の方々のご理解、ご参加をお願い申し上げる次第であります。」

2 コンソーシアムの構成及び活動

　コンソーシアムは、BIMライブラリー利用者（設計者、施工者、建物所有者等）、データ提供者（材料、製品、機器等の製造者）、BIM関係者（ソフトウェアベンダー、機器販売者等）、研究組織・関連団体等から構成する。また国・地方公共団体は、オブザーバーとして参加できる。

　形態としては、法人格を設けないコンソーシアムであり、事務局は（一財）建築保全センターに

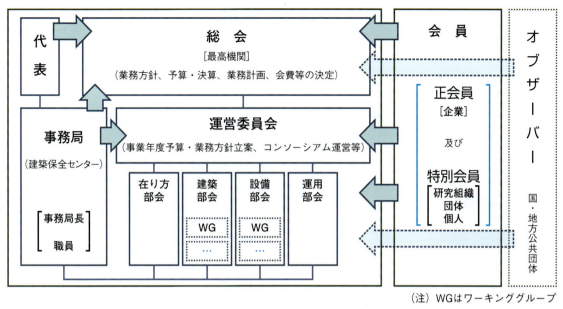

図3.4.1 BIMライブラリーコンソーシアムの構成

設置している。組織図を図3.4.1に示す。

コンソーシアムの代表は同財団の尾島俊雄理事長で、次に示す四つの部会があり、部会長及び活動は次のとおりである。

また各部会の活動を踏まえ、BIMライブラリーの構築・運用の実現、その他普及・促進等関係する諸活動を行う。

①在り方部会
　部会長：安田幸一　東京工業大学大学院教授
　活　動：BIMライブラリーの在り方に関する検討
②建築部会
　部会長：志手一哉　芝浦工業大学教授
　活　動：BIMライブラリーの建築系の標準仕様の作成（建築材料、建築製品、ELV等）
③設備部会
　部会長：一ノ瀬雅之　首都大学東京准教授
　活　動：BIMライブラリーの設備系の標準仕様の作成（Stem等の更新、活用を含む）
④運用部会
　部会長：山本康友　首都大学東京客員教授
　活　動：BIMライブラリーの運用に関する基準、規約等の作成

3　BIMライブラリーコンソーシアム設立まで

3.1　C-CADEC活動のあらまし

（一財）建設業振興基金は、平成8年度に「建設CADデータ交換コンソーシアム」を設立し、これが平成11年度に設計製造情報化評議会（C-CADEC）に発展した。この組織では、建設業界での設計製造EC（電子的流通）化推進のための技術開発を行っている。具体的には設備CAD間のデータ交換標準（BE-Bridge）と設備機器ライブラリー（Stem）の開発を行っている。2次元での交換標準を確立した後、平成23年度からはBIMの普及に伴いStemを3次元化し、BIMへの対応を図った。Stemの特徴は、形状情報（形、位置）と属性情報（仕様、性能、分類、型式、製造コード等）を分離して扱えること、またCI-NETコードと呼ばれる元・下請業者間の取引きでの使用を目指したコードをオブジェクトに付与したことである。主に2次元で開発されたシステムであるが、この2点の特徴により、3次元のBIMへの適用が容易にできることになった。Stemの仕組みを図3.4.2に示す。

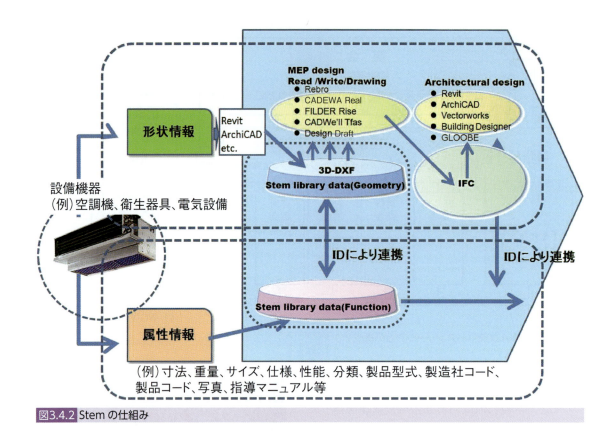

図3.4.2 Stemの仕組み

3.2 BLC設立に向けて

　BLC設立に至る主な経緯としては、平成26年1月に任意団体BIMフォーラムが設置され、BIMの将来に関する議論が開始されたことと、またほぼ同じ時期に（一財）建設業振興基金がC-CADECを平成26年度で終了することを決定し、Stem、BE-Bridgeの承継先を探し始めたことがある。承継先候補には、IAI日本（現building SMART Japan）、（一社）日本建設業連合会等とともに（一財）建築保全センターがあった。同財団は次世代公共建築研究会IFC/BIM部会を平成22年度から実施し、また平成24年度にはIAI日本と共同で国土交通省発注のBIMに関する調査業務を受託しており、その成果が「官庁営繕事業におけるBIMモデルの作成及び利用に関するガイドライン」（平成27年3月公表）となっている。これらから、産業界の幅広い支援を前提として、同財団がStem、BE-Bridgeの承継先を引き受けることとなり、また単に承継することに留まらず、日本での統一的なBIMライブラリーの構築のためのコンソーシアムの設立を目指すこととなった。平成27年4月14日には（一財）建設業振興基金から（一財）建築保全センターへのStem、BE-Bridgeの承継が行われ、専門紙で大きく取り上げられた。

3.3 BIMライブラリーの必要性と国内外のギャップ

　ここで、なぜBIMライブラリーが必要か、またこの領域での海外の状況はどうかを紹介する。図3.4.3にBIMライブラリー構築の背景となる要因を示す。

　国内要因を「BIMの理想と現実のギャップ」に示すが、特にプロジェクト、会社ごとにオブジェクトを作成していることがBIM利用の効率低下の主な要因であり、またこれは間接的にBIMの普及を妨げる要因となっている。

　一方、「海外の動向」に着目すると、オブジェクト標準が作成されている、プロジェクトの段階ごとの詳細度（LOD）が定義されている、部品などの分類が体系化されている、さらにBIMラ

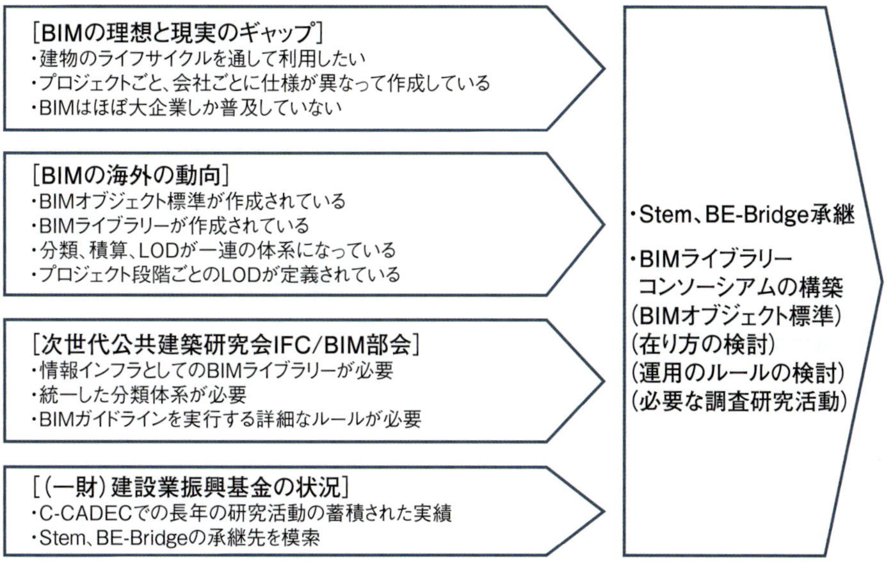

```
[BIMの理想と現実のギャップ]
・建物のライフサイクルを通して利用したい
・プロジェクトごと、会社ごとに仕様が異なって作成している
・BIMはほぼ大企業しか普及していない

[BIMの海外の動向]
・BIMオブジェクト標準が作成されている
・BIMライブラリーが作成されている
・分類、積算、LODが一連の体系になっている
・プロジェクト段階ごとのLODが定義されている

[次世代公共建築研究会IFC/BIM部会]
・情報インフラとしてのBIMライブラリーが必要
・統一した分類体系が必要
・BIMガイドラインを実行する詳細なルールが必要

[(一財)建設業振興基金の状況]
・C-CADECでの長年の研究活動の蓄積された実績
・Stem、BE-Bridgeの承継先を模索
```

・Stem、BE-Bridge承継
・BIMライブラリー
　コンソーシアムの構築
　(BIMオブジェクト標準)
　(在り方の検討)
　(運用のルールの検討)
　(必要な調査研究活動)

図3.4.3 BIMライブラリー構築の背景となった要因

イブラリーが作成されていること等、BIMライブラリーに必要な対策がとられていることが分かる。これらに関する国内外のギャップは、乗り越えなければならない課題である。

以下もう少し具体的に説明する。

❶オブジェクト標準が作成されていることの意味

BIMオブジェクト標準が2014年9月（2016年6月に改定）に英国仕様書協会（NBS、英国王立建築家協会RIBAの傘下の団体）により作成されている。この標準を理解するためには、そこに引用されているBS8541等の基準類を理解しなければならないので大変であるが、日本は標準化に力点を置いていないため、そのギャップが大きい。また2015年度からはオーストラリア、ニュージーランドと共同して、この標準を国際標準に格上げする活動が行われており、2016年7月に結果が公表された。

また2015年1月に報告された国際建設情報協議会（ICIS）オーストラリア支部による19カ国に関するBIMオブジェクト標準とBIMライブラリーに関する調査では、英国、オーストラリア、ニュージーランド、オランダ、シンガポールでBIMオブジェクト標準（作成と命名ルール）が作成されており、現在オープンなBIMライブラリーは英国とオーストラリア（設備のみ）と少ないが、多くの国がその開発に乗り出しており、オーストラリア（建築にも拡大）、韓国等では既に開発中である。

❷プロジェクトの段階ごとの形状と情報の詳細度（LOD）の定義

LODは図面等の形状と関連する情報の詳細度であり、Level of Detail（段階ごとに一様な詳細度が定義されるという考え）とLevel of Development（部位ごとにまた段階ごとに必要な詳細度は進行するので詳細度は一様でないという考え）の2とおりがあるが、ここでは前者として説明する。米国建築家協会（AIA）が段階ごとのLODを公表している。また英国にもRIBAが定義したものがあるが、プロジェクトの段階の定義が異なるため、日本でそのまま適用できない。日本では設計図作成に統一的な詳細度のルールがないため、このルールづくりが必要で、BIMライブラリーのオブジェクトは、プロジェクトの段階に応じたLODが必要である。これは設計の契約でどこまで表現しなければならないかが問題となる。例えば、シンガポールのあるプロジェクトでは、天井裏の詳細は表現するかどうかが問題となった。

建築物を構成する部位・部材・製品等をBIM

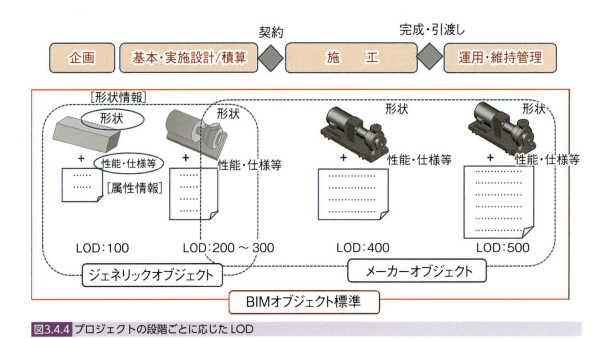

図3.4.4 プロジェクトの段階ごとに応じたLOD

オブジェクトに分解して考えると、プロジェクトのどの段階で、どれだけ詳細な情報が必要かを議論する必要があり、またそれらの情報は誰が提供する、あるいは定めるのかも課題である。これらを図3.4.4に示す。

❸ 部品などの分類の体系化

米国、英国ではISO12006-2に準拠した部品などの分類体系（OmniClass、Uniclass 2）は、積算やコードとも一体化して広く普及しているが、日本では広く普及している分類体系がない。これは、BIMライブラリーでオブジェクトの分類方法が課題となることを意味している。いわば図書館での本の分類方法がないことと同じである。

また分類と似ているが、基本的な課題として用語の定義がある。「建具」なのか、「戸」なのか、「扉」なのか、「ドア」なのか、また建具とは戸の部分だけを指すのか、枠を含むのか、建具のサイズは何で示すのか等、多くの全く異なる分野の人々が利用することから、非常に単純なことから明確に定義しなければならない。この点に関しては、国土交通省等、建築工事に関係する関係省庁連絡会議で標準と扱われ、国内の民間プロジェクトでも広く使用されている標準仕様書が参考になり、これを用いて用語を定めていくことがほぼ了解された。

これらの課題をBIMライブラリーコンソーシアムのスタート時に事務局として整理したものを表3.4.1に示す。現在これに基づいてBIMライブラリー構築を目指して、各部会で検討を進めている。

表3.4.1 BIM普及に向けた課題

	項目	内容	アウトプット	参考資料
論点1	グローバル化への対応	□既存・計画中のBIMライブラリー、標準の把握 □海外の動向に関する共通認識を持つ □BLCの立ち位置の議論（海外の動向にどう対応するか）	・BLCの立ち位置	ICISニュースレター［参考資料1］ ISOニュースレター［参考資料2］
論点2	分類の方法	□Uniclass、OmniClassまたは日本独自の考え方か	・採用する分類の決定	UniClass［参考資料3］ ISO12006-2［参考資料4］
論点3	オブジェクトの標準	□NBS・BIMオブジェクト標準	・同標準の理解 ・日本で変更すべき点	BIMオブジェクト標準（NBS）［参考資料5］ ISO12006-3 ISO16757-1 bSオーストラリアの資料［参考資料6］ C-CADEC資料［参考資料7］ NBS・BIMライブラリー
論点4	記述すべき情報項目	□Stemでの情報項目を参考に、必要な項目を議論	・情報項目一覧表	
論点5	オブジェクトの表現	□Stemでの表現を参考に、オブジェクトの表現を議論 □段階とLODの議論 □ジェネリックモデル（企業に依存しないモデル）の議論	・（段階と）LOD ・ジェネリックモデルの取扱い	
論点6	オブジェクトのファイル形式	□IFC、Revit、ARCHICAD、設備CADファイル形式、Gloobe等	・オブジェクトのファイル形式	
論点7	オブジェクトと情報項目の関連	□オブジェクトと情報項目の関係付けについて、直接書き込む方法と、別々にしてIDで関係付ける方法等がある。	・オブジェクトと情報の関係付けの方式	BIMと仕様を結ぶ（ICISプロジェクト#2）［参考資料8］
論点8	運用ルール	□BIMオブジェクトの著作権 □データ更新のルール □登録データが不正な場合の対応 □その他の規則	同左	NBS BIMライブラリーの条項
論点9	用語などの定義	□設計・施工等の段階の定義（求められるLOD） □技術的な用語	同左	
論点10	ライブラリーの方式	□既存のシステムの運用者の調査	同左	NBS BIMライブラリー
論点11	ライブラリーの水準	□既存のシステムの運用者の調査の整理と方針の検討	同左	同上
論点12	ライブラリーの実現方法	□実施者の選定または既存システムとの契約 □選定要件の設定など □RFI等の実施	同左	同上
論点13	ライブラリーの在り方	□誰もが容易に利用できるとは	同左	同上 ICIS調査（NATSPEC）［参考資料9］
論点14	ライブラリーのビジネスモデル	□利用者とその規模は □負担者は誰か	同左	
論点15	データ入力	□入力者は誰か □入力できない場合の対応は	同左	
論点16	ELVの扱い・検討	□建築ソフトウェアで扱うため建築部会が担当か	同左	
論点17	形状を持たない材料の取扱い	□壁材料、床材料、塗料などの取扱い	同左	
論点18	必要な部品の範囲とデータ収集	□建築の材料、製品等 □設備の機器、配管、ダクト等 □外構、下水道、ELVなどでの製品、機器等	同左	
論点19	パラメトリックな製品の扱い（建具等）	□可変寸法の製品への対応	同左	
論点20	GIS等のインフラ関係対応	□新部会の設置の有無（決定は運用委員会）		
論点21	ライブラリー全体の著作権	同左	同左	

第4章
ソフトウェア、機器など

事例01
GRAPHISOFT ARCHICAD

グラフィソフトジャパン㈱
平野 雅之

1 概要

　ARCHICADは、1984年より現在のBIMの起源の一つとなる「Virtual Building（バーチャルビルディング）」をコンセプトに、業界初の建築家向けBIMソフトウェアとして開発され、108カ国・27言語に翻訳・販売されているCADソフトウェアである。手描き、2次元CADでの設計感覚をそのままに、3次元上で展開できる操作性を持つ。今日では、企画・基本設計―実施設計を中心とし、施工現場、建物管理などの用途で活用され、日本国内では個人設計事務所を始め、大手ゼネコン、組織設計事務所と多くの建築関係者での利用実績を持つ。

2 最先端のBIMワークフローの実現

　ARCHICADのBIMモデルでは、プロジェクトのすべての図面の整合性確保及び設計者間のシームレスなワークフローの構築を可能とする。すべての図面が正確に整合性を持った設計図書としてシームレスに連動し、モデルの変更がリアルタイムで全図面、建具表などの一覧表に反映される。また、改定管理機能を使うことにより、2D・3Dもしくはその混合を問わず、プロジェクト内のすべての建築モデルの図面への変更点を自動的に記録・管理できる。これにより設計スピード、効率性、正確性を飛躍的に向上することが可能である。さらには、これらのワークフローをBIM Server、BIMcloudを利用することで、複数の関係者間で共有、作業、管理することを可能とする。

3 直感的な操作性

　ARCHICADには、高品質な設計の実現のために、設計者が必要とする機能が豊富に備えられている。GRAPHISOFTの革新的なBIMソリューションが、より多くのビジネスを獲得する全く新しい方法を提供する。

3.1 建築専用ツール

　これまでの建築用CADにない建築に必要な要素を備え、設計者が視覚的に入力できるよう、壁・柱・梁・スラブ・屋根など建築専用コマンドがあらかじめ用意されている。3次元CADを初めて使用する場合でも、日頃から使い慣れた建築部材や建築要素を使用し、建物モデルはもとより、図面からプレゼンテーションまで、容易に作成できる。

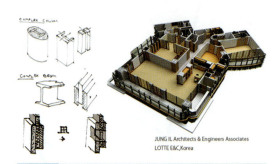

図4.1.1 設計ラフとモデリングデータ

3.2 設計図書の効率的な作成

　すべての図面が正確に整合性を持った設計図書としてシームレスに連動する。図面の変更がリアルタイムで全図面に反映され、設計スピード、効率性、正確性を飛躍的に高める。企画から基本設計、実施設計、施工図まで、効率的に設計図書を作成する。

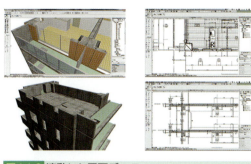

図4.1.2 連動した図面データ

3.3 どこからでも編集可能な操作性

切断したい箇所を線分で指示し、視線方向を指定することにより、立面・断面・展開を自動的に作成することができる。作成された各図面上で要素の情報を変更することができ、その変更内容は、3Dモデルはもとより、関連する各種図面（平面図/断面図・建具表など関連図面）に反映され図面の整合性を保つことができる。

4　BIMコラボレーションワークフロー

BIMを導入する際に設計者が直面するのは、モデル編集やワークフロー管理での障害である。これまでの2次元のワークフローでは、図面ごとに各担当者を割り振り、作業・管理が進められ効率化を図ってきた。ARCHICADでは、この2次元のワークフローの自由度をそのままに、3次元のワークフローを実現するチームワーク機能を提供する。

GRAPHISOFT BIM Server / BIMcloudでは、一つの3Dモデルを複数の関係者が同時に作業することができる3Dモデルをベースとしたチームコラボレーションを可能とする。一つの3Dモデルに対し、各担当者にそれぞれのアクセス権を与えることによりモデルの作成を実現する。これにより、これまでの2次元のワークフローを変えることなく、3次元ワークフローの作業環境を構築することができる。またこれに加え、これまでの膨大なファイル管理からも開放され、一元管理が可能なBIMコラボレーションワークフローを実現できる（図4.1.3）。

5　究極のBIMプレゼンテーションBIMx / BIMx PRO

BIMx Hyper-Modelは、2D・3Dの建築プロジェクトの統合されたナビゲーションを可能とする独自の技術を備えており、複雑な3Dモデルやハイパーリンクされた大規模な2Dのドキュメントを相互に扱うことができるモバイルアプリケーションである。

6　OPEN BIM

GRAPHISOFTでは、建物の設計・施工・運用に関わる各関係者間で、自由なコラボレーションを可能にする「OPEN BIM」を推進する。このOPEN BIMは、buildingSMARTが定義するオープンスタンダードフォーマットであるIFCを中心に、ソフトウェア間の円滑な連携をベースとした最適なワークフローを提供する。これにより、各専門分野では、それぞれにとっての最適なツールでプロジェクトに参加することが可能となる。

ARCHICADでは、これらの専門分野との連携をサポートするためのツールとして、IFCトランスレーターを標準装備している（図4.1.4）。

チームワーク2.0

BIMcloud

図4.1.3 BIMコラボレーションワークフロー

対象ソフトウェア
CADEWA Real
CADWell' Tfas
Rebro
Revit MEP
DDS-CAD MEP
Revit Structure
FlowDesigner
SAVE
NCS HELIOS
Tekla Structure

図4.1.4 OPEN BIM

事例02
Autodesk

オートデスク㈱
濱地 和雄

1　"繋がる" BIM 製品ラインナップを提供

　オートデスクの革新的なビルディング・インフォメーション・モデリング（BIM）製品ラインナップは、建物設計における全体的なワークフローを網羅するソリューションである。Revit® による3Dモデリングと AutoCAD® による設計図書の作成だけに留まらず、コンセプトデザイン、コンピュテーショナルデザイン、コラボレーション、環境性能解析、データマネジメント、ビジュアライゼーション、さらには施工計画など、BIM の利点を最大限に拡張することができる。

2　"繋がる" デザインプロセスを可能に

　オートデスクの BIM ソリューションは、業種を越えたデザイン及び図書作成を可能にする "繋がる" 相互運用のためのシングルプラットフォームとなる。クラウドサービスである「Autodesk A360」を利用することで、チーム全体は一つのモデルで同時に作業ができるので、設計チーム間の効率的な共同作業、整合性の向上、モデルの共有、迅速で生産的な作業を可能にする。
　"繋がる" 相互運用性の高い円滑な BIM ワークフローでは、基本計画から始まり、パラメトリックなモデリング、設計図書の作成、視覚化、そして施工フェーズまで、デザインのライフサイクル全体においてデータの信頼性を保持できる。例えば、デザインツールである「Revit」と設計図書作成ツールである「AutoCAD」を連携させて、設計事務所や施工会社は整合性の取れた精度の高い建物情報及び設計図書を提供できる。「Navisworks」や「BIM 360」など、設計プロセスを効率的に連携させるソフトウェアを使用することで、限られた期間や予算という課題に対応することができる。さらには、「FormIt」や「Dynamo」といったモデリング及びビジュアルプログラミングツールを利用してインテリジェントなモデルデータを作成することで、高品質で革新的なデザインを提供することができる。
　オートデスクの BIM ソリューションは、プロジェクトに関する隠れた情報を「見える化」することができる。「Revit」のクラウドサービスの中には、設計の初期段階で建物性能を最適化するための性能解析ツールが用意されており、より建物性能の高い環境を配慮したデザインを行うことができる。「Revit」の標準機能や「3ds Max」のレンダリング機能で、正確な建物材質、照明、デザインシナリオを反映した現実的な画像を作成して、関係者全員が分かりやすい情報を基にデザインを確認することができる。
　「Stingray」のようなゲームエンジンを活用すれば、設計意図を正確に伝えるためのインパクトのあるビジュアライゼーションを作成でき、プロジェクトについて深く理解してもらうことで、施主とのコミュニケーションも向上する。
　さらに、オートデスクの "繋がる" デザインプロセスにより、拡張されたプロジェクトチームと効率的なコラボレーションが可能になる。「Collaboration for Revit」は Revit 上で利用できるクラウドを利用した統合的なコラボレーションツールで、シングルモデル上で同時に作業しながらコミュニケーションができる。インテリジェントモデルで設計しているので、より正確な設計データ

をエンジニア、建材メーカー、施工会社に提供できる。プロジェクトデータを安全に管理し、簡単に共有できるので、関係者全員がBIMデータマネジメントソリューション上で連携することができるようになる。

このようなBIMを強化する統合的な設計向け製品ラインナップにより、高品質で競争力のある設計を実現することができるようになってきている。

3　20年にわたりbuildingSMART（IAI）をサポート

建築建設関係者にとって「相互運用性」はますます重要になっていくと考えられる。各プロジェクトチームにとって作業に一番適したシステムやアプリケーションを利用して、共同作業しながら設計や施工データを自由に交換できる。一方、独占的なシステムの場合、1社のソフトウェアソリューションに制限されてしまうので、必要とされる作業に最適なツールを使うことができない。

オートデスクの相互運用性への取組みの重要な部分は、buildingSMART International（bSI）と協力してIFC（Industry Foundation Classes）の標準化を進めてきたこと。もともとは1996年に創設されたInternational Alliance for Interoperability（IAI）の創始メンバーである。現在は、bSIのStrategic Advisory CommitteeやStandard Committeeの活動の一環として建築建設業界の「オープン」な繋がりに貢献している。日本国内においては、buildingSMART Japan（旧IAI日本）の活動にも尽力している。

フルBIMコラボレーションへの移行は急加速しており、設計、施工、FMにおいて業種を越えた信頼性の高いBIMデータを連携することが必要となっている。このような複雑なデータ連携も、各アプリケーション間にオープンな相互運用性があれば可能だ。オートデスク、buildingSMART、そしてより広いオープンなBIMコミュニティとして、このオープンプラットフォームを継続的に改善することで、建築建設業界でも"繋がり"が実現している。

「Revit」は、buildingSMART IFC 2×3 Coordination View データ変換標準に基づいた認証済みIFCエクスポート及びインポート機能を搭載している。これには、buildingSMART IFC 2×3 Coordination View 2.0 data exchange standard（2013年3月及び2013年4月）に基づく建築、構造、設備の認証が含まれる。Revitは、2006年6月にstage-1 IFC 2×3 Coordination View Certificationを取得し、2007年5月には完全なstage-2 Certification for Coordination Viewを取得している。この認証には、buildingSMARTが建築設計ソフトウェア向けに現在公開しているすべての認証が含まれている。

このようなIFCや標準対応に加えて、他の様々なデータ互換機能やファイル変換にも対応しているので、プロジェクトの特定の必要に合わせてプロジェクトチームをサポートできる。例えば、オートデスクのBIMアプリケーションはCOBie建物情報の作成と出力機能を搭載しており、直接あるいはIFCパスウェイ経由でスプレッドシートに出力できる。また、構造鉄骨連携向けのCIS/2データを作成することもできる。さらには、3Dアプリケーション間の形状変換に対応したStandard ACIS Text（SAT）の作成もできる。また、gbXMLのオープンスキームを推進し積極的に支援することで、負荷解析のデータ互換プロトコルにも対応している。

「Navisworks」や「BIM 360 Glue」は重要なクラウドサービスで、様々な3Dモデルファイル形式のモデル統合、干渉チェック、データ参照に対応しており、どのBIMオーサリングツールを使用していても効率的に共同作業を行うことができる。さらに、各ソフトウェアのApplication Programming Interfaces（API）はオープンに提供されており、これを利用してデータ互換機能を開発することができる。

4　Autodesk Developer Network でカスタマイゼーションを可能に

　オートデスクの運営する「Autodesk Developer Network」（ADN）は、ソフトウェアデベロッパー向けの確立されたツールとテクノロジーを提供している。オートデスク製品とテクノロジーをさらに拡張して、高品質なデザイン、地理空間データ、ビジュアライゼーションソフトウェアを開発することができる。

　ADN は、Autodesk Platform Technologies で開発を行うソフトウェアデベロッパー向けであり、ソフトウェア開発のサポートを受けながら、デスクトップソフトウェアへのアクセスを必要とするようなデスクトップ環境、ウェブ環境、モバイル機器などオートデスクのあらゆるテクノロジーをベースとしたソフトウェア開発が行える。また、オートデスクの将来のテクノロジーに関する機密情報、ベータ版ソフトウェア、基本的なセールス及びマーケティング特典などが含まれている。

5　インダストリーパートナー

　クリエイティブで高性能な製品ソリューションを常に追求しており、世界各国のイノベーションカンパニーや業界をリードする企業と強力なパートナーシップを構築し、最新かつ最適なソリューションをお客様に提供している。建築、エンジニアリング、施工関連のパートナーと協力し、特定の分野のお客様を対象としたパートナーソリューションを展開している。

　日本においては、以下のようなパートナーシップが構築されている：

- ㈱イズミシステム設計：設備設計を対象とした製品とソリューションを開発している。主な製品は、設備向けの設計、演算、解析ソリューションである「Stabro」。
- ㈱NYK システムズ：日本国内の設備モデリングソリューションのリーディングプロバイダ。開発している「Rebro」は、ゼネコンなどを対象とした詳細設計、施工設計に特化している。
- ㈱トプコン：建設業界向けの精密な測量テクノロジーとワークフローソリューションを提供しており、施工、測量、土木、地図やGIS、アセットマネジメント、農業、モバイルコントロール市場を得意としている。
- ㈱日積サーベイ：BIM データを、建築数量積算・見積書作成システム「NCS/HEΛIOΣ V11.0」に直接取り込むことができるアドインアプリ「Helios Link 2015」を開発している。数量積算と見積書作成にかかる時間が短縮し、業務効率の向上が期待できる。

事例03
Vectorworks

エーアンドエー㈱
木村 謙

1 はじめに

　Vectorworks（ベクターワークス）は米国Vectorworks社により30年間にわたって開発されているCADソフトウェアで、日本国内では、エーアンドエー社により日本語化、販売が行われており、建築、インテリア、ランドスケープ、舞台・照明など多様な空間を総合して設計する機能が提供されている。また、製造業で利用される高度な幾何計算機能を有しており、プロダクトデザインなど特に正確な立体形状が求められる分野などでも、幅広くデザインに利用されている。

　建築設計用途には、部屋、壁、建具等の部材オブジェクトによるBIM（建物モデル）機能の他に、高精度の幾何計算と多彩なレンダリングによる3D機能、設計図書やプレゼンテーションボードを作成するための、作図・画像処理機能、表計算、データベースなどデータ管理機能を統合し提供している。

2 インタフェース

　Vectorworksは設計の上流工程での利用も多く、企画の段階から利用されており、初心者でも使いやすいインタフェースを心がけて開発されている。特に、Apple社Macintoshプラットフォーム上で開発が始められたこともあり、紙と鉛筆、カッターナイフによる作図、立体造形と同じような感覚で直感的に作業ができるということで、多くの設計者が学校教育で学んだ経験を持っている。

3 BIM

　部材を組み合わせたモデル作成から作図までという標準的な機能に加え、自由な（非定型）形状から建物モデルを作り、IFC等BIMのデータとして共有することも可能である（図4.3.1）。

　詳細な施工モデル作成に使われることは少ないが、自在な形状作成機能を基に、RCの配筋なども含めてモデル化し利用されている。また、布などの柔らかい形状の作成も可能であるため、テント等の架設物のモデルなどにも利用される。

　海外製のCADでよく見られるように、元来のソフトの設計は、壁構造を主体としたきらいがあるが、日本では木造を想定した軸組部材が木造BIMツールとして提供されている（図4.3.2）。

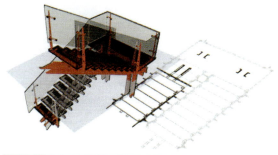

図4.3.1 自由なBIMデータを作るオートハイブリッド機能

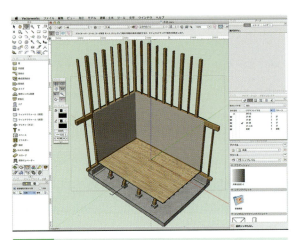

図4.3.2 木造BIM

4 地形モデル

地形モデル機能も統合されており、建物周辺の地形、道路、植栽などの検討も可能である。地形モデルは造成による切り土盛り土、勾配の適否なども計算検討ができる。GISデータの読み込みにも対応している（図4.3.3）。

5 IFC・データ連携標準

Vectorworks社、エーアンドエー社ともに、buildingSMART Japan（旧IAI日本）で積極的に活動し、特に、Implementation Support Group（ISG）の代表を務めるなど、建築業務での情報流通の円滑化、発展に注力している。また、英国NBL（National BIM Library）においては、対応データの整備とともに、標準データの提供なども行っている。

データ連携の認証としては、国際的にbuildingSMART InternationalによるCoordination View 2.0の認定を得ており、国内では、buildingSMART JapanによるIFC検定設備モデルの認定を、意匠系ソフトで唯一取得している。

IFC準拠の注釈フォーマットであるBCF（BIM Collaboration Format）にも対応し、モデルチェッカーなど、IFC準拠ソフト間での円滑なコミュニケーションを可能としている。

6 3D

基本的な建築部材から設備機器等の複雑な形状、さらには有機的な形まで、Parasolidの幾何計算により正確に再現され、ダイレクトモデリングの直感的な操作により少ない手順で作成が可能。

なかでも、サブディビジョンサーフェス技術の導入により一般的なCADソフトでは再現の難しい曲面も設計することが可能で、家具などを始めとした立体表現に利用され（図4.3.4）、店舗設計、インテリア設計の分野でも活用されている。

レンダリングにおいては、建物はもちろん、芝生や樹木といった植栽、空や周囲の環境、カメラ撮影の効果などを反映させた写実的な表現が可能となっている。一方、ホワイトモデルや手描き線による表現など、設計案検討中のコミュニケーション

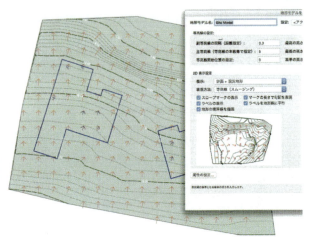

図4.3.3 地形モデル

NEW サブディビジョンサーフェス `D A L S F`

もっと自由な3Dモデル形状作成を実現するために、サブディビジョンサーフェス（細分割曲面モデル）作成機能を搭載しました。ピクサー・アニメーション・スタジオのテクノロジーを基にしたこのモデリング機能によって、さまざまな形状を手軽に作成できます。基本モデル（プリミティブ）から、専用の編集ツールを使って、粘土細工のような感覚でモデリングが可能。思い描いた形状を生み出します。

図4.3.4 サブディビジョンサーフェス

7　図形・画像処理機能

　Vectorworksの図形は面で構成されており、グラデーション、透過度等による多彩な表現、また各種画像フォーマットに対応した合成が可能で、説得力のある設計図書が作成可能である（図4.3.6）。

　作成にあたっては、直感的に理解でき馴染みのある2Dの作図（図4.3.7）を行い、それを3Dに立ち上げるということが簡単にできるので（図4.3.8）、3Dだから、BIMだからと構えて取り組む必要はない。

誰にでも分かりやすい作図概念 `D A L S F`

Vectorworksの作図機能は、線と面を多用して自由な表現が可能です。線と線の重ね合わせだけでなく、面同士を"重ねる"、"貼り合わせる"、"削り取る"など直感的に図形作成ができ、CADを超えた作図表現が可能です。

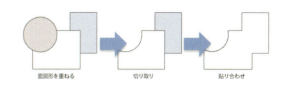

図4.3.7 分かりやすい操作方法

に使うための多彩な表現手段も用意されている。

　データフォーマットは、IGES、STEP、STLといった業界標準の形式から、汎用な形式の3D PDFまで幅広く対応している。

　点群データにも対応しており（図4.3.5）、3Dスキャンによる測量結果を取り込み、改修工事の設計等に活用することができる。

NEW 点群データの取り込み対応 `D A L S`

新たにポイントクラウドとも呼ばれる点群データの取り込みに対応しました。3Dレーザースキャナで計測した地表面や建物、プロダクト、物体の点群データをVectorworksソフトウェアに取り込み、家具や設備の配置、改装、改築のベースデータとして活用できます。

図4.3.5 点群データ

グラフィックソフトのような図面表現 `D A L S F`

属性パレットを利用して、線図形には太さ、破線などのラインタイプ、矢印設定ができ、面図形には色、グラデーション、イメージ、ハッチング設定が簡単に行えます。さらに、不透明度を細かく設定できるため、グラフィックソフトで描いたような表情豊かな図面に仕上げることができます。

図4.3.6 図面プレゼンテーション

図4.3.8 2Dから3D

8 Visual Programming

国際的に先端的な利用が始まっているVisual Programming（VP）も作図環境に統合されている。一般的にVPでは、プログラミングに馴染みの薄い設計者でも図の操作によりプログラムを理解することが可能だが、Vectorworksでは新しい形態の模索から、作業効率向上のツールづくりまで、統合環境ならではの使いやすさ、幅の広さで対応している。この機能により、パラメトリックな部材を作成し共有するなど、BIM利用の幅も広がると考えられる。

9 プロジェクト共有

設計の規模が大きくなると、共同作業のためにモデルや図面をいかに分割して管理するかということが問題となってくる。この問題に対処するため、Vectorworksではプロジェクト共有という仕組みが用意されている。

プロジェクト共有では、一つのファイルをサーバーに置き、複数人で同時にアクセスして作業することができる。各自の作業結果は同期され、排他制御により同時に同じ部分を編集して不整合が生じることを防いでいる。

サーバーとしては、社内LAN上のファイルサーバーの他に、クラウドのサービスにも対応しており、特別なサーバー環境を用意する必要はない。

10 クラウド連携機能

Vectorworks Cloud Service（VCS）ではVectorworks社のサーバーにて時間のかかるレンダリングや、図面の一括PDF化のサービスが提供される。これらは、通常作業するPCにて結果を受け取ることで効率的に作業を進めることができるとともに、iPad等のタブレット端末で閲覧し、クライアントにモデルを提示、あるいは図面に朱書きを入れ技術者間のコミュニケーションを図ることができる（図4.3.9）。

11 研修・教育

建築の分野では広く学校教育で利用されており、Vectorworksの技術を身につけている卒業生も多い。学校教育で本格的なBIM活用まで行っているところはまだ多くはないが、基本的なソフトの操作を身につけていれば、その延長でBIM機能も容易に習得できる。

エーアンドエーでは、これら教育機関の活動をサポートするサービスとして、OASIS（オアシス）制度を設け、教材提供（「Vectorworks Design Drill」等）、セミナー開催など積極的に活動している。

また、一般の利用者に対しても、各種セミナーやBIM CAMP講習会、教材（「BIM演習Vectorworks Architect」）提供などを行っている。（図版はエーアンドエー㈱Vectorworks 2016カタログ、ホームページより引用）

図4.3.9 クラウド連携機能

事例04

BIMコンサルの立場から

㈱大塚商会
飯田 千恵

1 はじめに

　大塚商会は、「ITでオフィスを元気にする」のスローガンのもと、システムインテグレーション事業とサービス&サポート事業を主軸に、マルチベンダーとして多くのお客様にワンストップソリューションとワンストップサポートを提供する企業である。

　当社のCAD事業は、ドラフターからCADへの変革期であった1984年に汎用2次元CADに関わるビジネスを開始し、ハードウェア・ソフトウェアの販売とともに操作研修や利用教育などの啓蒙活動を行ってきた。汎用CADから建築専用CAD、2次元から3次元へとCADソフトも移り変わり、2004年には大きな変革としてBIMの波が日本にも訪れた。その後、多くの企業で情報伝達、コミュニケーションツールを概念としたBIMが試行されるようになった。現在、当社は普及活動を行いながら、そのツール販売並びに導入・運用支援を行っている。

2 BIMの現状

　BIMは意匠設計からその利用が始まり、今は構造設計、設備設計へ広まり始めている。また、大手設計事務所やゼネコンでの導入が進み、現在では、協力会社でのBIM導入が検討されている。特に施工現場におけるBIMへの関心は高く、従来の図面のあり方にも影響が出ている。実際には、BIMモデル作成よりも図面化に時間がかかるのが現状である。従来の図面表現を踏襲するのではなく、BIMのメリットを活かした新たな表現方法や簡易化への検討が進められている。

　BIMによって意匠・構造・設備間のデータ連携による効率化が謳われる中、構造設計や設備設計にもBIMの波は押し寄せている。構造計算ソフトや解析ソフトへのデータ連携は独自にインターフェイスを開発せずとも、ソフトメーカーが提供する時代になってきている。また、見積りソフトについても数量積算データは、BIMソフトからのデータ連携によって得ることができるソフトも出始めている。さらに、建物の維持管理に使うFM（ファシリティマネジメント）ツールへのBIMデータ連携を求めた導入相談も多い。施主側からBIM納品を要求される中、まずは何を管理するのか、どのように管理するのかを、早い段階から関係者間で調整してから導入を行うことが肝要である。

　また、建材メーカーを始め、製造業におけるBIMへの関心が高まっており、従来3次元CADを利用してきた企業が、BIMとの連携などの試行を始めている。今のところ、製造工程で使用する3DデータをBIMライブラリーとしては使用できない場合が多く、BIMソフトでライブラリーを再作成する手間がかかっていることが効率化を高める阻害要因となっており、製造業におけるBIM対応の普及並びに展開を遅らせている。業界を越えたコラボレーションのためのデータフォーマットの向上が望まれる。

　大塚商会が考えるBIMは、アイディアを創出する設計者自らがBIMソフトを操作し、課題の発見と解決を行うことで生産効率を高めていくことである。しかしながら、従来まで行ってきた仕事のやり方を変革していくことや、建設業を取り巻く商習慣などの諸問題によって、設計者がBIMソフトを使いこなせるための時間や環境を

つくれないのが現実のようである。

　BIM活用の理想像として多くの国内外の事例が発表されているが、いざ各社が取り組もうとすると様々な障害が現れてくる。「先端を走るよりも後追いの方が楽だ」という言葉も聞くが、いつ始めても、問題はツールの使用方法や連携方法だけではない。どの企業においてもBIM推進者は、日々それらを克服し、各社なりの効率的なBIM活用プロセス策定のための活動を続けている。

図4.4.1 BIM導入の流れ

3　BIMの導入

　BIMの導入にあたって考えなければならないことは、ソフトウェアの選択と利用環境の構築、導入研修の実施、研修後の実案件運用支援、保守サポートである。大塚商会では、これまでの導入立上実績における経験を活かし、独自の「BIM支援プログラム」を提供し設計者を支援している。一方、使用するハードウェアは2次元CADで使用してきたパソコンよりも高性能なパソコンが必要となる。ソフトウェアメーカーでは、Microsoft Windows 7（64bit）以上、メモリー4GB以上などの動作スペックを示していることが多いが、それらはソフトウェアが稼動するために必要な最小構成を示しているにすぎない。特に、メモリーは16GB以上の容量にすべきだろう。当社ではBIMソフトの利用に最適なパフォーマンスとなるよう検証を重ねて、推奨仕様をセットにしたハードウェアを提供しているので詳しくはホームページを参照されたい。

3.1　環境構築

　BIMソフトは意匠設計用をベースとしていることが多く、どのソフトにもそれぞれ特徴がある。したがって、目的に合わせた利用を行うためには、試行してみることが大事である。

　また、どのBIMソフトも完成されたものはなく、定期的に改良が加えられるため、バージョンアップに追従していかなければならない点には注意が必要である。BIMソフトといっても、所詮は「道具」であるため、ソフトウェアが勝手に形をつくってくれるわけではないので、道具としてうまく使いこなしていくという意識が大切である。

　BIMソフトを有効に活用するには自社の設計ルールとBIMソフトで用いるベースをテンプレートとして整備することが重要である。例えば、作図ルールに合わせた文字の大きさやフォントの種類、寸法線の記載方法、線種や記号の種類などを、あらかじめBIMソフトに登録しておき、最初の設定作業をマスター化することでユーザーの負担は軽減できる。また、建具表や仕上表といった仕様書は表形式のフォームをテンプレートとして用意し、BIMの特徴である自動編集が可能となるように、あらかじめ準備が必要である。

図4.4.2 BIM支援プログラムの全体像

3.2　教育研修

　BIMソフトはこれまでの2次元CADに比べて、操作方法が大きく異なる。操作の基本はオブジェクト指向に慣れるということだが、これを独学で行うのは難しい。同じ形をつくろうとしても本来使用すべきオブジェクトと異なるオブジェク

トで作成してしまうと、後のBIMデータの活用は難しくなる。これらを意識して操作をしていくには外部の研修を受けるのが近道だろう。多くは基礎研修から応用研修へという流れがあり、操作の基本を習得し課題をこなしてモデリングから成果物を得る過程を学ぶものである。3次元情報の活用はパースレンダリングやウォークスルーデータの作成へとつながる。また、モデリングの効率化を目指して、ライブラリーの充実方法を習得することも重要である。これらを体系立てて学習することで、BIMソフトの操作への慣れを早めることは、今までと異なるソフトウェアを使う際の一時的な効率低下の期間を短縮することが可能である。

3.3 実践運用支援

　BIMソフトは研修後すぐに、実案件での試行を行うことがBIM導入成功のカギとなる。研修後に時間をおくと、操作を忘れてしまうばかりか、現状の仕事の流れに合わせたBIMソフトの利用になってしまい、導入の効果を得にくい。また、効果を実感できずにその案件が終わってしまうと失敗体験として記憶され、次のチャレンジへの意欲が湧きにくい。

　試行するにあたってはBIM利用による成果の目標設定を行い、達成までの進捗を確認しつつ、必要に応じたスポットトレーニングと新たな技術習得のための定期トレーニングによって効果を高めていくことができる。

3.4 保守サポート

　インターネットを活用して保守サポートを利用することは、ランニングコスト削減やスムーズな設計業務遂行に効果的である。BIMソフトのマニュアルは充実しているものの、自ら調べるのは時間もかかり面倒なものである。テレフォンサポートの利用は、都度の問題解決に大変便利な手段である。現在では、インターネットを介したリモートツールを利用することで、ヘルプデスクと画面を共有し、問題点や課題を双方にて確認できる。これは、初心者に限らず、ベテラン利用者にとっても有益なサポートとなる。また、このリモートツールはソフトウェアの障害復旧にも活用でき、大変便利である。

4　BIMの今後

　インターネットへアクセスするネットワーク環境の充実が進み、クラウドの活用が日常化することで、BIMのクラウド化が進むものと思われる。VDI（Virtual Desktop Infrastructure）[*1]等必要なハードウェア環境はそろいつつある。また、BIMソフトの利用が期待されている施工現場では安定した利用を確保できる回線環境も重要である。既にデータの保存先にクラウドサーバを利用している企業もある。また、BIMソフトそのものをクラウド上から利用するソフトウェアも存在する。BIMソフトがまだ完全ではないこともあり、常に最新版に自動的にバージョンアップされているクラウド版BIMソフトはそれを解決してくれる道具として期待したい。

　建設プロジェクトに参加する企業は多岐にわたることから、データの秘匿性を確保するため、クラウドの情報セキュリティ対応技術が重要である。プロジェクトの進行に合わせたユーザー管理やアクセス管理を行っていくには、業務への理解と高いICT（Information and Communication Technology）[*2]スキルを所持する人材が必要だ。建設技術者の減少は、社会インフラの整備が滞ってしまうまでには至っていないが、これまでより少ない人員で、これまで以上の仕事量をこなさなくてはならない時代になってきている。特に、BIM導入や運用を管理するBIMマネージャーの

[*1] VDI (Virtual Desktop Infrastructure)
企業などで、デスクトップ環境を仮想化してサーバ上に集約したもの。利用者はクライアント機からネットワークを通じてサーバ上の仮想マシンに接続し、デスクトップ画面を呼び出して操作する。

[*2] ICT (Information and Communication Technology)
情報や通信に関連する科学技術の総称。特に、電気、電子、磁気、電磁波などの物理現象や法則を応用した機械や器具を用いて情報を保存、加工、伝送する技術のこと。

育成には時間がかかることから、早期に育成プログラムを確立することが望ましい。研修を受け実案件の経験を積むことによって、次のBIMマネージャーの育成にもつながる。

一方、「働き方改革」の一環として、IoTやAIの活用検討も積極的に行われている。生産性の低いといわれている建設業界にて、これらには大いに注目したい。IoTでは、BIMデータとFM情報の連携や、空間情報や機器情報のリアルタイムな一元利用、そしてAIでは、最適な設計手法や施工手法の自動化や、各種業務処理の自動化など、従来からの取組みの延長ではあるものの、モバイル環境やテレワークが一般的になってきたことで、これらをさらに有効なものとしている。

BIMコンサルを実践してきて大切にしたいことは、BIM導入がプロジェクトの成功につながるように導くことであり、システムを導入すること自体が目的ではない。また、一つのプロジェクトのみの成功だけではBIM導入の成功とはいえない。BIMの利用継続とともに広く社内に水平展開することで、初めてその効果が現れてくる。大塚商会は、建設業界がBIMを活用していくことに向けて、困ったときに頼りになれるよろず相談所であり、建設業界とソフトメーカーやBIMに関係する各種団体との懸け橋となれるよう努力していきたい。

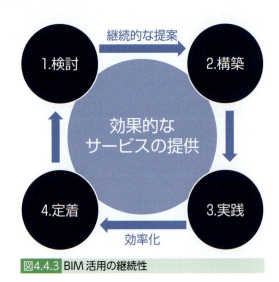

図4.4.3 BIM活用の継続性

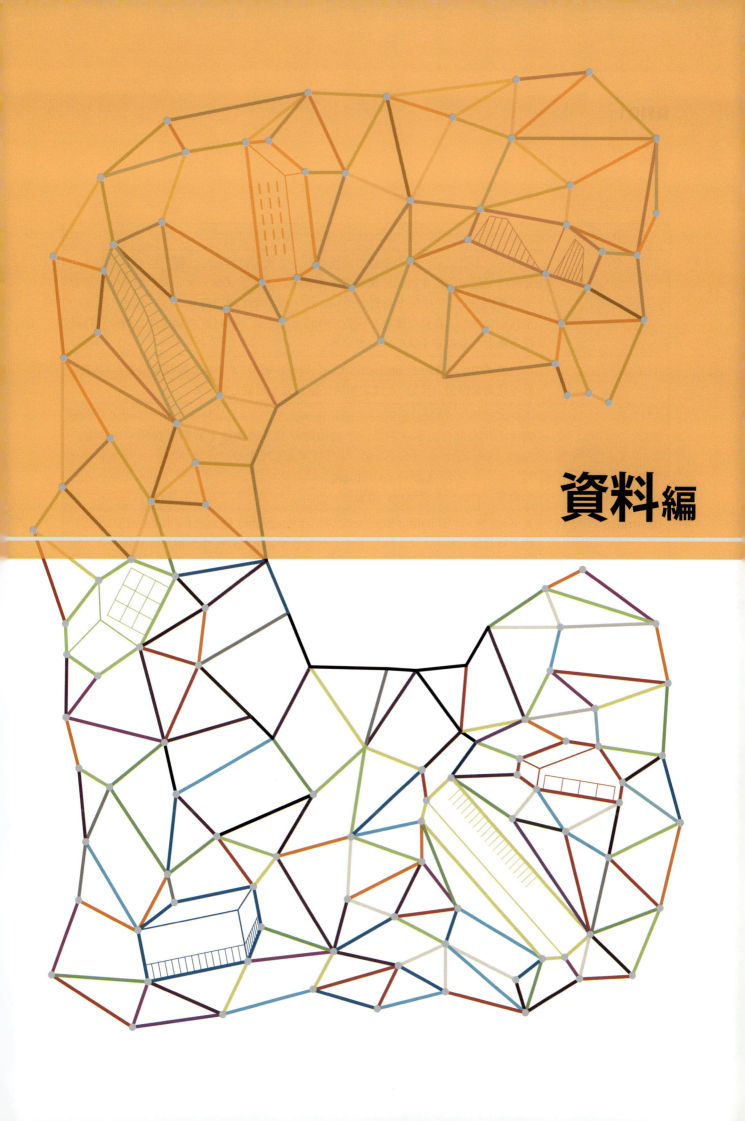

資料編

資料01
基本用語

用　語	説　明
3Dモデル	3Dモデルは、縦・横の座標で表現される2次元に対して、縦・横・高さの3次元座標で仮想的に3次元形状を表すモデル。3Dオブジェクトモデルという場合は、形状やCG的な色や材質の他に、柱・壁・梁・開口部といった部材としての定義がなされ、必要な属性を保持できるとともに、部材間の関連性を持つ。時間軸を加えたものを4Dモデルという。
AIA	エーアイエー（American Institute of Architects）アメリカ建築家協会。（公社）日本建築家協会（JIA）とは定期的に協議会を開催している。
ASP	エーエスピー（Application Service Provider）コンピュータ・ソフトウェアを販売する代わりに、ネットワーク経由でソフトの機能を有償で提供する事業。SaaS（Software as a Service）サービスとしてのソフトウェア、クラウドコンピューティング（Cloud computing）は、コンピュータネットワークをベースとしたコンピュータ資源の利用形態。
BE-Bridge	ビー・ブリッジ（Building Equipment-Brief integrated format for Data exchanGE）異なる設備CADソフト間でダクトや配管等の部材の種類や用途、材質、3次元的な形状、寸法、取付高さなどの情報を受け渡すことができるデータ交換標準。現在、主要な設備分野の専用BIM/CADソフトでもサポートされている。bSJが定めるBIM/CAD利用標準「プロパティーセット」に使われている。
BIM	ビム（Building Information Modeling）の略称であり、コンピュータ上に作成した3次元の形状情報に加え、室等の名称や仕上げ、材料・部材の仕様・性能、コスト情報等、建物の属性情報を併せ持つ建物情報モデルを構築することをいう。
BIMモデル	コンピュータ上に作成した3次元の形状情報に加え、室等の名称や仕上げ、材料・部材の仕様・性能、コスト情報等、建物の属性情報を併せ持つ建物情報モデル。
BIMモデル説明書	作成したBIMモデルをプロジェクトに携わる発注者及び関係者（他の専門分野の担当者、他企業）が円滑に活用するために、BIMモデルを作成した際の留意事項等を示したもの。
BIMソフトウェア	建築BIMモデル、構造BIMモデル、電気設備BIMモデル及び機械設備BIMモデルの一つ又は複数を作成するためのソフトウェアをいう。 なお、BIMに関するすべてのソフトウェア（シミュレーション、積算、視覚化等）を指す場合もある。
BIM実行計画書	BIMモデル化を円滑かつ効率的に実施するために、プロジェクトのBIMに関する概要、進め方、実施のルール等を取り決めたもので、BIMを使用するプロジェクトモデル化業務着手に先立ち発注者に提出する。

用　語	説　明
BLC	ビーエルシー（Bim Library Consortium）建設業界等において、BIM活用による設計や製造に係わる3次元形状情報と属性情報を円滑に交換し利活用するための標準化を行い、BIMライブラリー配信サイトを構築し、建設業界の生産性・品質向上等を目的として、C-CADECのStem等の成果を承継し、建築分野全般に拡張するため、平成27年に（一財）建築保全センターが代表として設立した「BIMライブラリーコンソーシアム」の略称。
bSJ/bSI	ビーエスジェイ（buildingSMART Japan）（旧IAI日本）。 bSI（buildingSMART International）は世界に19の支部があり、建築分野で利用するソフトウェアの相互運用を目的としたIFC仕様策定と活用普及に向けた活動を行っている団体で、bSJはその日本支部。1996年IAI日本支部設立。2016年IAI日本からbSJに改称。
CAD	キャド（Computer Aided Design）コンピュータを利用して設計を行う手法またはそのツールのこと。
CAM	キャム（Computer Aided Manufacturing）CADで作成したモデルデータを生産機器、工作機器に渡し、製造工程に活用すること。
C-CADEC	シー・キャディック（Construction-CAD and Electronic Commerce Council)）建設業界やその関連業界において、設計や製造に係わる情報を円滑に交換、有効活用するための標準化や関連ソフトウェアの開発及び成果の実用化の推進を目的として、1996年、（一財）建設業振興基金 建設産業情報化推進センターに設置された「設計製造情報化評議会」の略称。
CI-NET	シーアイ・ネット（Construction Industry NETwork）標準化された方法でコンピュータ・ネットワークを利用し建設生産に関わる様々な企業間の情報交換を実現し、建設産業全体の生産性向上を図ろうとするもの。1992年、（一財）建設業振興基金 建設産業情報化推進センターに設置された「情報化評議会」の略称。
ICT	アイシーティ（Information and Communication Technology）情報処理や通信に関連する技術、産業、設備、サービスなどの総称。インフォメーション アンド コミュニケーション テクノロジーの略語で日本では「情報通信技術」の略称。
IFC	アイエフシー（Industry Foundation Classes）の略称で、3次元建物情報モデルを中核とした建築プロセス全般にわたるデータ定義、データ交換・共有ファイルフォーマットなどの標準。国際標準（ISO 16739）2013年に登録。
IoT	アイオーティ（Internet of Things）センサーやデバイスといった様々な「モノ（物）」がインターネットを通じてクラウドやサーバーに接続され、情報交換することにより相互に制御する仕組み。
IPD	アイピーディー（Integrated Project Delivery）設計・施工の全フェーズを通して効率を最適化するために、人やシステム、ビジネス構造、慣行を、すべての関係者の才能と洞察を利用するプロセスへと統合するプロジェクト遂行手法。
JIA	ジェイアイエー（Japan Institute of Architects）（公社）日本建築家協会。建築家の団体として、建築関係社会システム改善や建築家の資質向上に向けた活動に取り組んでいる。

用　語	説　明
JACIC	ジャシック（Japan Construction Information Center）（一財）日本建設情報総合センター。1985年、当時の建設大臣の認可を受け設立された公益団体。土木分野の情報化や情報技術の開発利用に向けた活動に取り組んでいる。
LOD	BIMモデルの進捗の程度を示すもので、アメリカ建築家協会（AIA）が定義する100〜500のグレードLOD（Level of Development）がある。他に「Level of Detail（詳細度）」、「Level of Accurancy（正確度）」等とも呼ばれる関連した概念がある。詳細は本書の本文・資料を参照。
Stem	ステム（STandard for the Exchange of Material equipment library data）C-CADECが定めた、設備機器の性能や各種仕様（仕様属性情報）と外観写真、外形図、性能線図等の各種技術ドキュメントを機器ごとのライブラリデータとして交換するための標準仕様。大手設備機器メーカ各社からStemに準拠したデータの提供が行われ、国内の主要な設備分野の専用BIM/CADソフトでもサポートされている。
ST-Bridge	エスティブリッジ（Structure Bridge）日本国内で利用される建築構造設計に関するデータの標準形式として、2010年にIAI日本（現bSJ）が開発した、構造分野の属性データ交換を行う標準で、積算ソフトウェア・鉄骨専用CAD・鉄骨汎用CADなどの建築関連ソフトウェアで用いられている。
オブジェクト	空間に配置された、物、目標物、対象の実体を、属性（データ）と操作（メソッド）の集合としてモデル化し、コンピュータ上に再現したもの。
干渉チェック	はり、天井、設備配管・ダクト等の異なる領域の部材等が重なり合ってないか、BIMモデルで確認すること。確認の際には耐火被覆、鉄骨の継手、作業空間まで必要に応じて考慮する。
空間オブジェクト	壁、天井、床、仮想区切り等に囲まれた3次元のオブジェクト（仮想区切りの設定ができない部屋オブジェクトも含む）
ネイティブファイル形式	各BIMソフトウェア固有の情報格納方式。建築ではRevit、ARCHICAD、Vectorworks、GLOOBE、設備ではRebro、CADEWA Real等がある。

資料02
LOD（Level of Development）仕様とBIMフォーラム

　BIMフォーラムと呼ばれる米国の政府、設計、施工、BIMソフトウェア等に関係する組織が横断的に議論する場がある。BIMフォーラムの使命は、「BIMとコラボレーションの新しい方法を通して、技術面、調達面のイノベーション、効率改善を探求し、教育とこのイノベーションに向けてのベストプラクティスの開発により設計・建設業界を改善し、建設産業界に幅広くこれらのイノベーションを実施する支援を行うこと」であり、LOD（Level of Development）仕様は、この組織で毎年公表されている。以下に、LOD仕様2016年版の概要と目次を示す。

　なお、BIMフォーラムに関しては、http://bimforum.org/about/ を、
LOD仕様2016年版に関しては、http://bimforum.org/lod/ を参照されたい。

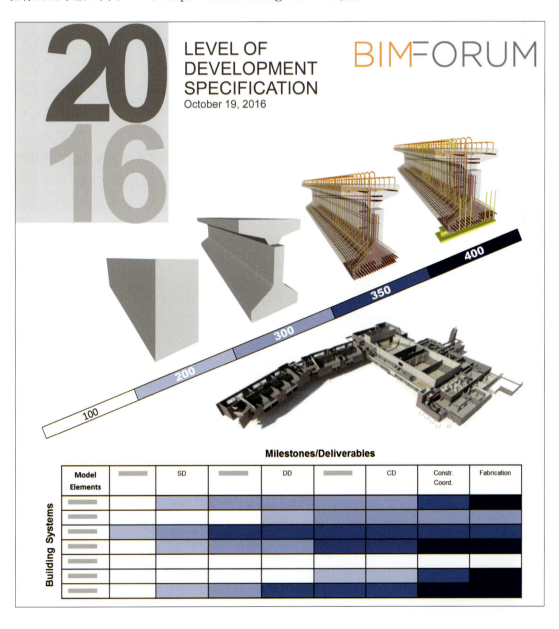

1.1 概要

LOD（Level of Development）仕様は、建設業界の実務者が、設計と施工プロセスの様々な段階で、BIMモデル（BIMs）の内容と信頼性を極めて明確に特定し言及することを可能にする。

この仕様（Specification）は、アメリカ建築家協会（AIA）によって E202-2009 BIM and Digital Data Exhibit 及びその更新版である G202-2013 Project BIM Protocol Form のために開発されたLODスキーマを詳細に解釈したもので、様々な開発段階（Level of Development）にある様々な建物システムのモデル要素の特徴を定義し記述するもので、CSI Uniformat 2010に従って編成されている。

その意図は、LODの枠組みを説明し、それがコミュニケーションツールとしてより有用になるように、その使用法を標準化することである。LOD仕様は、AIAによって開発されたLODスキーマの意図を守るもので、そのためにここでいくつかの点を強調することが重要である。

1.1.1 LODと設計フェーズ

LODは設計フェーズによって定義されるものではない。むしろ、設計フェーズの完了やその他すべてのマイルストーン、成果物はLOD「言語」によって定義できる。このアプローチにはいくつかの重要な理由がある。

1）設計フェーズの詳細な規格が現在ないからである。多くの建築家は、社内基準を作成しているが、これらは会社ごとに異なり、さらには単一企業内の要件でさえも、時には特定のプロジェクトのニーズに合わせて調整される。多くの建築家は、社内基準を作成しているが、これらは会社ごとに異なり、さらには単一企業内の要件でさえも、時には特定のプロジェクトのニーズに合わせて調整される。

2）建物システムはコンセプトから詳細な定義まで異なる速さで進行するので、ある時点でそれぞれの要素の進捗状況はまちまちである。例えば、概略設計時点（Schematic Design）では、モデルの多くはLOD 200の要素を含むだろうが、LOD 100のものもあるし、LOD 300のものもあり、LOD 400のものさえもある可能性がある。

1.1.2 LODとモデルの定義

「LOD ○○○モデル」というものはない。先に述べたように、プロジェクトのモデルは、業務のどの段階においても、常に様々な開発レベルの要素や部品を含むことになる。一例として、概略設計段階の完了時に「LOD 200モデル」を要求する、ということは論理的ではない。そうではなく、「概略設計100%モデル」には様々な開発レベルのモデル要素が含まれる。

（和訳：エーアンドエー㈱ 木村 謙）

Level of Development Specification
Version: 2016

www.bimforum.org/lod

CONTENTS

INTRODUCTION 9
1   Overview 9
   1.1   Description 9
   1.2   Intent 10
   1.3   Background 10
2   Levels of Development 11
   2.1   BIM as a Communication Tool 11
   2.2   Level of Development vs. Level of Detail 11
   2.3   Fundamental LOD Definitions 12
   2.4   Example – Light Fixture: 13
3   Using the Specification 13
   3.1   Glossary 13
   3.2   Details 13
   3.3   Project-Specific Information 14
   3.4   Using the Specification with a BIMXP 14
   3.5   Implementation of the Specification 15
4   Organization of the Specification 15
   4.1   Geometric and Attribute Information 15
5   Updates of This Document 19
   5.1   Revision History 19
   5.2   Revision Process 19

PART I – ELEMENT GEOMETRY 20
  A   21-01 SUBSTRUCTURE 20
     A10   21-01 10 Foundations 20
        A1010   21-01 10 10 Standard Foundations 20
        A1020   21-01 10 20 Special Foundations 26
     A20   21-01 20 Subgrade Enclosures 29
        A2010   21-01 20 10 Walls for Subgrade Enclosures 29
     A40   21-01 40 Slabs-on-Grade 30
        A4010   21-01 40 10 Standard Slabs-on-Grade 31
        A4020   21-01 40 20 Structural Slabs-on-Grade 32
        A4030   21-01-40-30 Slab Trenches TBD 33
        A4040   21-01-40-40 Pits and Bases TBD 33
        A4090   21-01-40-90 Slab-On-Grade Supplementary Components TBD 33
     A60   21-01-60 Water and Gas Mitigation TBD 33
        A6010   21-01-60-10 Building Subdrainage TBD 33
        A6020   21-01-60-20 Off-Gassing Mitigation TBD 33
     A90   21-01-90 Substructure Related Activities TBD 33

Level of Development Specification
Version: 2016
www.bimforum.org/lod

	A9010	21-01-90-10 Substructure Excavation TBD	33
	A9020	21-01-90-20 Construction Dewatering TBD	33
	A9030	21-01-90-30 Excavation Support TBD	34
	A9040	21-01-90-40 Soil Treatment TBD	34
B	21-02 00 00 SHELL		35
	B10	21-02 10 Superstructure	35
	B1010	21-02 10 10 Floor Construction	35
	B1020	21-02 10 20 Roof Construction	56
	B1080	21-02 10 80 Stairs	57
	B20	21-02 20 Exterior Vertical Enclosures	64
	B2010	21-02 20 10 Exterior Walls	64
	B2010.20.10	21-02 20 10 20 10 Exterior Walls (Wood)	68
	B2010.20.20	21-02 20 10 20 20 Exterior Walls (Cold-Form Metal Framing)	70
	B2020	21-02 20 20 Exterior Windows	78
	B2050	21-02 20 50 Exterior Doors and Grilles	83
	B2070	Exterior Louvers and Vents	85
	B2080	21-02 20 80 Exterior Wall Appurtenances	86
	B2090	21-02 20 90 Exterior Wall Specialties	87
	B30	21-02 30 Exterior Horizontal Enclosures	87
	B3010	21-02 30 10 Roofing	87
	B3020	21-02 30 20 Roof Appurtenances	88
	B3040	21-02 30 40 Traffic Bearing Horizontal Enclosures	89
	B3060	21-02 30 60 Horizontal Openings	91
	B3080	21-02 30 80 Overhead Exterior Enclosures	91
C	21-03 INTERIORS		93
	C10	21-03 10 Interior Construction	93
	C1010	21-03 10 10 Interior Partitions	93
	C1020	21-03 10 20 Interior Windows	103
	C1030	21-03 10 30 Interior Doors	104
	C1040	21-03 10 40 Interior Grilles and Gates	107
	C1060	21-03 10 60 Raised Floor Construction	107
	C1070	21-03 10 70 Suspended Ceiling Construction	108
	C1090	21-03 10 90 Interior Specialties	110
	C20	21-03 20 Interior Finishes	112
	C2010	21-03 20 10 Wall Finishes	112
	C2020	21-03 20 20 Interior Fabrications	114
	C2030	21-03 20 30 Flooring	114
	C2040	21-03 20 40 Stair Finishes	115
	C2050	21-03 20 50 Ceiling Finishes	116
D	21-04 00 00 SERVICES		117
	D10	21-04 10 Conveying	117

Level of Development Specification
Version: 2016
www.bimforum.org/lod

	D1010	21-04 10 10 Vertical Conveying Systems	117
	D1030	21-04 10 30 Horizontal Conveying	118
	D1050	21-04 10 50 Material Handling	119
	D1080	21-04 10 80 Operable Access Systems	122
D20		21-04 20 Plumbing	123
	D2010	21-04 20 10 Domestic Water Distribution	123
	D2020	21-04 20 20 Sanitary Drainage	128
	D2030	21-04 20 30 Building Support Plumbing Systems	131
	D2050	21-04 20 50 General Service Compressed-Air	135
	D2060	21-04 20 60 Process Support Plumbing Systems	135
D30		21-04 30 Heating, Ventilation, and Air Conditioning (HVAC)	137
	D3010	21-04 30 10 Facility Fuel Systems	137
	D3020	21-04 30 20 Heating Systems	140
	D3030	21-04 30 30 Cooling Systems	142
	D3050	21-04 30 50 Facility HVAC Distribution Systems	145
	D3060	21-04 30 60 Ventilation	148
	D3070	21-04 30 70 Special Purpose HVAC Systems	152
D40		21-04 40 Fire Protection	153
	D4010	21-04 40 10 Fire Suppression	153
	D4030	21-04 40 30 Fire Protection Specialties	154
D50		21-04 50 Electrical	155
	D5010	21-04 50 10 Facility Power Generation	156
	D5020	21-04 50 20 Electrical Service and Distribution	158
	D5030	21-04 50 30 General Purpose Electrical Power	161
	D5040	21-04 50 40 Lighting	162
	D5080	21-04 50 80 Miscellaneous Electrical Systems	164
D60		21-04 60 Communications	166
	D6010	21-04 60 10 Data Communications	166
	D6020	21-04 60 20 Voice Communications	166
	D6030	21-04 60 30 Audio-Video Communication	166
	D6060	21-04 60 60 Distributed Communications and Monitoring	166
	D6090	21-04 60 90 Communications Supplementary Components	166
D70		21-04 70 Electronic Safety and Security	166
	D7010	21-04 70 10 Access Control and Intrusion Detection	167
	D7030	21-04 70 30 Electronic Surveillance	167
	D7050	21-04 70 50 Detection and Alarm	167
	D7070	21-04 70 70 Electronic Monitoring and Control	167
	D7090	21-04 70 90 Electronic Safety and Security Supplementary Components	167
D80		21-04 80 Integrated Automation	167
	D8010	21-04 80 10 Integrated Automation Facility Controls	167
E		21-05 00 00 EQUIPMENT & FURNISHINGS	167

Level of Development Specification
Version: 2016
www.bimforum.org/lod

	E10	21-05 10 Equipment	168
	E1010	21-05 10 10 Vehicle and Pedestrian Equipment	168
	E1030	21-05 10 30 Commercial Equipment	169
	E1040	21-05 10 40 Institutional Equipment	171
	E1060	21-05 10 60 Residential Equipment	172
	E1070	21-05 10 70 Entertainment and Recreational Equipment	172
	E1090	21-05 10 90 Other Equipment Associated Masterformat Sections: 11 90 00	173
	E20	21-05 20 Furnishings	174
	E2010	21-05 20 10 Fixed Furnishings	174
	E2050	21-05 20 50 Movable Furnishings	175
F		21-06 00 00 SPECIAL CONSTRUCTION & DEMOLITION	176
	F10	21-06 10 Special Construction	176
	F1010	21-06 10 10 Integrated Construction	176
	F1020	21-06 10 20 Special Structures Associated Masterformat Sections: 13 30 00 / 01 88 13	176
	F1030	21-06 10 30 Special Function Construction Associated Masterformat Sections:	185
	F1050	21-06 10 50 Special Facility Components Associated Masterformat Sections:	185
	F1060	21-06 10 60 Athletic and Recreational Special Construction	185
	F1080	21-06 10 80 Special Instrumentation	186
	F20	21-06 20 Facility Remediation Associated Masterformat Sections:	186
	F2010	21-06 20 10 Hazardous Materials Remediation	186
	F30	21-06 30 Demolition	186
	F3010	21-06 30 10 Structure Demolition	186
	F3030	21-06 30 30 Selective Demolition	186
	F3050	21-06 30 50 Structure Moving	186
	G10	21-07 10 Site Preparation	187
	G1010	21-07 10 10 Site Clearing	187
	G1020	21-07 10 20 Site Elements Demolition	187
	G1030	21-07 10 30 Site Element Relocations	187
	G1050	21-07 10 50 Site Remediation	187
	G1070	21-07 10 70 Site Earthwork	187
	G20	21-07 20 Site Improvements	188
	G2010	21-07 20 10 Roadways	188
	G2020	21-07 20 20 Parking Lots	189
	G2030	21-07 20 30 Pedestrian Plazas and Walkways	189
	G2040	21-07 20 40 Airfields	189
	G2050	21-07 20 50 Athletic, Recreational, and Playfield Areas	190
	G2060	21-07 20 60 Site Development	190
	G2080	21-07 20 80 Landscaping	190
	G30	21-07 30 Liquid and Gas Site Utilities	190
	G3010	21-07 30 10 Water Utilities	190
	G3020	21-07 30 20 Sanitary Sewerage Utilities	191

Level of Development Specification
Version: 2016
www.bimforum.org/lod

	G3030	21-07 30 30 Storm Drainage Utilities	191
	G3050	21-07 30 50 Site Energy Distribution	191
	G3060	21-07 30 60 Site Fuel Distribution	192
	G3090	21-07 30 90 Liquid and Gas Site Utilities Supplementary Components	192
G40		21-07 40 Electrical Site Improvements	192
	G4050	21-07 40 50 Site Lighting	193
G50		21-07 50 Site Communications	194
	G5010	– Site Communications Systems	194
G90		21-07 90 Miscellaneous Site Construction	195
	G9010	21-07 90 10 Tunnels	195

CIVIL 196
- Highway Bridges Precast Structural I Girder (Concrete) 196
- Highway Bridge Girder Steel 198
- Railroad Bridges Precast Structural I Girder (Concrete) 199
- Railroad Bridge Girder Steel 201

Graphics Index i

資料03
国土交通省BIMガイドラインと詳細度

　国土交通省官庁営繕部は、BIMを導入したプロジェクトの試行を通じて、設計業務及び工事における効果や課題について検証し、その結果も踏まえ、BIMモデル作成に関する基本的な考え方や留意事項を示した「官庁営繕事業におけるBIMモデルの作成及び利用に関するガイドライン」（BIMガイドライン）をとりまとめ、平成26年3月19日に公表した。

　このガイドラインの目的は、「官庁営繕事業の設計業務又は工事の受注者がBIM（※）を導入できること、また、導入する場合のBIMモデルの作成及び利用にあたっての基本的な考え方や留意事項を示すこと」である。

　ガイドラインの適用に当たっては、以下に留意することが示されている。
○設計業務については、第1編（総則）、第2編（設計業務編）を適用。
○工事については、第1編（総則）、第3編（工事編）を適用。
○ガイドラインは、受注者の自らの判断でBIMを利用する場合や技術提案に基づく技術的な検討を行うにあたってBIMを利用する場合等に適用（設計業務または工事の発注においてBIM導入を義務づけるものではない）。

　ガイドラインの構成は次のとおりである。

```
第1編　総則
　第1章　目的
　第2章　適用
　第3章　用語の定義
　第4章　共通事項
第2編　BIMガイドライン（設計業務編）
　第1章　適用
　第2章　BIMに関する実施方法等
　第3章　図面等の作成
　第4章　技術的な検討
　第5章　その他
　　別表1　基本設計方針の策定のためのBIMモデルの詳細度の目安（参考）
　　別表2　基本設計図書の作成のためのBIMモデルの詳細度の目安（参考）
　　別表3　実施設計図書の作成のためのBIMモデルの詳細度の目安（参考）
第3編　BIMガイドライン（工事編）
　第1章　適用
　第2章　完成図等の作成
　第3章　技術的な検討
　　別表1　完成図等の作成のためのBIMモデルの詳細度の目安（参考）
```

第2編及び第3編より、各段階におけるBIMモデルの詳細度の目安は、以下のとおりである。

《第2編》 別表1 基本設計方針の策定のためのBIMモデルの詳細度の目安（参考）

	BIMモデルを作成する対象の代表例
周辺敷地 （敷地外道路、既存建築物等）	（1）周辺道路、隣地建物等（表面形状） ※一般に入手可能な既往資料を用いて作成する。隣地建物（表面形状）は想定寸法でよいものとする。
意匠	（1）建物全体のボリューム（地下、ペントハウスも含む全ての階） （2）内部空間のボリューム（階数、階高、ゾーニング） ※検討目的に応じて、外壁、内壁等のBIMモデルも作成する。
構造	―
電気設備	―
機械設備	―
敷地・外構	（1）現況敷地情報：既存工作物、敷地内既存建築物、既存立木等（表面形状） （2）整備後の敷地工作物等（主要な歩道、車道、駐車場等）

※検討目的に応じて必要な情報を入力する。（必ずしも全ての建物部材について3次元のBIMモデルを作成する必要はない。）
※1/100又は1/200相当の尺度を標準とする。（1/300、1/500又は1/600相当の尺度ともできる。）

《第2編》 別表2 基本設計図書の作成のためのBIMモデルの詳細度の目安（参考）

	BIMモデルを作成する対象の代表例
周辺敷地 （敷地外道路、既存建築物等）	別表1「周辺敷地」と同等とする。
意匠	（1）空間（室、通路、ホール等（階数、階高、各室の面積共）） （2）構造体：柱、はり、床（スラブ）、基礎、耐力壁 　　　※鉄骨造の場合は耐火被覆を含めた外形とする。 （3）構造耐力上主要な部分に含まれない壁（種類も含む） （4）屋根、階段、庇、バルコニー （5）外装（種類、材料等）、外部建具（仕様も含む） （6）内部建具（仕様も含む） （7）天井（天井高を含む）
構造	（1）構造耐力上主要な部分に該当するもの 　・鉄筋コンクリート造の場合 　　柱、はり、スラブ、基礎、壁（耐力壁とそれ以外を区別する） 　・鉄骨造の場合 　　柱、はり、スラブ、ブレース（H型、I型等の断面の部材は包絡する外形とする） （2）はり、スラブの段差
電気設備	（1）主要な機器・盤類、主要な幹線（ケーブルラックを含む）、主要な照明器具
機械設備	（1）主要な機器、主要なダクト、主要な配管（保温材等を含む外形）
敷地・外構	別表1「敷地・外構」に加えて、次の内容を入力する。 （1）舗装仕上げ、植栽等（整備部分） （2）構内排水（特に必要と認められる場合）

※「2次元の基本設計図」において表現する内容・尺度等を考慮して、形状情報及び属性情報を入力する。（必ずしも全ての建物部材について3次元のBIMモデルを作成する必要はない。また、取り合いを考慮する必要のない小口径の配管等については作成する必要はない。）
※形状情報の詳細度は、「建築工事設計図書作成基準」及び「建築設備工事設計図書作成基準」に示す2次元の図面等の尺度を参考に設定するものとし、以下に主要な図面の例を示す。
・敷地及び配置図は1/100又は1/200相当の尺度を標準とする。（1/300、1/500又は1/600相当の尺度ともできる。）
・平面図、立面図及び断面図は1/100又は1/200相当の尺度を標準とする。
・構造図は1/100又は1/200相当の尺度を標準とする。
・電気設備の平面図は1/100又は1/200相当の尺度を標準とする。
・機械設備の平面図は1/100又は1/200相当の尺度を標準とする。

《第2編》 別表3 実施設計図書の作成のための BIM モデルの詳細度の目安（参考）

	BIM モデルを作成する対象の代表例
意匠	別表2「意匠」に加えて、次の内容を入力する。 （1）各室の内装仕上げの仕様 （2）建具・ガラスの仕様 （3）手すり （4）雨水配管 （5）耐力壁、耐力壁以外の壁の区別
構造	別表2「構造」に加えて、次の内容を入力する。 （1）柱、はり及び壁の寄り （2）電気設備及び機械設備用スリーブの開口寸法、位置 （3）鉄骨継手、スプライスプレートの位置（鉄骨造の場合）
電気設備	別表2「電気設備」に加えて、次の内容を入力する。 （1）BIM モデルを作成した各設備の記号、型式等
機械設備	別表2「機械設備」に加えて、次の内容を入力する。 （1）衛生陶器、ダクト、配管（屋外共）（保温材等を含む外形） （2）BIM モデルを作成した各設備の記号、型式等
敷地・外構	別表2「敷地・外構」と同等とする。

※「2次元の実施設計図」において表現する内容・尺度等を考慮して、形状情報及び属性情報を入力する。（必ずしも全ての建物部材について3次元の BIM モデルを作成する必要はない。また、取り合いを考慮する必要のない小口径の配管等については作成する必要はない。）
※形状情報の詳細度は、「建築工事設計図書作成基準」及び「建築設備工事設計図書作成基準」に示す2次元の図面等の尺度を参考に設定するものとし、以下に主要な図面の例を示す。
・敷地及び配置図は1/100又は1/200相当の尺度を標準とする。（1/300、1/500又は1/600相当の尺度ともできる。）
・平面図、立面図及び断面図は1/100又は1/200相当の尺度を標準とする。
・構造図は1/100又は1/200相当の尺度を標準とする。
・電気設備の平面図は1/100又は1/200相当の尺度を標準とする。
・機械設備の平面図は1/100又は1/200相当の尺度を標準とする。
・各詳細図を作成する箇所は1/30又は1/50相当の尺度を標準とする。（1/2、1/3、1/5、1/10又は1/20相当の尺度ともできる。）

《第3編》 別表1 完成図等の作成のための BIM モデルの詳細度の目安（参考）

	BIM モデルを作成する対象の代表例
建築仕上げ	（1）空間（室、通路、ホール等（階数、階高、各室の面積共）） （2）構造体：柱、はり、床（スラブ）、基礎、耐力壁 　　※鉄骨造の場合は耐火被覆を含めた外形とする。 （3）構造耐力上主要な部分に含まれない壁（種類も含む） （4）屋根、階段、庇、バルコニー （5）外装材（種類、材料等）、外部建具（仕様も含む） （6）内部建具（仕様も含む） （7）天井材、天井高さ （8）主要な材料等の製造所名、製品番号
建築躯体	（1）構造耐力上主要な部分に該当するもの 　　・鉄筋コンクリート造の場合 　　　柱、はり、スラブ、基礎、壁（耐力壁とそれ以外を区別する） 　　・鉄骨造の場合 　　　柱、はり、スラブ、ブレース（H型、I型等の断面の場合は包絡する外形とする） （2）はり、スラブの段差
電気設備	（1）主要な機器・盤類、主要な幹線（ケーブルラックを含む（屋外共））、主要な照明器具 （2）BIM モデルを作成した各設備の記号、型式等 （3）主要な機器等の製造者名、製品番号
機械設備	（1）主要な機器、衛生陶器、ダクト、配管（屋外共）（保温材等を含む外形） （2）BIM モデルを作成した各設備の記号、型式等 （3）主要な機器等の製造者名、製品番号
昇降機設備	（1）製造者名
敷地・外構	（1）外構、植栽、構内排水（雨水）等

※「2次元の完成図」において表現する内容・尺度等を考慮して、形状情報及び属性情報を入力する。（必ずしも全ての建物部材について3次元の BIM モデルを作成する必要はない。）
※敷地及び配置図は1/100又は1/200相当の尺度を標準とする。（1/300、1/500又は1/600相当の尺度ともできる。）
※平面図、立面図及び断面図は1/100又は1/200相当の尺度を標準とする。
※構造図は1/100又は1/200相当の尺度を標準とする。
※電気設備の平面図は1/100又は1/200相当の尺度を標準とする。
※機械設備の平面図は1/100又は1/200相当の尺度を標準とする。

資料04

「LOD」の多くの顔
(The Many Faces of 'LOD')

建築エンジニア／ミラノ工科大学（イタリア）博士課程
Marzia Bolpagni

序

　ビルディング・インフォメーション・モデリング・ツールとそのワークフローを、日常的に使用するすべての専門家は、「情報交換のジレンマ」に直面している。つまり、効果的にプロジェクトを遂行するために、どんな情報が、誰から、そして、どんな詳細なレベルで必要かを定義することが最も重要である。この課題に応えるため、いくつかの国際的な仕様が、モデル化されたオブジェクトとその中に埋め込まれた情報の定義に対処するために開発されている。これらには以下のものが含まれる。モデルの進行仕様（Model Progression Specification：MPS）、モデル進展度仕様（Model Development Specification：MDP）、進展度レベル、及び詳細度レベル（Level of Development, and Level of Detail.）。通常、これらの仕様は、BIMの実行計画（BIM Execution Plan：BEP）または同様の文書内に包含される。しかし国家間で、時には同じ市場内で、数多くの略語や定義があるため、多くの混乱がこれらの概念にある。そこで、本稿では、原則を明確にし、過去のデータを調査し、異なる仕様間の違いを識別して、それを可能性のある将来のシナリオに反映させることに焦点をおいている。

『LOD』の歴史

　2004年に、ビコ・ソフトウェア社（現在トリンブル社の一部）は、BIM Model中の情報管理を容易にするために、モデル進展度仕様（Model Progression Specification：MPS）概念を導入した。『LOD』という略語が、『詳細のレベル』を示し、時間軸にわたる情報の漸進的な信頼性を確立するため、初めてこのように使われた。類似した概念は2008年に米国建築家協会（AIA）、カリフォルニア支部のIPDタスクフォースで取り上げられ、その後、AIA全国ドキュメント委員会によって整理された。AIAは、BIM仕様E202™-2008文書において五つの『進展度のレベル』（LOD100–LOD500）を導入し、2013年にそれを更新した。また2013年に、BIM Forumは、AIAプロトコルに基づくLOD仕様書（Level of Development Specification）を公表した。その後この文書は、オーストラリア、カナダ、シンガポール、中国、台湾、ドイツとフランスを含む、いくつかのBIMガイドラインの参照基準となった。その他の国では、自国用に変化させた仕様を開発している。例えば、ニュージーランドで、LOD仕様はAIA（2013）に従いつつも、『進展度レベル』（Level of Development：LOD）を、『詳細度レベル』（Level of detail：LOd）、『正確さのレベル』（Level of accuracy：LOa）、『情報のレベル』（Level of information：LOi）と『協調のレベル』（Level of coordination：LOc）の四つの異なる局面の集合として定義している。

　2007年にデンマークは、異なる当事者が関与する仮想建物要素内の幾何形状（ジオメトリック）データ及び非ジオメトリックデータをカバーする七つの「情報レベル」（0–6）に基づく、異なる分類システムを開発した。その後、この概念は、米国のLOD（LOD100–LOD500）が支配的なシステムであったにもかかわらず、オーストラリアのCRC国立BIMガイドライン文書（CRC National BIM Guidelines document：2009年）と「オランダBIMの情報レベル」（Nederlandse BIM informatieniveaus）（2014年）の中に組み込まれた。

　それに続いて、香港BIMプロジェクト仕様（Hong Kong BIM Project Specification：2011）では、分類法を設けることなく、モデルに必要な必要最小限の「詳細レベル」を定義するためのいくつかのテーブルを組み込んだ。

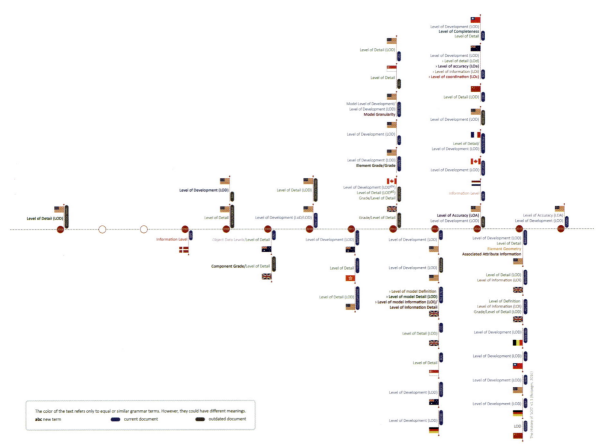

図1　「LOD」の履歴（更新2016年7月22日）

　2009年にはAEC（英国）は、幾何形状的な側面（G０-G３）に純粋に特化した分類法による詳細度、またはグレードのレベルを組み込んだモデル開発手法（Model Development Methodology）を採用したBIMプロトコルを発表した。この同じ概念は、2012年には、AEC（CAN）カナダにより採用された。しかし、2014年のBIMプロトコルの第二版では、2013年に公開されたBIM ForumのLOD仕様だけを参照している。英国で2013年にPAS1192-2が公表され、そこでは「Level of Model detail：モデルの詳細度レベル」（グラフィックコンテンツ用）（LOD）と「Level of Model Information：モデル情報のレベル」（非グラフィックコンテンツ用）（LOI）の両方を表す新たな7レベル（1-7）分類システムである「Level of Definition：定義のレベル」を採用している。この概念は、その後にNBS BIM Tool Kit及びAEC（英国）BIM Technology Protocol（技術プロトコル）の両方で2015年に採用された一方で、CIC BIMプロトコル（CIC BIM Protocol：2013）では詳細度レベル（Level of Detail）のみを参照している。この英国のアプローチは、建物要素の幾何形状情報とそれに関連する属性情報の両方を初めて含んだBIM Forum LOD仕様（2015）の最新バージョンに影響を与えた。新バージョンは、パブリックコメントのために2016年7月から利用できる。

その他の Level of X

その他の分類法では、既存の状況を表現し文書化するために、正確さレベル（Level of Accuracy）を扱う。USIBD（訳注：US Institute of Building Documentation）ガイドライン（2016）では、異なるレベル（LOA10–LOA50）を使用し、検証プロセスが組み込まれている。

最後に、CityGML では、地理情報システム（GIS）データと BIM をリンクさせるために、幾何形状の詳細度と意味論的精度を定義するための５段階の詳細度レベル（LOD０–LOD４）を開発した。

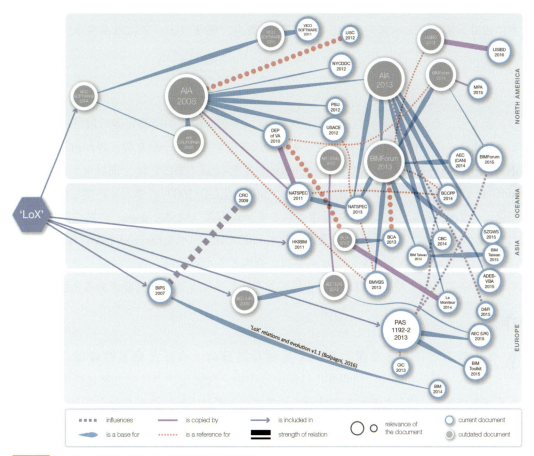

図2　「LoX」の関係と進化（更新2016年７月22日）

概念上の区別

上記のような同じコンセプトのバリエーションは、当然、大きな混乱を引き起こした。以下はその例である。

- 『詳細度レベル』指標は、当初幾何形状と非幾何形状のデータの信頼性を評価することを目的としていたが、現在では、より幾何形状的な属性に着目している。
- 同じ略語『LOD』は、Level of Detail と Level of Development の両方の意味で使われている。
- 同一の概念は、折に触れて異なる用語（例えば『情報のレベル：Level of Information』と『関連する属性情報：Associate Attribute Information』）を使用して参照される。
- The Level of Development——モデル構成要素と関係していることを目的としているにもかかわらず——それは時々、BIM モデル全部と間違って関連づけられ、そして、
- これらの分類法に基づく多くの BIM 文書は時代遅れになっている。

比較

　表1、2は、モデル・コンポーネント内に埋め込まれた詳細度、開発度や情報のレベルを記述することを目的として、主要なBIM文書内における多くの異なった分類システムを要約している。

　いくつかの分類法（表2に含まれる）は既に確立されている。しかし、多くの場合、同じ名前／略語を共有していても、それらが必ずしも同じ意味合いを持たないことを、強調することが重要だ。このため、異なる分類法のレベルの間には完全な一致は見られず、それらのいくつかはフェローリサーチャーのブライアン・レネハン（Brian Renehan）が最近論じたように十分に定義もされていない。さらに、米国の分類法は、主に設計と施工フェーズをカバーし、運用、管理、保守フェーズにはあまり焦点を当てていない。

考察

　現在まで、多くの、そして増えつつあるLoX概念は、モデル内での情報定義の段階的な進行と関係していた。しかし現在、この種の分類体系が現実を正確に表現するかどうかを疑う声がある。例えば、設計フェーズ内の反復フローを表現するために、DrobnikとRiegas（2015）は、進展度レベル0（Level of Development zero：LOD 0）及び負（negative）のLOD（LOD−100）の導入を提案している。

　また、実際にはLoXシステムと実務に採用されるモデル用途（Model uses）の間の関係にはほとんど注意が払われていない。（たとえ、その定義が『認められた用途：Authorized Uses』に言及したとしても）。私の考えでは、LoXシステムを、より直感的に適用するためには、各プロジェクトの段階／フェーズで使用するモデルの目指す用途（例えば、変更に伴う）とリンクさせる必要があると思う。

今後の作業

　BIMプロセスの未だに大きな関心を引く重要な部分は、検証と妥当性確認（Verification and Validation）である。BIModels内の情報要件に関する手動、自動及び半自動の整合性チェックは、十分に解消されるべきである。現在のモデルの検証へのアプローチは、動的検証を行うことではなく、静的な実体に対し焦点を当てている。今後の研究では、離散的詳細（discrete Level of Detail：dLOD）のみならず、連続したLOD（continuous LOD：cLOD）、連続した情報レベル（continuous Level of Information：cLOI）を考慮することが重要で、さらにプロジェクトのフェーズ／段階に適用できる特定のモデル用法（specific Model Uses）にそれがリンクできることが重要である。

　もう一つの考慮すべき重要な側面は、ほとんどの分類法が新築建物に注目する傾向があったように、既存の建物にもいかにしてLoXシステムを適用するかである。

　以上を踏まえ、何人かの同僚と共同で、私は上記に示した問題の一部を解決するための更なる努力をしている。そのため、私は同じ作業を行うすべてのBIMの研究者や専門家の参加を求めている。

追加情報

　この研究は、ブレシア大学のアンジェロ・ルイジ・カミロ・チリビニ教授：@Ciribiniと現在進行中の共同研究の一部である。この投稿の基となる論評対象の論文を確認するには、CIB World Building Congress、Tampere Finland（CIB世界建築会議、2016年6月3日フィンランド・タンペレ）で発表した「インフォメーションモデリングとデータ駆動型のプロジェクト進行：The Information Modeling and the Progression of Data-Driven Projects」をダウンロードできる。　　　（和訳：㈱CIラボ　榊原 克巳）

表1 LoX システムの対象範囲の比較図（更新2016年7月22日）

Source	LoX system	Whole Model	Model Element	Geometric data/info	Non-Geometric data/info
BIPS 2007	Information Levels	x	x	x	x
CRC 2009	Object Data Levels/Level of Detail		x	x	x
Department of VA 2010	Level of Development (LoD/LOD)		x	x	x
Vico Software 2011	Level of Detail (LOD)	x	x	x	x
NATSPEC 2011	Level of Development (LOD)		x	x	x
HKIBIM 2011	Level of Detail		x	x	x
NYC DDC 2012	Model Level of Development/ Level of Development (LOD)	x	x	x	x
	Model Granularuty		x	x	x
PennState University (PSU) 2012	Level of Development (LOD)		x	x	x
USC 2012	Level of Detail (LOD)		x	x	
US Army Corps of Engineers (USACE) 2012	Level of Development (LOD)		x	x	x
	Element Grade/Grade		x	x	x
AIA E203™ 2013	Level of Development (LOD)		x	x	x
BCA 2013	Level of Detail		x	x	x
PAS 1192-2 2013	Level of model Definition		x	x	x
	Level of model Detail (LOD)		x	x	
	Level of model Information (LOI)		x		x
CIC BIM Protocol 2013	Level of Detail (LOD)	x		-	-
BMVBS 2013	Level of Development		x	x	x
BIM 2014	Information Level	x	x	x	x
AEC (CAN) 2014	Level of Development	x	x		
Le Moniteur 2014	Level of Detail/ Level of Development (LOD)		x	x	x
BCPP 2014	Level of Development (LOD)		x	x	x
	Level of detail (LOd)		x	x	
	Level of accuracy (LOa)		x	x	x
	Level of information (LOi)		x		x
	Level of coordination (LOc)	-	-	-	-
CBC 2014	Level of Detail (LOD)	x	x	x	x
BIM Taiwan 2014	Level of Development	x	x	x	x
	Level of Completeness	x	x	x	x
	Level of Detail	x	x	x	x
ABEB-VBA 2015	Level of Development (LOD)		x	x	x
D&R 2015	Level of Development (LOD)	x		x	
BIMForum 2015	Level of Development		x	x	x
	Element Geometry		x	x	
	Associated Attribute Information		x		x
NBS BIM Toolkit 2015	Level of Detail (LOD)		x	x	
	Level of Information (LOI)		x		x
AEC (UK) 2015	Level of Definition		x	x	x
	Level of Information (LOI)		x		x
	Grade/Level of Detail (LOD)		x	x	
SZGWS 2015	LOD	x		x	x
USIBD 2016	Level of Development				
	Level of Accuracy	x	x	x	

Comparison of the intended coverage of varied LoX systems v1.1 (Bolpagni, 2016)

表2 異なる LoX システム内の分類システム比較（更新2016年7月22日）

Source	Title	Authorship	LoX System									
									Levels			
BIPS 2007	3D Working method	Parties/Responsibility	Information Level	-	-	0	1	2	3	4	5	6	-
CRC 2009	Object data levels	Responsibility	Object data levels/Level of Detail	-	-	-	A	B	C	-	D	E	-
Department of VA 2010	BIM Object/Element Matrix	Model Element Author	Level of Development (LoD/LOD)	-	-	-	100	200	300	-	400	500	-
Vico Software 2011	Model Progression Specification	-	Target Level of Detail/Level of Detail	-	-	-	100	200	300	-	400	500	-
NATSPEC 2011	NATSPEC BIM Object/Element Matrix (BOEM)	Model Element Author (MEA)	Level of Development (LOD)	-	-	-	100	200	300	-	400	500	-
HKIBIM 2011	BIM Model Specification	-	Level of Detail	-	-	-	-	-	-	-	-	-	-
NYC DDC 2012	Object Requirements	-	› Model Level of Development/Level of Development (LOD) › Model Granularity	-	-	-	100	200	300	-	400	500(?)	-
PennState University 2012	BIM Information Exchange- Level of Detail Matrix	Model Element Author (MEA)	Level of Development (LOD)	-	-	-	100	200	300	-	400	500*	-
USC 2012	-	-	Level of Detail (LOD)	-	-	-	100	200	300	-	-	-	-
US Army Corps of Engineers 2012	USACE BIM Minimum Modeling Matrix (M3)	-	› Level of Development (LOD) › (Element Grade/Grade (A, B, C, +))	-	-	-	100	200	300	-	-	-	-
AIA E203™ 2013	Model Element Table	Model Element Author (MEA)	Level of Development (LOD)	-	-	-	100	200	300	-	400	500	-
BCA 2013	BIM Objective and Responsibility Matrix	Model Author Model User	Level of Detail	-	-	-	-	-	-	-	-	-	-
PAS 1192-2 2013	-	-	› Level of model Definition › Level of model Detail (LOD) › Level of model Information (LOI)	-	-	1	2	3	4	-	5	6	7
CIC 2013	Model Production and Delivery Table (MPDT)	Model Originator	Level of Detail (LOD)	-	-	1	2	3	4	-	5	6	7
BMVBS 2013	-	-	Level of Development (LOD)	-	-	-	-	-	-	-	-	-	-
BIM 2014	Matrix and Project Template	Aspect-model	Information Level	-	-	0	1	2	3	4	5	6	-
AEC (CAN) 2014	Information exchange worksheet or modelling matrix	Responsibility	Level of Development (LOD)	-	-	-	100	200	300	350	400	500	-
Le Moniteur 2014	-	-	Level of Detail/Level of Development (LOD)	-	-	-	100	200	300	-	400	500	-
BCPP 2014	-	-	Level of Development (LOD)	-	-	-	100	200	300	-	400	500	-
			Level of detail (LOd)	-	-	-	-	-	-	-	-	-	-
			Level of accuracy (LOa)	-	-	-	-	-	-	-	-	-	-
			Level of information (LOi)	-	-	-	-	-	-	-	-	-	-
			Level of coordination (LOc)	-	-	-	-	-	-	-	-	-	-
CBC 2014	-	-	Level of Detail (LOD)	-	-	-	100	200	300	-	400	500	-
BIM Taiwan 2014	-	-	Level of Development Level of Completeness Level of Detail	-	-	-	100	200	300	350	400	500	-
ABEB-VBA 2015	LOD Description	-	Level of Development (LOD)	-	-	-	100	200	300	350	400	500	-
D&R 2015	-	-	Level of Development (LOD)	-100	0	-	100	200	300	-	400	500	-
BIMForum 2015	LOD 2015 Element Attributes Tables	Model Element Author (MEA)	› Level of Development (LOD) › Level of Detail › Element Geometry › Associated Attribute Information	-	-	-	100	200	300	350	400	500	-
NBS BIM Toolkit 2015	NBS BIM Toolkit	Responsibility	› Level of Detail (LOD) › Level of Information (LOI)	-	-	1	2	3	4	-	5	6	7
AEC (UK) 2015	-	-	› (Level of Definition) › (Level of Information) (LOI) › Grade/Level of Detail (LOD)	-	-	1	2	3	4	-	5	6	-
SZGWS 2015	-	-	LOD	-	-	-	100	200	300	-	400	500	-
USIBD 2016	-	-	Level of Development Level of Accuracy	-	-	-	100	200	300	-	400	500	-
							10;20;30;40;50						

Comparison of the classification system used within different LoX systems v2.1 (Bolpagni & Ciribini, 2016)

資料05
BIM 実行計画書（作成例）

（一財）日本科学技術連盟
田部井 明

※表紙 《省略》

1．目　的

　このBIM実行計画書は、EXP ABC タワービルプロジェクトの計画段階から運用段階までのBIM活用について、共通の目標を設定し、関係者の責任を定め、どのように組織化し、プロセスを実行し、業務連携を進め、監視するかの枠組みを示すことを目的とし、共通の指針として運用する。

2．プロジェクト情報

2.1　プロジェクト概要

概　要	記　述
プロジェクト名	EXP ABC タワービル
プロジェクト番号	2016EXP001
発注者／代理人／PM	EXP 株式会社／・・・株式会社
住所	〒104-0000 東京都中央区 ABC 0-00-0
用途・規模	事務所及び高層住宅、地上30階・地下6階
プロジェクト運営方式	契約：ECI・BOT、選定：QBS 又は総合評価

2.2　主要なプロジェクト関係者

主要職務		略号	組織名	名前	E メール
発注者／代理人／PM		O	・・・	・・・・・・・	・・・・・・・＠・・・.com
建築設計		A	・・・設計	・・・・・・・	・・・・・・・＠・・・arch.com
専門技術	（構造設計）	S	・・・構造設計	・・・・・・・	・・・・・・・＠・・・struct.com
	（設備設計）	mep	・・・環境研究所	・・・・・・・	・・・・・・・＠・・・mep.com
	（積算見積）	QS	・・・建築積算事務所	・・・・・・・	・・・・・・・＠・・・qs.com
	（確認検査）	AG	・・・	・・・・・・・	・・・・・・・＠・・・ag.com
施工		C	・・・建設	・・・・・・・	・・・・・・・＠・・・construct.com
専門技術	（生産設計／CM）	CD	・・・建設	・・・・・・・	・・・・・・・＠・・・construct.com
	（空調）	M	・・・空調	・・・・・・・	・・・・・・・＠・・・hvac.com
	（電気）	E	・・・電気工事	・・・・・・・	・・・・・・・＠・・・elec.com
	（衛生）	P	・・・工業	・・・・・・・	・・・・・・・＠・・・plmb.com
運営管理		OP	・・・ビル管理	・・・・・・・	・・・・・・・＠・・・fm.com

2.3　フェーズ／マイルストーン

フェーズ／マイルストーン	略号	予定開始日	予定終了日	主要関係者
計画	PD	2015. 4.1	2015.10.30	O, A, FM
設計準備	DP	2015.11.15	2016. 2.29	O, A
基本設計	SD	2016. 3.15	2016. 6.15	O, A, S, mep, C
詳細設計／建築申請	DD	2016. 6.25	2016.10.15	O, A, S, mep, CD, M, E, P, C, AG
生産設計／施工準備	CD	2016. 9.25	2016.12.15	O, C, A, CD, M, E, P
施工	C	2016.12.25	2018. 3.15	O, C, A, M, E, P, AG
引渡し／運営	HO/OP	2018. 3.25	NA	O, C, A, OP

2.4 プロジェクト基準文書

一般名	参照文書／基準書	バージョン
BIM ガイド／基準	EXP BIM ガイド	V1.0, 2016. 2.1
発注者仕様書	EXP 共通仕様書	V2.0, 2014. 4.1

3．プロジェクトの BIM の目標及び活用

3.1 BIM の目標及び活用事項

プロジェクト及び関係者の BIM の目標、関連する主要な BIM 活用事項を以下に示す。

BIM の目標	BIM 活用事項	関係職務
発注者との合意形成、主要関係者との効果的なコミュニケーションを促進する	現状モデル、プログラミング、図書作成、敷地条件分析、3D デザイン、デザインレビュー、法適合確認、積算見積、4D 工事工程計画、3D 申請	O,A,S,mep AG
解析・シミュレーションの精度を向上し、意思決定を強化する	ボリュームチェック、構造解析、構工法、エネルギー・環境解析、照明／日射解析、その他解析（音、風）、サステナビリティ評価（CASBEE、LCCO2）、法適合確認	A,S, mep,C, Other
整合性を調整し、施工の手戻りをなくす	図書作成、3D 調整（4.5参照）、3D 検証	All
建物の価値及び予算適合・低減に関する設計の最適化	3D デザイン、設計モデル作成、デザインレビュー、サステナビリティ評価、積算見積	A,S,mep,QS
施工・製造を効率化する	施工図書作成、3D 検証、デジタルファブリケーション	CD,C,M,E,P,F
施工計画・工期の精度向上と最適化	敷地利用計画、構工法、4D 工事工程計画、4D 施工計画・管理、5D 出来高管理	C,M,E,P,F
将来施設管理に用いる 3D モデルのデジタル資産を形成し活用する	資産管理、災害計画・BCP、スペース管理・監視、ビルシステム分析、現状モデル、ビルメンテナンススケジューリング、レコードモデリング	C,M,E,P,A,OP

3.2 BIM 活用事項の優先度

BIM 活用事項の優先度（高い●、中程度○、低い 無印）を選定しマークする。

×	計画（PD, DP）	×	設計（SD, DD）	×	施工（CD, C）	×	運営（HO, OP）
●	図書作成（計画）	●	図書作成（設計）	●	図書作成（施工）		
●	敷地条件分析	●	敷地利用計画		敷地利用計画		災害計画・BCP
	デザインレビュー	●	デザインレビュー			○	スペース管理・監視
		○	構造解析				資産管理
○	ボリュームチェック	●	エネルギー・環境解析			●	ビルシステム分析
		○	照明／日射解析				
		○	サステナビリティ評価				
○	3D デザイン	●	構工法				
		●	3D 調整	●	3D 調整		
○	法適合確認	○	法適合確認	○	3D 施工計画・管理		
		○	積算見積		5D 出来高管理		
		●	4D 工事工程計画	○	4D 工事工程計画	●	ビルメンテナンススケジューリング
●	現状モデル	○	3D 検証	○	3D 検証	●	現状モデル
		○	3D 申請		デジタルファブリケーション		
●	プログラミング		その他解析	●	レコードモデリング	●	レコードモデリング

3.3 詳細化の程度（LOD）

BIM 活用に必要なモデルエレメントのフェーズごとの詳細化の程度（LOD）、エレメントを含むモデル及びモデル作成責任者（MEA）を一覧表にし、本計画書に添付する（添付1）。

4．業務連携／統合

4.1　会議スケジュール

会議名	司会	PH	出席者	テクノロジー	頻度	場所
BIMキックオフミーティング	A	PD	All		1回	
3D調整会	A	SD/DD/CD	All	ポータル	1/2W	バーチャル
フェーズ開始時ミーティング	A	SD/DD/CD/C	All		各1回	
3D総合調整会	C	C	All,F		必要時	作業所

4.2　コミュニケーション

コミュニケーション	マネージメントシステム	ProjectWise

4.3　作成するモデル、ソフトウェア

当プロジェクトで作成するモデルを下表に指定する。作成ツールの相互運用性に注意する。

モデル名	略号	モデルの内容	フェーズ	責任職務	作成ツール
現状	X	3Dスキャンによる敷地、既存建物、施工中の建物等のモデルデータ	PD/DP/C/OP	O	
建築	A	以下の3モデル（詳細度の差）の総称		A	
計画	A	1/200レベル建築オブジェクト、基本計画図	PD	A	
基本	A	1/100レベル建築オブジェクト、空間・仕様情報、法適合情報、基本設計図・申請図	SD/AR	A	
詳細	A	1/5-1/50レベル建築オブジェクト、仕様情報、詳細図、施工図	DD/AR/CD/C	A, CD, C	
製作	F	1/5-1/50レベル製造単位オブジェクト、製作図	CD/C	F	
構造	S	1/200レベルく体オブジェクト、法適合情報、仕様情報、構造図、申請図	SD/DD/AR	S	
く体	S	1/50レベルく体オブジェクト、構造詳細図、コンクリート施工図、鉄骨一般図	DD/CD/C	CD, C	
設備	mep	1/200レベルMEPオブジェクト、法適合情報、仕様情報、設備図、申請図	SD/DD	mep	
空調	M	1/50レベルMオブジェクト、冷暖房換気エネルギー、負荷情報、空調設備施工図	DD/CD/C	M, CD	
電気	E	1/50レベルEオブジェクト、電気通信警報警備、負荷情報、電気設備施工図	DD/CD/C	E, CD	
衛生	P	1/50レベルPオブジェクト、給排水衛生消火ガス、負荷情報、衛生設備施工図	DD/CD/C	P, CD	
調整	CO	以下の複合モデルの総称			
MEP複合	CO	MEP重ね合せデータ、衝突検知、3D調整	CD/C	M, E, P,CD,C	
複合	CO	ASMEP(F)重ね合せデータ、衝突検知、3D調整	DD/CD/C	A,CD,C	NavisWorks
4D／仮設	C	1/100 仮設・掘削・重機オブジェクト、工事工程、アクティビティ、仮設計画図	DD/CD/C	C	
見積／5D	Q	ASMEP複合モデル、数量・仕様情報、出来高・記録	PD/SD/DD/C	QS	
レコード	R	ASMEP複合モデル、出来型・記録、性能検証・故障・保全記録、ビルシステム運転/分析記録	C/HO/OP	C,O	
竣工モデル	R	複合モデル、アズビルド、完成図、竣工図	C/HO	C	

後工程における有用性を高めるため、ファイル名構成を次のように指定する。

モデル略号－プロジェクト番号－建物番号－フェーズ略号.拡張子（例：A-2016EXP001-BL01-DD.rvt）

4.4　解析／シミュレーション

解析／シミュレーションの詳細を以下に示す。

解析	解析ツール	用いるモデル	フェーズ	責任職務	ファイル形式
ボリュームチェック	ADS	A	PD	A	
デザインレビュー	ModelChecker	O, A, mep	PD/SD		
法適合確認	ModelChecker	A, S, mep	DD	AG	IFC
構造解析	SS3	A, S	PD/SD/DD	S	ダイレクトリンク
エネルギー・環境解析	WindPerfect	A	PD/SD	mep	
照明・日射解析		A	SD	mep	
サステナビリティ評価		A,S, mep	PD/SD	A, mep	
4D工事工程計画		C	PD/SD/CD/C	C	
積算見積/5D出来高管理	HELIOS	Q	PD/SD/CD/C	QS/C	IFC

4.5 3D調整

3D調整の詳細を以下に示す。

3D調整	調整ツール	重合せモデル	フェーズ	責任職務	調整内容
納まり調整	Rebro	A, mep, S	SD	A	階高、天井高、干渉、メンテナンススペース
プロット調整		A, mep	DD	A, mep, O	プロット位置、重複
MEP統合	Cadwell	M, E, P	CD	cd,M,E,P	干渉・重複、メンテナンススペース、複合化
整合調整	NavisWorks	A, S, M, E, P, T	DD/CD/C	A,cd,C	干渉・重複、整合
総合調整	ModelChecker	A, S, M, E, P, F	CD/C	C	干渉・重複、施工性、複合化

互換性及び重ね合せを容易にするためのプロジェクト位置を以下に特定する。

基準点	X1軸・Y1軸交点 / N35度40分35.621秒, E139度47分6.648秒
高さ	1FL-100 /TP4.37m
モデル配置	X1軸角度 / 北方向へ37.3度

4.6 業務連携プロセス

業務連携の手順を示す。以下に記述する／プロセスマップを添付する（添付2、3）。

5．資源及びシステム要件

5.1 関係者に必要な力量

BIM活用の実施者に必要なBIMツールの力量、求められる職務経験を以下に示す。力量に不足が見られる場合は、要員の交替又はトレーニングの実施を考慮する。《省略》

5.2 共通データ環境、ハードウェア要件

BIMサーバー	CloudServer abc
PC	Windows10、64ビット、メモリー16GB以上

BIMサーバーのフォルダー構成は以下による。

添付1 LOD表（例）

MEA（職務）	色	MEA（職務）	色
建築設計		生産設計/CM	
構造設計		施工	
設備設計		設備専門工事	

モデルエレメント分類；オムニクラス表21に基づく、グレー；追加

職務モデル	略号	職務モデル	略号	職務モデル	略号
建築モデル	A	構造モデル	S	設備モデル	mep
計画モデル	A	く体モデル	S	空調モデル	M
基本モデル	A	4D/仮設モデル	C	電気モデル	E
詳細モデル	A	土木モデル	Cv	衛生モデル	P
製作モデル	F				

プロジェクトフェーズ / モデルエレメント	計画 MEA	計画 LOD	基本設計 MEA	基本設計 LOD	詳細設計 MEA	詳細設計 LOD	施工準備 MEA	施工準備 LOD	施工 MEA	施工 LOD
空間										
敷地境界、制限線	A	300	A	300	A	350	A	350	A	350
基準線			A	300	A	350	A	350	A	350
階、区画、空間/室	A	200	A	300	A	350	A	350	A	350
地下構造										
基礎、杭	A	100	A S	200	S S	300	S	350	C	350
地下外壁	A	100	A S	200	S S	300	S	350	C	350
底盤	A	100	A S	200	S S	300	S	350	C	350
外殻・地上構造										
構造体	A	100	A S	200	S S	300	S	350	C F	400
外壁、外部窓	A	100	A	200	A	300	S	350	C F	400
屋根	A	100	A	200	A	300	S	350	C F	350
内部										
内部工事、階段	A	100	A	200	A	300	A	350	A F	350
内部仕上			A	200	A	300	A	350	A	350
設備										
搬送設備（EV、ESC）	A	100	A F	200	A F	200	F	350	F	350
端末記号（プロット）					mep A	100/300	A MEP	350	A MEP	350
給排水・ガス					mep P	100/200	P	350	P	350
空調・換気					mep M	100/200	M	350	M	350
消火					mep P	100/200	P	350	P	350
電気					mep E	100/200	E	350	E	350
情報					mep E	100/200	E	350	E	350
防災・防犯					mep E	100/200	E	350	E	350
自動制御・監視					mep E	100/200	E	350	E	350
装置・備品										
装置（立駐・ゴンドラ等）			A	100	A	300	F	350	F	350
備品・造作・サイン			A	100	A	300	A	350	A F	350
特殊工作物及び解体										
工構法、複合化			A S	100	A S	300	S F	350	S F	400
特殊構造・免制震	A	100	A S	200	S S	300	S F	350	S F	400
特殊施設	A	100	A	200	A F	300	A F	350	A F	350
有害物除去			A	100	C	100	C	100	C	100
解体			A	100	C	100	C	100	C	100
外構										
準備工事・掘削・土留壁			C	100	C	200	C	300	C	300
仮設・建設機械			C	100	C	200	C	300	C	300
外構（道路・駐車場・修景）	A	100	A	200	A	300	A Cv	300/350	A Cv	350
敷地内給排水・ガス					mep P	100/200	P	350	P	350
敷地内電設					mep E	100/200	E	350	E	350
敷地内情報					mep E	100/200	E	350	E	350
雨水排水			A	200	A Cv	300	A Cv	300/350	A Cv	300/350
ランドスケープ	A	100	A	100	A Cv	200	Cv	300	Cv	300
その他工作物（共同溝等）			A	100	A	200	A S	300	A S	350

添付2 レベル1　BIM活用全体プロセスマップ（例）

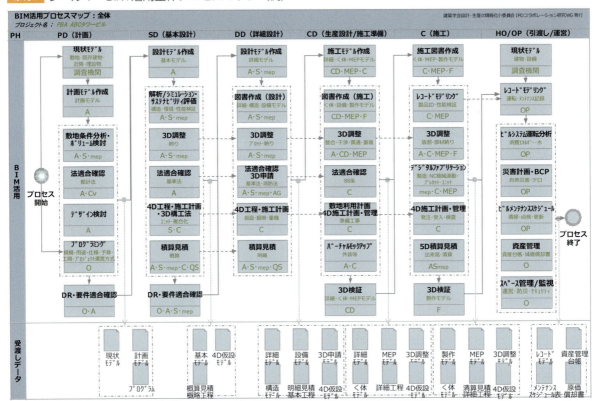

添付3 レベル2　BIM活用プロセスマップ：4D工事工程計画（例）

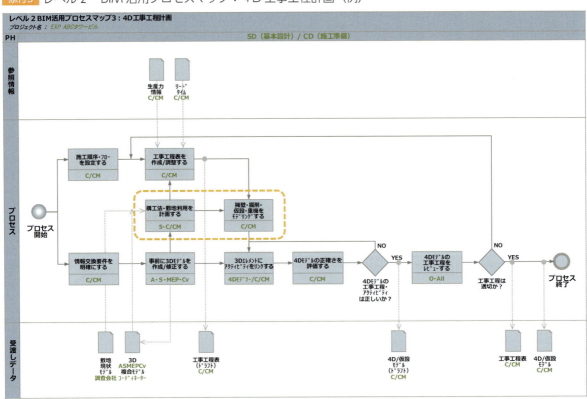

218

資料06 ソフトウェア一覧

表1 ソフトウェア一覧表

分野	ソフト名称	メーカー・ベンダー	用途	3D オブジェクトモデル 交換形式 インポート	3D オブジェクトモデル 交換形式 エクスポート	3D 形状モデル 交換形式 インポート	3D 形状モデル 交換形式 エクスポート
意匠	SketchUp Pro 2017	Trimble	モデリング	IFC	IFC	DWG、DXF、3DS、KMZ	DWG、DXF、3DS、FBX、OBJ、WRL、XSI、KMZ、DAE
意匠	GenerativeComponents V8i	BENTLEY	アルゴリズミックデザイン			DWG、DXF、DGN、SKP、FBX、3DM、STP、IGS	DWG、DXF、KMZ
意匠	Dynamo	Autodesk	アルゴリズミックデザイン			Revit アドオン	Revit アドオン
意匠	Rhinoceros5 + Grasshopper	アプリクラフト	アルゴリズミックデザイン			DWG、DXF、DGN、SKP、FBX、3DM、STP、KMZ	DWG、DXF、DGN、SKP、FBX、KMZ、STP、3DM
意匠	ARCHICAD20	グラフィソフト	建築意匠モデリング	IFC、BE-Bridge、DGN、ST-Bridge	IFC、GBXML、DGM、ST-Bridge	DWG、DXF、3DS、ポイントクラウド	DWG、DXF、SKP、PDF、U3D
意匠	Bentley Architecture V8i	BENTLEY	建築意匠モデリング	IFC	IFC、GBXML	DWG、DXF、DGN、SKP、FBX、3DM、STL、SAT、OBJ、STP、IGS、XMT、ポイントクラウド	DWG、DXF、DGN、OBJ、SKP、STL、KMZ、SAT、WRL、STP、IGS、PDF、U3D
意匠	GLOOBE 2017	福井コンピュータアーキテクト	建築意匠モデリング	IFC、ST-Bridge、拡張 BS データ	IFC、ST-Bridge	DWG、DXF、SKP、SIMA	DWG、DXF、SKP、XVL、3DS
意匠	Revit Architecture 2017	Autodesk	建築意匠モデリング	IFC、SDNF、CIS/2	IFC、SDNF、CIS/2、GBXML	DWG、DXF、SAT、SKP、ポイントクラウド、DGN	DWG、DXF、SAT
意匠	Vector Works2017	エーアンドエー	建築意匠モデリング	IFC、RVT	IFC、GBXML	DWG、DXF、SKP、3DS、SAT、IG、SOBJ、ポイントクラウド	DWG、DXF、3DS、STL、KML、SAT、IGS
構造	midas Gen	MIDAS IT Japan	構造計算プログラム			DWG、DXF、DGN	
構造	SNAP/ver6	構造システム	構造計算プログラム		ST-Bridge	DWG、DXF	
構造	ADAM	TIS	一貫構造計算プログラム		ST-Bridge、SSC 経由（RVT、PLN）		
構造	ASCAL	アークデータ研究所	一貫構造計算プログラム	IFC、ST-Bridge	IFC、ST-Bridge		
構造	BRAIN	TIS	一貫構造計算プログラム		ST-Bridge、SSC 経由（RVT、PLN）		
構造	BUILD.一貫V	構造ソフト	一貫構造計算プログラム		ST-Bridge、SSC 経由（RVT、PLN）		
構造	BUS-6	構造システム	一貫構造計算プログラム		ST-Bridge、SSC 経由（RVT、PLN）		
構造	SEIN La CREA	NTT ファシリティーズ総研	一貫構造計算プログラム	ST-Bridge	RVT、PLN、ST-Bridge	SS3	
構造	Super Build/SS7,SS3	ユニオンシステム	一貫構造計算プログラム		ST-Bridge、SSC 経由（RVT、PLN）		
構造	Advance Steel	フォーラムエイト	構造モデリング	IFC	IFC、SDNF、RVT	DWG、DXF	DWG、DXF
構造	Bentley Structural V8i	BENTLEY	構造モデリング	IFC、SDNF、CIS/2	IFC、SDNF、CIS/2	DWG、DXF、DGN、SKP、FBX、3DM、STL、SAT、OBJ、STP、IGS、XMT	DWG、DXF、DGN、OBJ、SKP、STL、KMZ、SAT
構造	Revit Structure 2017	Autodesk	構造モデリング	IFC、SDNF、CIS/2、ST-Bridge	IFC、SDNF、CIS/2	DWG、DXF、SAT、SKP、ポイントクラウド	DWG、DXF、SAT
躯体	SIRCAD/ver5.0	ソフトウェアセンター	建築構造図躯体図作図	構造計算データ	ST-Bridge		DXF
躯体	FASTHybrid	ファーストクルー	鉄骨詳細モデリング	ST-Bridge、RVT	IFC		CKD
躯体	KAP	片山ストラテック	鉄骨詳細モデリング	ST-Bridge、SDNF、SS3	ST-Bridge		DXF、TDX、STL、KMZ
躯体	S/F-Real4	データロジック	鉄骨詳細モデリング	ST-Bridge、構造計算データ（SS3）	IFC		
躯体	Tekla Structures21	Trimble	鉄骨詳細モデリング	IFC、SDNF、CIS/2	IFC、SDNF、CIS/2	DWG、DXF、DGN	DWG、DXF、DGN
躯体	すける ton	カルテック	鉄骨詳細モデリング	ST-Bridge、RVT、構造計算データ	IFC		
躯体	幸村	シグマテック	鉄骨詳細モデリング				
躯体モデル変換	SSC シリーズ構造躯体変換ソフト	ソフトウェアセンター	構造解析データモデル化プログラム	構造計算データ	RVT、PLN		
施工	J-BIM 施工図 CAD2017	福井コンピュータ	施工図作成プログラム	IFC、ST-Bridge	IFC	DXF	DXF、XVL、3DS
設備	CADEWA Real2017	四電工	設備モデリング	IFC、BE-Bridge	IFC、BE-Bridge	DWG、DXF	DWG、DXF
設備	CADWe'll Tfas9	ダイテック	設備モデリング	IFC、BE-Bridge	IFC、BE-Bridge	DWG、DXF、SKP、WRL	DWG、DXF
設備	DesignDraft/ver6.0	シスプロ	設備モデリング	IFC、BE-Bridge	BE-Bridge	DGN、DWG、DXF、3DS、FBX、JT、3DM、IGS、SKP、OBJ、STP、STL、SAT、ポイントクラウド、パラソリッド	DGN、DWG、DXF、FBX、JT、IGS、SKP、OBJ、STP、STL、SAT、パラソリッド、KML、KMZ、U3D

分野	ソフト名称	メーカー・ベンダー	用途	3D オブジェクトモデル 交換形式		3D 形状モデル 交換形式	
				インポート	エクスポート	インポート	エクスポート
設備	FILDER Rise	ダイキン工業	設備モデリング	BE-Bridge	BE-Bridge	DWG、DXF	DWG、DXF
設備	Rebro2016	NYK システムズ	設備モデリング	IFC、BE-Bridge、RVT	IFC、BE-Bridge	DWG、DXF	DWG、DXF
設備	RevitMEP2017	Autodesk	設備モデリング	IFC、SDNF、CIS/2	IFC、SDNF、CIS/2、GBXML	DWG、DXF、SAT、SKP、ポイントクラウド	DWG、DXF、SAT
環境	Flow Designer 13	アドバンスドナレッジ研究所	3次元熱流体解析	IFC		DXF、STL、SKP、3DS	
環境	Stream 13	クレイドル	3次元熱流体解析	IFC、RVT、PLN		DXF、STL、STP、XMT、RVT	
環境	WindPerfect 2015	環境シミュレーション	3次元熱流体解析	IFC		DXF、STL、STP、IGS	
環境	ThermoRender 5 Pro	エーアンドエー	建物熱環境解析			VectorWorks アドオン	
環境	Ecotect Analysis 2011	Autodesk	光・熱・音響解析	GBXML		3DS、OBJ、WRL、DXF	
環境	Rembrandt	Kan Collaborate Design Inc	光環境解析			DXF、DGN	DXF、DGN
環境	Lumicept	インテグラ	照明解析			3DS、IGS、OBJ	
環境	SoundPLAN	Braunstein+Berndt	騒音解析			DXF	
環境	SAVE-建築/ver2	建築ピボット	PAL 計算	IFC			
環境	STABRO 負荷計算 forRevit	イズミシステム設計	負荷計算	RVT			
解析	EXODUS	フォーラムエイト	群集行動解析				
解析	Sim Tread2	エーアンドエー	避難解析			VectorWorks アドオン	
建築法規	ADS9	生活産業研究所	法規チェック			DXF	
建築法規	ADS-BT	生活産業研究所	法規チェック			Revit アドオン、ARCHICAD アドオン、VectorWORKS アドオン	
建築法規	TP-PLANNER17	コミュニケーションシステム	企画設計・法規チェック	IFC	IFC	DWG、DXF	DWG、DXF
交通	UC-win/Rord/Ver12	フォーラムエイト	交通 VR シミュレーション	IFC	IFC	3DS、ポイントクラウド	3DS
Viewer	Adobe AcrobatXI	アドビシステムズ	3DViewer				U3D、PDF
Viewer	BIMx	グラフィソフト	ウォークスルー			ARCHICAD アドオン	
Viewer	COMOS Walkinside 6.2	SIEMENS	ウォークスルー			DWG、DGN、3DS	
Viewer	DDS IFC Viewer	Data Design System	IFC ビューワ	IFC			
Viewer	Bentley NavigatorV8i	BENTLEY	3D Viewer、モデル統合、干渉チェック、4D シミュレーション	IFC		FBX、DWG、DXF、3DS、3dm、SKP、ポイントクラウド……	KMZ、U3D、PDF
Viewer	Navisworks Manage 2017	Autodesk	3D Viewer、モデル統合、干渉チェック、4D シミュレーション	IFC、RVT、PLN		FBX、KMZ、DWG、DXF、3DS、SKP、SAT、STL、IGS、ポイントクラウド……	FBX、KMZ、DWF
Viewer	Tekla BIMSight	Trimble	3D Viewer、モデル統合、干渉チェック	IFC		FBX、DXF、DWG	
Viewer	Google Earth	Google	地図情報			KML、KMZ	
チェッカー	Solibri Model Checker 9.7	SOLIBRI	3D Viewer、モデル統合、干渉チェック、モデルルールチェック	IFC		DWG	
CG	3dsMAX 2017	Autodesk	モデリング、CG 作成、照明解析	RVT		DWG、DXF、SKP、3DS、FBX、STL、SAT、IGS	DWG、DXF、3DS、FBX、STL、SAT、IGS
CG	Piranesi/ver6.2	インフォマティクス	ペイントソフト			FBX、DXF、DWG	
CG	Artlantis6.5	Artlantis	レンダリング			DWG、DXF、3DS	
CG	Lumion7.3	リビング CG	レンダリング ムービー作成	RVT、SKP		FBX、SKP、DWG、DXF、3DS、OBJ	
CG、VR	Fuzor	RED STACK	レンダリング ムービー作成、VR	RVT、IFC、PLN		FBX、SKP	
GIS	ArcGIS/ver10.4	ESRI ジャパン	GIS プログラム			DXF	
GIS	InfraWORKs360 2017	Autodesk	都市モデル作成プログラム	LandXML、RVT		DWG、DXF、SKP、3DS、FBX、STL、SAT、IGS	
積算	HELIOS	日積サーベイ	建築数量積算	IFC、ST-Bridge、TSV、構造計算データ	IFC	DXF	DXF
FM	ArchiFM	vintoCON	スペース管理	PLN			
データコンバータ	Magics/ver15.0	マテリアライズジャパン	STL データ修正			DXF、SKP、STL、WRL、STP、IGS	STL、DXF、VRML、PLY、IGES ワイヤーフレーム、ポイントクラウド

資料編

主として建築設計者のための BIM ガイド

2017年5月20日　第1版第1刷発行
2017年9月5日　第1版第2刷発行

編集・発行　　次世代公共建築研究会 IFC/BIM 部会

　　　　　　　一般社団法人 buildingSMART Japan

　　　　　　　一般財団法人 建築保全センター

　　　　　　〒104-0033 東京都中央区新川1-24-8
　　　　　　　　　　　東熱新川ビル7Ｆ
　　　　　　　　　TEL 03(3553)0070
　　　　　　　　　FAX 03(3553)6767
　　　　　　　　　http://www.bmmc.or.jp/

発　　売　　株式会社大成出版社

　　　　　　〒156-0042 東京都世田谷区羽根木1-7-11
　　　　　　　　　TEL 03(3321)4131 ㈹
　　　　　　　　　http://www.taisei-shuppan.co.jp/

Ⓒ2017　一般財団法人建築保全センター　　　印刷　亜細亜印刷
落丁・乱丁はおとりかえいたします。
ISBN978-4-8028-3239-7